国家自然科学基金项目（项目名称：基于情境效应的消费者决策行为分析；批准号：71202166）

四川省省属高校科研创新团队建设计划（项目名称：管理决策理论方法；批准号：15TD0004）

基于情境效应的消费者决策
行为研究

张全成 著

科 学 出 版 社
北 京

内 容 简 介

　　本书阐述了4类主要情境效应（替代效应、吸引效应、折中效应、幻影效应）的最新研究进展，并从属性评分角度探析了吸引效应的深层次形成机制及其对消费者感知价值的影响；通过独特的实验材料设计，从备择项层面重新诠释了情境效应。本书创新性地探析了决策规则、心理距离、选项可比较性、属性信息框架等因素对情境效应的影响，有助于完善情境效应研究理论体系，对同领域研究者也具有重要的参考价值。

　　本书适合消费者决策行为研究方向的研究者和博士、硕士研究生借鉴，以了解本领域的最新研究动向，开阔研究思路。

图书在版编目（CIP）数据

　　基于情境效应的消费者决策行为研究/张全成著. —北京：科学出版社，2016.12

　　ISBN 978-7-03-050868-3

　　Ⅰ.①基…　Ⅱ.①张…　Ⅲ.①消费者行为论–研究　Ⅳ.①F713.55

　　中国版本图书馆 CIP 数据核字（2016）第 280029 号

责任编辑：郭勇斌　周　爽　欧晓娟 / 责任校对：王　瑞
责任印制：张　伟 / 封面设计：众轩企划

科学出版社 出版
北京东黄城根北街 16 号
邮政编码：100717
http://www.sciencep.com

北京中石油彩色印刷有限责任公司 印刷

科学出版社发行　各地新华书店经销

*

2016 年 12 月第 一 版　开本：720×1000　1/16
2018 年 4 月第三次印刷　印张：13
字数：262 000

定价：68.00 元
（如有印装质量问题，我社负责调换）

前　　言

在消费者行为研究领域中，有一些营销管理者非常感兴趣的议题，例如，新产品怎样定位能最大化地抢占竞争对手产品的市场份额，而不会导致本企业产品的"同类相食"？在市场中引入一个新产品后，会影响消费者对原有各产品的相对偏好吗？如果有，会对原有各产品的市场份额产生怎样的影响？新产品的加入会改变消费者对市场上原有各产品的价值判断吗？将企业的一个产品撤出市场会对本企业产品有利还是竞争企业产品有利？等等。针对同类问题，学者们开发出许多预测模型予以解决，但这些预测模型在现实运用中出现了各种各样的偏差。传统流行的消费者购买行为观点多基于标准化决策理论基础，认为消费者偏好是较为稳定的，一个产品能否有效满足消费者的需求和欲望是其在市场的立足之本，只要能够为消费者提供足够的让渡价值，产品便可以立于不败之地。标准化决策理论的核心基础是最大期望效用准则，认为个体决策行为具有规范化特点，并遵循一系列偏好公理，包括完备性、传递性、连续性、独立性和占优性。曾经较为流行的消费者偏好模型和市场份额预测模型大都基于 Luce（1959）提出的偏好独立性原则，这一原则认为：人的偏好是恒定的，人们对两个产品的相对偏好程度不会因为其他产品的存在而发生改变，即若消费者偏好 A 大于 B，不会因为出现了产品 C 而导致偏好 B 大于 A 的情况。近年来这一基本理论假设受到诸多挑战，许多研究发现，消费者选择决策中出现了各种各样的情境效应（Context Effects），当一个备择项被移入或移出一个选择集后，人们对选择集中其他备择项的相对偏好和选择行为经常会发生重大转变（Huber et al.，1982；Simonson，1989；Wedell et al.，1996），使某一备择项相对于其他备择项的被选概率显著增加。

情境效应认为消费者的偏好是高度情境依赖的，选择集结构因素在很大程度上会影响消费者的决策行为。情境效应根据表现特点，又可分为吸引效应、折中效应、替代效应和幻影效应，研究情境效应对消费者决策的影响，对于企业新产品属性设定、产品市场定位、竞争性定价、促销沟通等营销策略的选择，具有重要的意义。

本书主要探讨消费者决策中基于选择集的情境效应，并围绕以下 4 个议题展开系统研究，解答情境效应研究中一些未被明确解答的议题。

（1）在以往吸引效应研究中，大多数学者都将重点放在决策者心理感知偏差和启发式决策机制上，而较少直接基于效用建立模型分析吸引效应。本书将基于效用概念，从价值判断视角探讨不对称占优备择项加入选择集后对消费者属性评价的影响，进而探究其是否会影响消费者的支付意愿。此外，以往研究揭示，决策者会尽量规避负面情绪，当消费者在互有优势的核心集中进行决策时，会产生一种顾此失彼的负面情绪。不对称占优备择项由于被目标备择项完全占优，可以有效缓解决策者负面情绪，并简化消费者决策，本书也将解答不对称占优备择项是否可以有效增加消费者决策满意感。

（2）以往研究提出的各种吸引效应解释机制大致可划分为两类：基于属性的权衡对比机制和基于备择项的价值判断机制，但以往研究并未能够有效地区分上述两种机制的影响。本书将舍弃传统经典的双属性决策框架，基于全新的研究范式——视觉判断任务，验证基于备择项的价值判断机制也可单独解释吸引效应，并通过考察吸引效应在不可比较集中是否也存在，进一步验证上述结论。本书还希望解答除决策结果外，吸引效应对消费者的心理方面是否也会有影响，如决策满意度、感知决策难度、决策信息等。

（3）近年来，折中效应中个体的信息处理方式成为研究热点，但尚未有研究探讨心理距离和决策规则对折中效应的影响。考虑心理距离无论是对决策者关注点还是对其信息加工方式都有较大影响，心理距离的增加不仅会使决策者规避权衡，也会降低负面情绪的强度，而这都是影响折中效应的关键变量，所以心理距离对折中效应亦有所影响，本书将对此推断进行验证。此外，以往对折中效应的研究多建立在"得"的角度上，而未考虑"失"的情境，在实际购物情景中，消费者可以决定哪些是"想要的"，从而采用"择优"思维模式做选择；也可以决定哪些是"不想要的"，采用"淘劣"思维模式做选择。本书将讨论排除规则下消费者的心理过程及其对折中效应的影响。

（4）目前学术界对幻影效应的研究多是探讨其在产品脱销中的作用，而以往针对脱销情境下消费者行为的研究大多集中于产品属性差异及消费者心理等方面，较少有对产品的框架效应对脱销情境下消费者行为影响的研究。基于此，本书基于幻影效应机制，将框架效应的相关研究拓展至脱销情境下，探索在产品脱销时，脱销产品或服务的信息框架效应对消费者行为产生的影响。

针对以上 4 个核心议题，本书分 7 章内容，整体思路及内容安排如下。

首先，本书的第一、二章在介绍研究背景的前提下，系统回顾和整理有关情境效应在过去 30 多年里的关键研究文献。本书对情境效应中 4 种主要效应分门别类地进行系统地阐述，详细地介绍它们的提出背景、主要表现形式、潜在形成机制等。在此基础上，本书根据陷阱备择项的不同引入方式勾画出情境效应地图，并系统总结导致各类情境效应增强、减弱、消失或反转的关键影响因素，同时简要介绍本书的主要研究方法。

其次，为解答上述 4 个议题，本书主要以吸引效应、折中效应和幻影效应作为研究对象，共开展 14 项实验研究对 32 个研究假设进行验证。本书第三章以吸引效应为研究对象，主要解答上述议题（1），通过 3 项实验研究发现，情境效应在中国文化背景下依然存在，且不对称占优备择项确实提高了消费者对目标备择项优势属性和劣势属性上的评分，增加了其对目标备择项的支付意愿，也显著提高了对决策结果的满意度。本书第四章也以吸引效应为研究对象解答上述议题（2），通过开展 5 项实验对 7 个研究假设进行验证，发现消费者的信息加工方式和备择项的呈现顺序都会影响吸引效应的表现，并基于此提出吸引效应形成的两阶段理论，认为吸引效应产生的根源同时来自直觉的和分析的两个信息加工阶段。通过考察吸引效应在不可比较选择集中的表现，本章还发现不对称占优备择项不仅能有效提高决策者决策信心，还可降低其延迟决策的概率。第五章以折中效应为研究对象开展 3 项实验解答议题（3），研究发现在时间距离、空间距离及假设性距离维度，近心理距离下折中效应更大，但在社会距离维度自我–他人决策框架下，由于决策信心的调节作用却出现相反的结果；本章亦发现，决策框架会影响决策者的信息处理方式，相比使用选择方式，使用排除的规则导致折中效应变小。第六章内容主要解答议题（4），3 项实验研究的结论表明，备择项属性的描述框架会影响幻影效应的表现，负面信息框架可能会导致反向的幻影效应，并降低消费者的稀缺感知，增加心理抗拒。

　　最后，本书第七章总结了所有研究内容及主要结论，梳理本书的研究贡献及研究局限，并对今后相关研究的方向进行了展望，介绍本书研究内容对营销实践的指导意义。

目　　录

第一章 绪 论

第一节 基于选择集的消费者决策

一、消费者决策选择集

决策是人们在日常生活中每天都要遇到的问题，有些决策对人的影响很小，如早饭吃什么、买哪个品牌的饮料或去看哪一部电影，有些决策却会影响人的一生，如读哪个学校的哪个专业、去哪个城市工作、买哪个楼盘的房子、跟什么人结婚。正是因为决策的普遍性和重要性，决策理论的研究近百年来一直是管理学领域关注的焦点。决策（Decision Making），顾名思义，就是"做决定"，英文翻译中其动名词的语法使用凸显了决策更关注于做决定的过程。例如，Howard 和 Sheth（1969）认为决策是对稀有资源的各个备择项进行优次排序的过程，Gregory（1988）则将决策定义为决策者对将要采取的行动的选择过程，Hastie（2001）将决策定义为"人类根据愿望和信念选择行动的过程"。在现实中，消费者的决策过程一般情况下包含一连串的过程和步骤，具体有问题或需求确认、信息搜索、替代备择项评估、选取替代备择项、评估决策结果 5 个阶段（Mowen et al.，2001）。在决策的过程中，消费者怎样形成备择项，以及如何在备择项中选出最终的备择项都是决策过程中的关键步骤，也一直是消费者决策理论研究的核心议题。

（一）消费者的选择集

即使只买一种日常使用的简单商品，面对琳琅满目的货架，消费者也需要在几十甚至上百种不同品牌和型号的产品中做出选择，如果按照传统的最优化决策原则，消费者的信息搜集和信息处理成本是相当巨大的，为了简化决策过程，消费者会排除一些产品，仅留下少数的产品作为选择考虑。即消费者往往因为各种原因无法穷尽收集所有品牌的信息，信息搜索的结果往往是形成一群可以满足其需要的可相互替代的备择项，作为其最终决策的选择集（Choice Set），还有一些备择项由于各种原因并未进入决策的选择集中。选择集概念最早由 Howard 和 Sheth（1963）提出，后由 Howard 和 Sheth（1969）进行了详细的论述，并将其定义为"少数被消费者列为购买决策选项的品牌集合"，他们提出的选择集概念在此后备受学者们关注。在相关研究中，基于选择集的各种决策模型长期以来一直被用作研究消费者复杂决策过程的主要理论。

选择集概念提出后不久，Narayana 和 Markin（1975）、Brisoux 和 Laroche（1980）及 Spiggle 和 Sewall（1987）在 Howard 等研究的基础上，根据产品选项在消费者心理中的不同位置界定了选择集的其他相关概念。上述几个研究多将市场上购买目标商品的所有品牌称为品牌全集（Total Set），其中消费者意识到存在的品牌构成的集合是意识集（Awareness Set），另外一些没有被意识到的品牌集合为非意识集（Unawareness Set）。在意识集的所有品牌中，有些品牌是消费者持负面态度，不喜欢、不认可故不大可能去购买的，这些品牌构成的集合为排除集（Inept Set）；有些品牌由于没有突出的特色显得彼此没有什么差异，消费者对其持中性态度，这些品牌构成了惰性集（Inert Set）；还有另外一些品牌是消费者持积极正面态度，决策时最有可能会去购买的，它们构成了唤醒集（Evoked Set）。不同于其他集合，唤醒集中包含的是消费者会认真思考的少数替代品牌，消费者会详尽搜集其相关信息并对其进行认真比较和评价。Shocker 等（1991）后来将唤醒集定义为消费者购买决策时所有被用来评估的品牌，它具有两个基本的特点：消费者知晓该品牌的存在，对该品牌有正向的购买意图。根据上述各种选择集的定义，它们之间的关系可用图 1-1 表示。

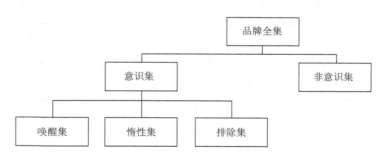

图 1-1　各种选择集合间的关系

在选择集理论中另一个重要的概念是考虑集（Consideration Set），它是消费者实际购买时所有会考虑的备选品牌集合，通常是先于消费者决策过程而由记忆系统检索出来的品牌集合（Nedungadi，1990；Shocker et al.，1991；林建煌，2011）。通常，最终考虑集的形成是消费者简化决策的结果，那些不能达到购买最低要求的或明显不能被接受的选项被消费者排除在考虑集之外，这样可以避免在后面的决策过程中对这些选项的进一步考虑所带来的额外成本（Lehmann et al.，1994）。由于考虑集对消费者购买决策具有最直接的影响，从 20 世纪 70 年代开始，它便成为消费者决策行为的研究焦点，其研究内容主要集中在考虑集规模、形成过程、形成机制及营销变量对它的影响等方面（王晓玉等，2005）。

（二）消费者基于选择集的决策过程

消费者的购买选择通常是一个包含多个阶段的过程，最终只有少数的品牌会参与最后的抉择阶段（Bettman et al.，1998）。事实上，尽管市场上产品品牌和型号非常多，但真正能够进入消费者唤醒集中的却少得惊人。如一项研究发现，购买啤酒时，美国消费者的唤醒集平均不超过 3 个，加拿大的为 7 个；而购买汽车时，挪威的消费者往往只考虑两个品牌（Hauser et al.，1990）。因此，对于企业来说，要增加其产品的竞争力，有两个最直接有效的途径，一是让本企业的产品进入消费者的考虑集，二是尽量减小消费者考虑集的大小以增加本企业产品的被选概率。为了达到这些目的，企业通常是通过自己的产品优势来获得。鉴于此，企业有必要了解消费者选择集的形成过程，以便为企业的营销策略提供参考。

Crompton（1992）、Crompton 和 Ankomah（1993）基于消费者对旅游产品决策的研究，提出了一个消费者决策过程的一般模型，如图 1-2 所示。该模型认为消费者决策过程包括 3 个基本阶段：①构成一个初步考虑集。该集合等同于意识集，品牌全集中非意识集或知道但不能购买（Unvaliable）的品牌被排除在外，它通常也被称为初级考虑集或早期考虑集（Early Consideration Set）。②剔除一些品牌而形成一个更小的次级考虑集（Late Consideration Set）。为简化决策过程，消费者会对初级考虑集中的品牌进行简单的评价，减小考虑集的规模，此时，在消费者心中没有吸引力的排除集和惰性集的品牌被排除在外。③对次级考虑集中的品牌进行评价对比，选择出最终备择项。为便于选择出最终备择项，此阶段消费者需要对考虑集中的品牌进行详尽信息搜索，鉴于精力有限，消费者可能只详尽搜索了次级考虑集中的部分品牌信息，这些品牌构成了行动集（Action Set），那些未进行详尽信息搜索的品牌构成了非行动集（Inaciton Set）。最后，消费者根据某种决策规则，在行动集中选出效用最大的备择项作为最终决策结果。

（三）备择项的评价方式

现实生活中，在选择集中做出决策时，大多数选择并不能仅根据单一标准来确定，决策者经常需要对各个备择项的不同方面进行综合评价，对它们的优缺点进行权衡。当决策者需要在不同标准（属性）中做出决策时，通常并没有一个客观的最优化决策，因而人们只需要使它们的目标和价值观保持一致就可以，而并非去追求客观最优化（Einhorn et al., 1981）。事实上，有关选择集决策的研究通常更关注人们是如何做出决策的，而不是这些决策到底有多好（斯科特·普劳斯，2004）。在选择集决策中，消费者通常面对的是多属性决策的情形，此时需要特定的决策规则来协调不同属性间的权衡问题，一般而言，决策者对属性的权衡有非补偿性策略（Non-compensatory Strategy）和补偿性策略（Compensatory Strategy）两种，下面将对其逐一介绍。

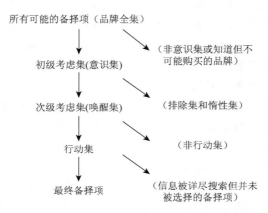

图1-2　消费者基于选择集的决策过程模型

资料来源：（Crompton et al., 1993）

1. 非补偿性策略

非补偿性策略是指备择项的不同属性间不能相互替代和补偿，即不能用备择项的某一优势属性去弥补其另一劣势属性。非补偿性策略的主要决策方法有：①联结法（Conjunctive Model）。决策时，只有当备择项的每一个属性都通过了决策者的最低阈值，该备择项才能够被进一步评估和考虑，进入决策的考虑集内。②非联结法（Non-conjunctive Model）。只在某一个或少数几个属性上设定阈值，只要替代备择项通过这些阈值即可成为备择项（Dawes, 1964）进入考虑集。③字典法（Lexicographic Model）。决策者按重要性对属性排序，在最重要的属性上，如果某个备择项优于其他备择项，这个备择项就被选择，若在此属性上无法区分优劣，则以第二重要属性进行比较，直到有一个备择项被选出。Tversky（1969）指出，该方法可能会导致决策结果的不可传递性。④按方面删除法（Elimination by Aspects，EBA）。先按重要性对属性排序，并为每个属性设定阈值，然后对各个备择项按照属性重要性次序进行比较，只留下那些高过阈值的备择项，直到最后选出最佳备择项。非补偿性策略在只涉及两个选项的决策中应用较多（Busemeyer et al., 2007）。

2. 补偿性策略

补偿性策略是指备择项某一属性上的劣势可以由其在其他属性上的优势来弥补（Payne，1982）。补偿性策略需要考虑的属性较多，因此相对非补偿性策略，其决策过程更加复杂。补偿性策略的主要决策方法有：①线性模型（The Linear Vector Model）。根据备择项每一个属性的重要性赋予权重，然后将各个属性的值加权汇总后获得其总体价值指数（MacCrimmon，1968），选出总体价值最高的备择项。②差异加法模型。先比较各个属性上的不同备择项的差异，对这些差异赋予权重后再汇总获得备择项总体价值指数，这种方法关注备择项间属性的差异，而不是属性的绝对值。③理想点策略。该策略认为决策者心中有一个理想备择项，该备择项在不同属性上都有一个理想点，在决策时，决策者会对比备择项在各个标准上与理想备择项的差异，对这些差异进行加权处理从而选出最中意的备择项（Hogarth，1987）。

消费者对产品的决策主要依据两个基本方式：品牌程序（Processing by Brand）和属性程序（Processing by Attribute）。前者是指消费者会逐个考虑每个品牌的所有属性，就品牌逐个比较；后者是指消费者同时就所有品牌的逐个属性进行比较，两者的关注点不同。以往的研究还发现，考虑集的大小会影响消费者使用的决策策略，一般来说，考虑集越大（选项 n 越大），消费者使用非补偿性策略的概率就越大（Busemeyer et al.，2007）。

二、决策中的偏好

（一）古典决策理论下的偏好

从 19 世纪末到 20 世纪 50 年代，对于个体决策比较流行的观点是基于"经济人"假设提出的，认为人们在决策过程中会追求最大经济利益，因此会遵循效用最大化基本原则，即在一个给定的选择集中，在各选项效用可以确定的情况下，人们会选择效用最大的选项，基于这一决策假设的理论也被称为古典决策理论。由于效用最大化假设非常易于理解且实践中操作简单，曾一度获得大多数学者的推崇。

古典决策理论模型中应用最为广泛的是冯·诺依曼和莫根施特恩于 1944 年提出的关于不确定性决策的最大期望效用准则（Expected Utility Maximum，EUM）。这里的期望效用是指决策者在不确定条件下可能获得的各种结果的效用的加权平均数，若用 p 和 $1-p$ 表示产生两种可能结果 x_1 和 x_2 发生的概率，则期望效用函数可记作：$EU=pU(x_1)+(1-p)U(x_2)$。此后，Savage（1954）

在该理论基础上提出主观期望效用（Subjective Expected Utility，SEU）最大化理论，认为决策备择项的选择遵循主观期望效用最大化原则。EUM 理论和 SEU 理论描述了"理性人"在风险条件或不确定条件下的决策行为，由于其规范化特点，有时也被称为标准化决策理论（Normative Decision Theory）。为解释人们如何评估某种备择项的效用，基于标准化决策理论有一系列的偏好公理，主要包括完备性、传递性、连续性、独立性（相消性）和占优性，具体如下。

（1）完备性（Completeness）。对于两种备择项，一个人要么偏爱 x_1，要么偏爱 x_2，或者认为两者无差别，两个备择项之间的偏好关系必须是确定的。即存在 $U(x_1) > U(x_2)$ 或 $U(x_1) < U(x_2)$ 或 $U(x_1) = U(x_2)$。

（2）传递性（Transitivity）。如果一个人在 x_1 和 x_2 中偏好 x_1，在 x_2 和 x_3 中偏好 x_2，则在 x_1 和 x_3 中肯定会偏好 x_1，即若 $U(x_1) > U(x_2)$ 且 $U(x_2) > U(x_3)$，则 $U(x_1) > U(x_3)$。

（3）连续性（Continuity）。如果 $U(x_1) < U(x_2) < U(x_3)$，则存在唯一概率 p 使一个人在 x_2 与 x_1、x_3 之间无偏好，即 $U(x_2) = pU(x_1) + (1-p)U(x_3)$。

（4）独立性或相消性（Independence）。人们对于两个备择项的评价和选择不会受到第三个不相干策略的影响，即若 $U(x_1) = U(x_2)$，则 $pU(x_1) + (1-p)U(x_3) = pU(x_2) + (1-p)U(x_3)$。在决策时，只需要比较两个备择项中的不同点，那些相同的因素可以抵消。

（5）占优性（Dominance）。占优可分为弱势占优和强势占优，弱势占优是指一个备择项与其他备择项相比，至少在一个方面优于其他备择项，且在其他方面也不劣于其他备择项；强势占优是指一个备择项在所有方面都优于其他备择项。决策者永远都不会选择那些不占优的备择项，即决策者永远都会选择最有优势的备择项。

（6）恒定性（Constancy）。特定备择项的效用是恒定的，决策者不会受到备择项的表现方式的影响。

最大期望效用准则和期望效用公理曾一度成为人们预测决策行为的基本理论框架，最大期望效用准则认同丹尼尔·伯努利的"效用是主观的"这一观点，但当为其运算限定一系列的规则之后，效用也会失去其主观性特质。古典决策理论倾向于把决策者的心理运算规则建立在一系列理想化的假设之上，假设决策者是完全理性的，他了解所有的备择项及每个备择项的结果，而忽略了不同情境因素对决策者的影响。期望效用理论认为消费者对产品的相对偏好独立于情境之外，例如，在一个包含了 x 和 y 给定选择集中，如果消费者在一种情境中偏好 x（集合中只有两个选项 $\{x, y\}$），则不可能在一种情境中偏好 y（集合中包括 3 个备择项 $\{x, y, z\}$）。

（二）行为决策理论下的偏好

古典决策理论把人的决策看成完全理性的行为，但现实中，由于个体效用的模糊性、主观概率的模糊性及决策过程中人的复杂心理机制等因素，人很多时候无法做到纯粹的理性，而期望效用理论对人的风险决策的描述性效度也一直受到怀疑。早在 1952 年，诺贝尔经济学奖获得者法国经济学家阿利斯就提出，个体决策过程中有明显的直觉特征，并推导出与 EUM 理论不一致的悖论——阿利斯悖论。随着实验心理学的发展，EUM 和 SEU 理论受到的挑战越来越多，各种与传统规范性决策理论不相符的悖论开始出现，如 Ellsberg 悖论等，期望效用公理也受到挑战，一些研究发现了偏好的不一致性、非传递性和非独立性。

1947 年西蒙在其著作《管理行为》中首先对古典决策理论的"经济人"假设发难。西蒙发展了巴纳德的社会系统学派，独立地建立了一套有关决策过程、准则、类型及方法的较完整的理论体系，由此成为了行为决策理论学派的代表人物，并于 1978 年获得诺贝尔经济学奖。西蒙认为，以往的管理学家往往把人看成拥有"绝对的理性"，按最优化准则行动，事实上这是做不到的，因此，应该用"管理人"假设代替"理性人"假设，而在决策标准上，应该用"令人满意"准则代替"最优化"准则。西蒙的主要观点有：①简单的手段-目标链分析会导致不准确的结论。组织活动和基本目的之间的联系常常模糊不清，组织活动的诸多目标之间和为达到这些目标所使用的各种手段之间，常常存在矛盾和冲突。②由于各种因素的约束，决策者追求理性的过程中，只能达到有限理性（Bounded Rationality）。由于知识有限，决策者不可能掌握全部信息，也不可能把所有备择项全部列出。而且人的大脑能力有限，无法处理复杂的决策问题，比如，人的大脑不能像计算机一样处理数量巨大的变量方程组。因此，决策者只能尽力追求在能力范围内的有限理性。③决策时，决策者遵循的是"令人满意"准则，而非"最优化"准则。由于能力、环境等条件的约束，在决策过程中，当决策者在所有备择项中找到一个能较好地满足其要求的选项后，往往就不再愿意去寻找更好的备择项。由于感到自身能力有限和决策环境的复杂，决策者往往使用一些简单的方法做决策，凭经验、习惯和惯例去办事。

三、消费者决策研究趋势：从理性到非理性

（一）消费者的理性决策

理性一直被标榜为人类所独有的优良特性，并一直被作为区分人类和动物

的基本特征（庄锦英，2006）。理性假设长期属于决策研究的根基，在决策行为研究中处于核心地位。一致性（Consistency）是理性决策的一个核心概念，即人类的观点、偏好和行为应该能够以一种标准方式呈现出前后的一致性，应该是可预测的和符合逻辑推理的。基于理性决策的研究主要借助数学模型和数理推理建立一套决策行为的模式、规则或公理，来指导、预测和规范人类的决策行为。

见证了科技对人类生活的巨大改变后，18 世纪及 19 世纪早期一些科学家开始崇拜人类的理性思维力量,如天体力学奠基人和分析概率论创始人 Laplace 曾说过，如果我们可以获得所有的物理事实，那么就可以预测每片雪花落下的具体位置。古典经济学奠基人亚当·斯密在其 1776 年出版的《国富论》中提出的"经济人"假设，更是将人看成了自私自利的、尽可能最求利益最大化的理性者，这一基本假设认为决策行为者具有单一、稳定而内在一致的偏好。基于理性决策理论，只要没有额外的成本，消费者就会不遗余力地收集信息，不辞辛劳地衡量各个备择项的优劣势，直到做到一个最满意的决策（Simonson et al.，1988）。理性决策的观点认为，一个完全理性的消费者应该有较为稳定的偏好，并具有独立评价备择项效用的能力，他不但会选择使自己获得最大化效用的备择项，而且这个选择倾向也应该是相对稳定的，不应该受到其他情境因素的影响。因此，就基于选择集的消费者决策而言，理性决策理论认为消费者的偏好应该完全遵从完备性、传递性、连续性、独立性、占优性和恒定性等偏好公理。

（二）消费者的非理性决策

19 世纪后期，随着心理科学研究兴起，科学家们开始逐渐理性地认识到人类的非理性行为，这其中有关人类行为有限理性的探讨较多。无限理性模型认为个体会穷尽所有与决策有关的信息，并在权衡所有选项的效用值后，才做出最后决策，而有限理性则规定了满意终止原则。基于非理性观点的消费者决策理论认为，消费者行为大多都是非规范的、情境依赖的和启发式的，消费者通常会事先估计一个决策所需要的努力，然后再选择与之努力水平相对应的选择策略。消费者的偏好构建理论认为，消费者通常并不具备明确严格的偏好，他们会在不同的购买情境中，临时地去构造自己的偏好，如 Tversky（1969）认为，偏好的形成会高度依赖情境，事实上，消费者的偏好会随着不同的情境而变化。Schwarz（2004）的纯真推断理论认为，消费者决策时并不一定会对参考信息进行细致分析，他们往往会根据自己的经验对信息内容价值做出想当然的判断，往往会把信息处理的难度计入价值评价当中。

就基于选择集的消费者决策而言，在一个选择集 $x\{x_1, x_2, \cdots, x_n\}$ 中随意拿出两个选项 x_k 和 x_j，则消费者的偏好只能存在 3 种情况：①认为 x_k 优于 x_j；②认为 x_j 优于 x_k；③认为两者无区别。如果在上述 3 种情况中两种以上情况同时满足，则可以认为消费者的偏好是非理性的。

（三）启发式决策

自 20 世纪 80 年代以来，非理性的启发式决策研究开始受到关注。启发式（Heuristics）一直被用来解决那些难以用逻辑和概率理论处理的问题，它是人类的一种非理性的认知过程，启发式下的判断和决策往往会大大偏离理性的轨道。Kahneman 和 Tversky（1984）认为启发式策略是一种简捷快速而又聪明的决策策略，是一种运用直觉或常识的决策策略，但这种直觉判断可能会导致一些系统性的判断偏差。Kahneman 和 Tversky 提出了最具有代表性的 3 种启发式，分别为代表性启发式（Representativeness Heuristics）、易得性启发式（Availability Heuristics）和锚定与调整启发式（Anchoring and Adjustment Heuristics）。代表性启发式主要是决策者运用刻板印象做出判断和决策的策略，容易导致决策者出现判断偏差，从而忽视基础概率、样本容量和回归现象。易得性启发式是指决策者倾向于根据客观事物在其知觉或记忆中的可获得的难易程度对它们进行判断，那些生动的、常见的、容易记忆的事件概率往往会被高估。锚定与调整启发式是指人们在判断与决策时容易受到初始锚的影响，致使估计结果偏向于该锚定值。

在选择集中决策时，Simonson 和 Tversky（1992）提出了两种直觉启发式策略：折中对比和极端规避。随着生态理性的提出，决策理论研究将视角转向了环境，从生物进化的角度研究环境对决策的作用，强调人类的决策行为是为了适应环境，进而提出了一系列启发式在决策中的重要作用，有再认启发式、采纳最佳启发式、最少化启发式和采纳最近启发式。

Slovic 等（2002）此后在其著作中提出了情绪启发式的观点，认为在决策的信息加工过程中，决策者情绪对决策有着较为重要的影响，这与 Schwarz 提出的"情绪信息等价说"较为相似。有研究发现，情感会影响消费者决策策略的选择，在愉快的情感下，决策者易采用启发式决策策略，而在负面情绪下，更愿意选择规范的多属性加工策略进行决策。Bell（1984）提出的失望理论考虑了失望情感对个体感知效用的影响，认为失望情感体验会给个体行为结果的评价带来附加效用价值，从而产生效用评价的增值或减值；当结果与期望之间的差距越大时，个体所体验到的失望情感越强烈，则增值或减值越大。

（四）前景理论

　　行为决策理论的兴起，使得越来越多的研究者开始关注个体决策中的非理性因素，并从个体决策的心理过程这一微观层面对非理性行为进行解释，取得了丰硕的研究成果，这其中以前景理论（Prospect Theory，也译为展望理论）最为著名。前景理论是由美国普林斯顿大学的心理学教授 Kahneman 和 Tversky（1979）提出的，是奠定行为经济学的重大成果之一。前景理论针对长期以来古典经济学沿用的"理性人"假设，通过考察个体在赌博时的非理性行为，从人的心理特质和行为特征方面揭示了影响个体选择行为的非理性心理因素。Kahneman 将心理研究领域的综合洞察力应用在经济学中，尤其是在研究不确定情况下判断和决策方面作出突出贡献，于 2002 年获得诺贝尔经济学奖。

　　前景理论认为，个体是基于某一参考点（Reference Point）对某一事物进行评价，其对不同位置的选项会有不同的风险态度。简单来说，其主要结论主要有 3 个。

　　（1）参考点依赖（Reference Dependence）。个体对得失的判断往往根据某一参考点来决定，这种侧重于变化或相对水平而非绝对水平的倾向，与心理学的认知法则一致。

　　（2）损失规避（Lose Aversion）。个体在面临获利（Gains）时趋于风险规避，而在面临损失（Losses）时趋于风险偏好，且个体对损失的厌恶程度往往大于收益所能带来的喜悦程度（偏好的不对称性）。

　　（3）边际递减（Diminishing Sensitivity）。个体对于得失的偏好皆呈现边际递减规律。

　　前景理论一经提出，立刻引起了经济学家广泛关注，它激励新一代经济学研究者从认知心理学这一新视角研究经济学，并奠定了行为经济学的基础，使经济学理论更加完善、丰富。此后不断的后续研究开始对前景理论进行修订和发展，如 Kahneman 和 Tversky 在 1981 年发现了框架效应（Framing Effect），反映了对于相同事件经由不同呈现方式或表现手法表达，决策者做出不同决策结果（Kahneman et al.，1981）。Tversky 和 Kahneman（1992）随后进一步提出高级前景理论（Advanced Prospect Theory），并在该理论中提出积累的决策权数函数（Culmulative Weighting Function），认为风险态度是由价值评估函数（Value Function）与积累决策权数函数共同决定的。如今，前景理论在经过了 30 多年的验证和不断修订后，已经成为当今决策理论的基础分析框架之一，并开辟了一个新的经济学研究领域——行为经济学。

第二节 情境效应及其基本表现

一、情境效应

(一) 信息处理能力约束下的决策机制

Kahneman 获得诺贝尔经济学奖激发了心理经济学的研究热潮,其中决策过程中的选择偏好问题便是一个研究热点,这类研究开始重新审思效用最大化原则,讨论时间、空间或预算等诸多因素对决策者的制约作用,并着力于剖析其潜在的决策机制。越来越多的研究发现,当决策者在选择集中无法或没有能力找到自己偏好的备择项或绝对优势的备择项,又不得不做出选择时,基于启发式的非理性选择行为更为普遍。在这类决策中,个体特征、选项数量、选项呈现方式等情境因素均会对决策结果产生重要影响。

基于单属性的决策总是很简单,如挑选一个跑得最快的学生去参加比赛,在筐里挑出一个最大的苹果,又或者是买一个最便宜的相机,但现实中的决策行为大都基于多属性,其决策过程相当复杂。某个学生跑得最快但心理素质差,成绩不稳定怎么办?最大的苹果一定是最甜的吗?最便宜的相机可能无法满足对像素的基本要求。基于选择集的多属性决策往往需要消费者平衡各备择项的属性,当选择集中的备择项很多且每项又有多个属性时,决策者往往因为信息处理能力有限而不能详尽计算出每个备择项的效用值,进而可能采用两两优劣比较简化决策过程。李纾(2006)就认为决定决策的真正机制并不是最大限度地追求效用值,而是辨别各备择项间的优势性关系。事实上,在信息处理能力约束下,人类决策行为更可能是一种搜索某个选项在主观上优于另一个选项的过程,因此,备择项间的比较便成为驱动决策过程的潜在机制。

近年来,越来越多的实证研究数据发现,当消费者在一个选择集中进行选择时,如果其无法根据选择集中各备择项属性明确判断或比较其效用大小,则各备择项相对于某个参考点的比较(Tversky,1972;Tversky et al.,1993)、各备择项间的相对两两比较(Kahneman et al.,1979,1984),以及备择项的描述形式等因素(Huber et al.,1982,1983),都是消费者对各备择项效用进行判断的重要依据。因此,在分析消费者决策行为时,充分考虑备择项间的属性关系及消费者的比较机制具有十分重要的意义。

（二）情境效应的提出

1. 标准性假设下的选择集偏好原则

在消费者决策行为研究领域中，长期以来一个被普遍接受的观点是，在选择集中加入一个新备择项会降低原有各备择项的被选概率。即使不能降低，至少不会增加原有各备择项被选概率，这一推断被称为标准性假设（Normal Hypothesis）或规范性假设（Regularity Hypothesis）。20 世纪 70 年代一些较为流行的市场份额预测模型大都基于标准性假设，其理论依据是 Luce（1959）提出的偏好独立性原则，该原则认为人们对某两个备择项的相对偏好程度不会因为其他备择项存在而发生改变，基于该假设，新产品的加入会同比例抢占原有产品市场份额。Luce 发展了一个选择概率公理，用来作为行为研究的基础，该公理可表述为："设 T 为一个集合 $\{x, y, z, t, u\cdots\}$，并且设 R 为一个包含了选项 x 的集合 T 的一个子集，如 $R=\{x, y, z\}$，则有：$P(x; T)=P(R; T)\times P(x; R)$。"因为 $P(R; T)\leqslant 1$，所以有 $P(x; T)\leqslant P(x; R)$。

标准性假设指出，选择集中某一备择项被选概率取决于决策者对其偏好程度，而这一偏好程度是恒定的，不会受到选择集中其他备择项的影响。

Rumelhart 和 Greeno（1971）用公式将其描述为

$$P(x, y) = \frac{V(x)}{V(x)+V(y)} \tag{1-1}$$

Silk 和 Urban（1976）将标准性假设做了调整：

$$P_i(j) = \frac{V_i(j)}{\sum_{K=1}^{m_i} V_i(k)} \tag{1-2}$$

式（1-2）中，$P_i(j)$ 指消费者 i 选择品牌 j 的概率；$V_i(j)$ 指消费者 i 对品牌 j 的偏好；$k=1, \cdots, j, \cdots, m_i$；$m_i$ 指选择集中品牌的数量。

基于标准性假设可知，如果 x 属于集合 A，而集合 A 又是集合 B 的子集，则备择项 x 在选择集 A 中的被选概率大于或等于其在选择集 B 中的被选概率，用公式表达如式（1-3），对于所有的 $x\in A\subseteq B$，有

$$P(x; A) \geqslant P(x; B) \tag{1-3}$$

式中，$P(x; A)$ 表示备择项 x 在选择集 A 中的被选概率，其他同理。

标准性假设认为，在一个选择集中加入新备择项后，原有各备择项被选中概率会降低，并且它们降低幅度与其原先被选概率成等比例。据此可推断，在选择集 $A\{x, y\}$ 中加入一新备择项 z 形成新集合 $B\{x, y, z\}$ 后，备择项 x 与备择项 y 的被选概率降低的幅度是一样的，即加入新备择项并不会改变消费者对 x 和 y 的

相对偏好程度。

用等式可以表示为

$$\frac{P(x;A)-P(x;B)}{P(x;A)} = \frac{P(y;A)-P(y;B)}{P(y;A)} \tag{1-4}$$

由式（1-4）可推导出式（1-5）：

$$P(x;A) = \frac{P(x;B)}{P(x;B)+P(y;B)} \tag{1-5}$$

让 $P_z(x;y)=P(x;B)/[P(x;B)+P(y;B)]$，则式（1-5）也可表示为：$P(x;y)=P_z(x;y)$。

基于标准性假设可推断，在现有市场中推出一个新产品后，会导致原有各个产品市场份额下降，但新产品并不会影响原先各产品间的相对市场份额。

2. 情境效应

近年来诸多研究发现，在消费者购买决策中会出现各种各样的情境效应（Context Effect），人们对两种产品的相对偏好并不是固定的，它会受到是否存在其他产品及定位的影响，在消费者基于选择集的决策中，将特定备择项加入选择集，往往可以诱导决策者选择。以 Wedell（1991）的有关汽车购买决策研究为例，在研究中，当要求被试在选择集{x, y, z}中选择时，几乎 70%的被试选择了汽车 1（x）；而当要求被试在{x, y, t}中选择时，只有 20%的被试选择了汽车 1（x），实验中所使用的产品信息见表 1-1。

表 1-1　Wedell 试验中各汽车详细信息表

汽车	行驶质量（1~100 分）	MPG
汽车 1（x）	100	27
汽车 2（y）	80	33
汽车 3（z）	100	21
汽车 4（t）	60	33

基于古典经济学效用最大化原则，消费者会选择效用最大的备择项，汽车 3 和 4 都是在选择集中被占优的备择项，所以不可能被偏好，由效用恒定性原则可知，消费者在上述两个集合中应该选择相同备择项，但结果明显违背了这一假设。换言之，这一结果违背了 Luce（1977）提出的"不受无关选项干扰"（Independence of Irrelevant Alternatives，IIA）原则（Lehmann et al.，1994）。

那些诱导决策偏差的备择项被很多学者称为陷阱选项或诱引选项（Decoy Alternative），而与其相关的效应被称为情境效应，是被用来形容当一新的备择项被移入和移出一个选择集后，人们的偏好和选择行为发生重大转变的一种现象

（Huber et al.，1982）。情境效应的观点认为，消费者关于某一备择项的效用评价是在特定的选择情境下临时构建的，而不是来自对该产品消费体验的回忆（Bettman et al.，1998）。

二、情境效应的主要表现

目前对情境效应的研究主要包括 4 种效应：替代效应、吸引效应、折中效应和幻影效应，如图 1-3 所示。

（一）情境效应 4 种形式的定义及表现

（1）替代效应（Substitution Effect）认为选择集中各个备择项之间具有相互替代关系，但是两个备择项间相互替代程度的大小取决于它们之间的相似度，两者越相似则替代关系越强。替代效应认为，选择集中加入新备择项会降低原有各备择项被选概率，而且这种效应会受备择项相似程度影响，那些与新备择项相似度高的备择项被选概率会降低更多（Debreu，1960）。图 1-3 中，相对于 y，D_S 与 x 更相似，所以 D_S 加入会导致 x 被选概率下降幅度较 y 更大，Tversky（1972）称之为相似性假设（Similarity Hypothesis），它反映了一个"同类相食"现象：产品间相似性越高，则相互可替代的程度就越高，在市场上推出一个产品，往往会更多地抢占与其相似的产品的市场占有份额。

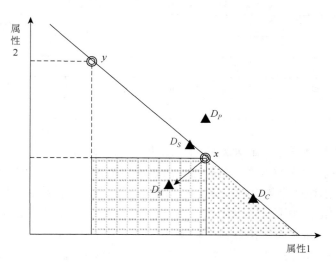

图 1-3　情境效应示意图

D_S：替代诱引项；D_A：吸引诱引项；D_C：折中诱引项；D_P：幻影诱引项

（2）吸引效应（Attract Effect）是指一个特定的不对称占优备择项（Asymmetrically Dominated，D_A）加入选择集后，会令选择集中某一备择项变得更具吸引力，从而提高被选概率（Huber et al.，1983）。D_A在选择集中至少被一个备择项占优且至少不被另一个备择项占优，如图1-3中左下角的正方形条纹区域中的选项。Pettibone和Wedell（2000）定义"被占优"为：若x被y占优，则x至少有一个属性值劣于y，在其他属性上也不都会优于y。

（3）折中效应（Compromise Effect）认为人们总是喜欢选择位置处于中间的备择项，在选择集$\{x, y\}$中加入一个诱引项D_C，使x变成一个折中项时，x被选概率会提高（Simonson，1989）。一些即使不能严格符合D_C定义的选项，也可以增加x的被选概率，如图1-3中右下角的三角形阴影部分，Huber和Puto（1983）称之为次级策略（Inferior Strategy）。

（4）幻影效应（Phantom Effect）指幻影备择项出现后再"消失"，与本就不呈现在选择集中相比，其他备择项被选概率发生较大改变（Farquhar et al.，1993）。幻影效应与吸引效应非常相似，不同的是幻影备择项对目标备择项占优（Highhouse，1996；Hedgcock et al.，2009），如图1-3中D_P所示，虽然x被D_P占优，但是D_P的不可供选择性反而使x变得更有吸引力。

根据情境效应下选择集中不同备择项的特点，Huber等（1982）对它们做出了相应的定义：加入选择集中用来诱引其他备择项被选概率发生变化的选项是诱引备择项或陷阱备择项（Decoy Alternative）；旨在通过诱引策略增加其备选概率的选项是目标备择项（Target Alternative）；和目标备择项具有竞争关系的是竞争备择项（Competor Alternative）。若无特殊说明，本书其他部分中对各备择项的称谓与此定义一致。

（二）人事招聘时的情境效应表现

少数学者对人事管理领域的情境效应进行了探索，如Highhouse（1996）最早对比了吸引效应和幻影效应在员工招聘时的表现差异，并对其成因进行了深入探讨；此后Slaughter等（2006）研究了在员工招聘时个体决策和群体决策吸引效应的表现差异，并探讨了过程责任和结果责任对其的影响。笔者为探究在中国情境下情境效应是否也存在，开展了一项研究探讨4种效应在员工招聘中的表现。

笔者共开展了两个小实验，其中实验1验证替代效应、吸引效应和折中效应，实验2验证幻影效应。实验1是一个3（情境效应：替代效应VS吸引效应VS折中效应）×2（选择集：无诱引项VS有诱引项）的组间设计，随机抽取了来自某大学的139名学生做自愿被试，并将被试随机分配到2个小组。每个被试都接受了一份问卷调查，并被告知调查问题属于真实案例，其回答情况会被作为录用决策参考意见。问卷中描述某公司由于业务需要，招募了 3 个岗位的若干应聘者进入实习，在实习期后，每个岗位最后只能留下一名员工，然后提供应聘者在实习期间各项技能的表现得分，要求被试根据自己的看法为每一岗位在两个或三个应聘者中选择一个留用，有两个应聘者的决策集是核心集，有三个应聘者的是情境集，其相对于核心集多了一个诱引备择项。对刺激材料的属性设置参照了 Slaughter 等（2006）的量表设置，并进行了适当调整，见表 1-2。

表 1-2　实验中应聘者属性信息表

效应	选项	应聘者	能力测评			
			协调能力评价	写作能力评价	亲和力评价	仪表评价
替代效应	x	周海秀	优秀	7.2 分/10 分	8.0 分/10 分	良好
	y	程野	良好	8.6 分/10 分	6.1 分/10 分	优秀
	d_{xx}	杨莉	优秀	7.1 分/10 分	8.1 分/10 分	良好
			人际能力评价	客户服务水平	销售额	工作态度
吸引效应	y	刘志远	优秀	8.6 分/10 分	13.6 万/月	7.1 分/10 分
	x	张海超	良好	7.9 分/10 分	17.8 万/月	7.8 分/10 分
	d_{ax}	杨智	良好	7.8 分/10 分	17.5 万/月	7.6 分/10 分
			协调能力评价	写作能力评价	战略能力评价	执行能力评价
折中效应	y	李浩然	8.3 分/10 分	良好	6.1 分/10 分	优秀
	x	赵达	7.8 分/10 分	良好	7.6 分/10 分	优秀
	d_{cx}	钟凯	6.3 分/10 分	良好	8.1 分/10 分	优秀

实验 2 采用和实验 1 一样的招聘情境，所使用刺激材料与实验 1 中的吸引效应一致，随机抽取了来自某大学的 86 名学生做自愿被试，并将被试随机分配到 2 个（选择集：无诱引项 VS 有诱引项）小组中去。与实验 1 不同，情境集中若被试选择了优于诱引备择项"杨智"的"张海超"，则被告知此人已经与其他企业签约，要求其在剩下的两人中选择一个。

实验 1 一共出现了 417 次招聘决策（139 被试×3 次录用决策），实验 2 一共出现了 86 次招聘决策（86 被试×1 次录用决策），具体实验结果见表 1-3。结果表明，除替代效应外，吸引效应、折中效应和幻影效应在实验中均得到验证。在吸引效应中，当比"张海超"略差的"杨智"参与竞聘后，"张海超"的被聘概率从 60.6%上升到 75.0%，增加 14.4%，与另一个候选者"刘志远"的相对被聘概率上升 15.5%，吸引效应强度达到 1.26（χ^2=5.285，P=0.071）；实验中折中效应表现非常强烈，当候选者"钟凯"加入使"赵达"成为折中项时，"赵达"的被聘概率从 2.9%上升到 81.7%，其相对于竞争对手"李浩然"的被聘概率提升了 30.76 倍

（χ^2=46.467，P=0.000）。替代效应在实验中并未得到验证，当与"周海秀"各项素质条件都比较接近的"杨莉"也参与竞聘后，原来的两个竞争对手"周海秀"和"程野"的被聘概率分别下降7.1%和15.4%，下降幅度大致相等（20.1%和23.8%），没有发生替代效应。在幻影效应下，一个不可供选择的候选人"张海超"参与竞聘后，比其略差的"杨智"的被聘概率从54.8%上升到75.0%，增加20.2%，幻影效应强度达到1.37（χ^2=7.263，P=0.032）。

表 1-3　替代效应、吸引效应和折中效应的实验选择情况及情境效应强度

效应类型	选项	选择集（N=139）						
		核心集{x, y}		情境集{x, y, d}		情境效应强度		
		n（%）	P(x; y)	n（%）	P_d(x; y)	ΔP/%	ΔP(x; y)	强度系数 K
替代效应	x	24（35.3）	35.3	20（28.2）	36.4	−7.1	1.1	1.03
	y	44（64.7）		35（49.3）		−15.4		
	d_{sx}	——		16（22.5）		22.5		
	合计	68（100.0）		71（100.0）		0		
吸引效应	x	43（60.6）	60.6	51（75.0）	76.1	14.4	15.5	1.26*
	y	28（39.4）		16（23.5）		−15.9		
	d_{ax}	——		1（1.5）		1.5		
	合计	71（100.0）		68（100.0）		0		
折中效应	x	2（2.9）	2.9	58（81.7）	89.2	78.8	86.3	30.76***
	y	66（97.1）		7（9.9）		−87.2		
	d_{cx}	——		6（8.5）		8.5		
	合计	68（100.0）		71（100.0）		0		
幻影效应	x	23（54.8）	54.8	33（75.0）	75.0	20.2	20.2	1.37**
	y	19（45.2）		11（25.0）		−20.2		
	d_{px}	——		——		——		
	合计	42（100.0）		44（100.0）		0		

注：1）P(x)为选择集中 x 的被选概率；P(x; y)为选择集中 x 与 y 的相对被选概率；P_d(x; y)为选择集中加入 d 后 x 与 y 的相对被选概率；

2）ΔP=P_d(x)−P(x)；ΔP(x; y)=P_d(x; y)−P(x; y)；K=P_d(x; y)/P(x; y)；

3）*、**、***分别表示在90%、95%和99%置信度下统计显著

本研究发现，除替代效应外，其他 3 种情境效应在员工招募情境下同样存在，特别是在折中效应中，一个诱引应聘者竟可以使特定候选人从几乎不可能被聘变为被聘概率高达约80%。这表明诱引应聘者的加入大大影响了被试对各应聘者的偏好优次排序，即使该诱引应聘者明显较差并对决策过程没有产生影响。实验中

没有出现替代效应可以用知觉聚焦效应解释（Hamilton et al., 2007），即当某一特定属性值出现次数较多时，会使决策者认为该属性值是普遍流行的，从而导致拥有该属性值的应聘者被选概率增加，所以，当和"周海秀"拥有同样高亲和力的"杨莉"加入后，决策者更加关注亲和力这一指标，从而抵消了替代效应。需指出的是，以往研究表明情境效应并不仅是实验条件下的产物，其在现实决策中同样大量存在，如在 Pan 等（1995）以美国 1992 年总统大选为模板的实验中，当被试感知到佩罗是布什的诱引备择项时，56%的人选择了布什，当被试感知到佩罗是克林顿的诱引备择项时，79%的人选择了克林顿。

第三节　本书研究内容及研究方法

一、情境效应对企业产品开发的指导作用

随着市场竞争日益激烈，市场环境变化不断加快，企业产品的生命周期越来越短，在这一现实背景下，为保持活力，企业必须不断研发新产品并将其投入市场。如 1990 年美国营销科学学会赞助的一项研究发现，市场上 25%的销售额来自三年内新推出的产品。然而摆在企业面前的一个难题是，虽然企业开发、投放的新产品越来越多，但新产品成活率却越来越低，致使许多企业陷入了一个推了又死、死了又推的新产品开发、投放模式，造成企业精力和资源大量浪费，如 Booz 和 Hamiltan（1982）的研究发现，1963～1981 年，新产品开发的失败率保持在 33%～35%。美国全国工业会议的研究认为，由于市场分析不恰当造成的新产品开发失败占所有影响因素的 32%。因此，科学地分析市场需求，努力提高新产品开发成功率成为企业迫切需要解决的问题。

现在较为流行的产品开发观念认为，一个产品能够有效满足消费者需求是其在市场上的立足之本，因此，企业产品设计时应追求消费者价值最大化。为此，在新产品开发时，企业应注重消费者需求调查，评估产品能够为消费者带来的利益及消费者为获得商品功能而付出的代价。目前对消费者价值的衡量应用较为广泛的是顾客认知价值 CPV（Customer Perceived Value），认为顾客认知价值的核心是对感知利得与感知利失（或称感知成本）进行权衡。感知利失包括消费者在采购或使用时所面临的全部成本，包括货币成本（Monetary Cost）、时间成本（Time Cost）、精力成本（Energy Cost）、心理成本（Mental Cost）4 类；感知利得是在产品购买和使用中产品的物理属性、服务属性、可获得的技术支持等，包括产品价值（Product Value）、人员价值（Personal Value）、服务价值（Services Value）和形象价值（Image Value）4 类。顾客认知价值 $CPV=TCV-TCC$。这里的 TCV 是指顾客购买总价值（Total Customer Value），TCC 是指顾客购买总成本（Total Customer Cost）。由上可知，为

获得较大顾客认知价值,企业应致力于两方面努力:增加产品价值和降低产品成本。这一产品开发观念的有用性是毋庸置疑的,但企业对消费者价值测量大多基于这样一个假设:消费者对特定产品的偏好是恒定的,不会因为产品在市场中位置不同而发生改变,这一基本假设忽视了市场中产品间相对位置对消费者偏好的影响。

在日益激烈的竞争环境中,企业为了生存不断推出不同品牌和型号的产品,这些产品在价格、质量、功能和服务上定位各异,使得消费者的每一次购物都要面临艰难选择。令很多营销管理者比较感兴趣的是:产品开发时哪种功能定位方式是最有利的;企业应该突出哪些属性的优势,哪些属性没有必要投入太多精力。要回答这些问题必须深入了解产品的属性定位地图,考虑情境效应是否对消费者决策行为产生了系统影响。因此,分析情境效应对消费者偏好的影响,对于提高企业新产品开发成活率,指导企业对新产品的定位策略与沟通策略,具有十分重要的现实指导意义。

二、本书章节内容安排

(一)情境效应中未被解答的关键议题

从提出至今,情境效应研究已经有近 40 年的历史。在 20 世纪七八十年代的早期研究中,学者们主要探讨选择集结构因素(如选择集规模、备择项间占优关系、属性同异结构等)对消费者决策的影响,并陆续发现了替代效应、吸引效应、折中效应和幻影效应,到了 20 世纪 90 年代,学者们开始聚焦于讨论情境效应的深层次形成机制。此后研究开始探讨影响情境效应的因素,探讨了时间压力、消费者动机、群体决策等非选择集因素对情境效应的影响。通过文献回顾和梳理可以发现,情境效应研究中还有一些未被解答的疑问,这些研究空白点构成了本书的主要研究内容。

第一,以往研究探究吸引效应形成机制时,对消费者偏好的测量多使用产品被选概率,而在多择一情境下,消费者选择具有排他性的特点,这就导致以往研究的重点只能关注决策结果,而无法从消费者属性权衡、判断及评价心理这一过程考量情境效应的深层的动因。本书将基于备择项属性评分变化的角度,建立吸引效应模型。

第二,虽然传统经济学理论认为,某一商品效用在特定消费场合是固定的,但近年越来越多的研究发现,消费者对某商品或服务的支付意愿并非恒定,而是内容依赖的,它要受到选择集中其他备择项的影响。不对称占优备择项在增加目标备择项吸引力的同时,是否也会增加消费者对其支付意愿?如果会,这种效应是稳定的还是高度情境依赖的?此外,当消费者在互有优势的核心集中进行决策时,会导致一种顾此失彼的负面情绪。不对称占优备择项由于被目标备择项完全占优,可以有效缓解决策者的负面情绪,并简化消费者的购买决策,那么情境效应是否可以有效增加消费者决策的满意感？本书研究内容将回答上述两个问题。

第三，在以往吸引效应机制的研究中，提出了两类机制：基于属性的（Attribute Based）权衡对比（Trade-off）机制和基于备择项的（Alternative Based）价值判断机制，但由于实验材料的局限，以往研究并不能有效分离上述两种机制的作用。基于此，本书将改变情境效应的研究范式，采用面积判断的实验刺激材料，探讨单独基于备择项是否可以有效解释吸引效应，同时考虑消费者信息处理方式在其中的影响作用。

第四，在实际购物中，消费者可以决定哪些是"我想要的"，从而采用"择优"的思维方式做出选择；消费者也可以决定哪些是"我不想要的"，从而采用"淘劣"的思维方式做出选择。以往对情境效应的研究多是建立在"得"的角度上，而未考虑"失"的情境，如当消费者面对的情境不是"选择"，而是由于客观原因被迫在已选定的项目中"排除"，情景效应是否存在及会如何表现？本书将以折中效应作为研究对象，探讨其在不同决策规则（选择 VS 排除）下的表现差异。

第五，以往研究揭示了框架效应对消费者决策行为有重要的影响，但尚未有研究探讨其在幻影效应中的表现。由于在现实中幻影效应的主要表现为产品脱销，目前学术界也多数是探讨幻影效应在产品脱销中的作用。因此，本书将基于脱销情境，探讨备择项信息框架对幻影效应的影响。

（二）本书章节安排及具体内容

本书研究内容及逻辑如图 1-4 所示。

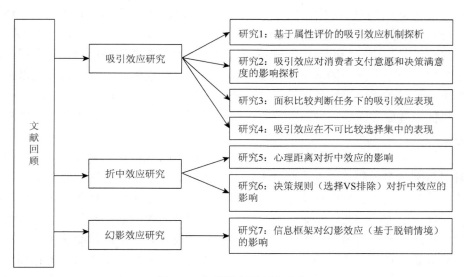

图 1-4　本书的主要研究内容

本书的结构编排如下：第一章为绪论部分，主要介绍情境效应的研究理论和现实背景，并简要介绍情境效应的含义及其基本表现和本书的主要内容安排；第二章为文献回顾部分，主要介绍情境效应中 4 种主要效应的定义、基本表现、形成机制及研究动向，并概括影响情境效应表现的关键变量和简要论述情境效应未来研究的趋势；第三章主要以吸引效应为研究对象，阐述图 1-4 中研究 1 和研究 2 的相关内容；第四章也以吸引效应为研究对象，主要介绍图 1-4 中研究 3 和研究 4 的内容；第五章以折中效应为研究对象，主要介绍图 1-4 中研究 5 和研究 6 的内容；第六章以幻影效应为研究对象，主要介绍图 1-4 中研究 7 的主要内容；第七章为总结章节，主要介绍本书研究的贡献及实践意义，并对未来的研究作出展望。

三、研究数据的收集

（一）研究方法论

实证主义代表人物之一 Dewey 在 1938 年提出了调查研究的基本范式，随后成为社会科学研究者所遵循的基本研究步骤。该研究范式有 4 个基本步骤：①发现并陈述问题。这是研究中首要的也是最重要的步骤，其目标是将实际生活中以复杂和模糊形式呈现的问题，通过简洁明了的方式表述出来。陈述问题须遵循 3 个原则：陈述两个或两个以上变量间的关系；应以清晰无误的问句形式出现；必须可以验证。②给出研究假设。研究假设是对问题答案的预先判断，可使研究目标明确化，假设陈述优劣的两个判断标准是：陈述的是变量间关系；要包含验证变量关系清晰的操作手段。③理论与逻辑推导。Dewey 认为系统推论非常重要，有助于研究者将观察到的无组织、无连贯的个别事项，通过寻求互赖关系联结起来。④假设验证。通过观察、测试和实验等手段测量研究中的变量，并根据规定的数理统计方法对研究假设进行验证。Kerlinger 和 Lee（1999）认为，科学研究须遵循 3 个基本原则：①科学研究必须是系统的和可操控的。科学研究必须严格地遵循一套程序，研究程序和方法应标准化。②科学研究必须是实证性的。实证性是指研究结论能够利用科学研究方法进行验证，它意味着研究结论具有可重复性。③科学研究结论无关乎道德评价。研究结论无"好""坏"之分，研究者应该尽量避免个人偏见，坚持中立原则，保持研究客观性。

本书的研究内容严格遵循 Dewey 的科学调查范式。在研究步骤上，首先，基于文献阅读和现实问题观察，清晰地描述研究问题，分析研究的理论和现实背景，从产品定位、开发及促销沟通角度探讨情境效应对企业营销策略的影响；其次，基于大量文献阅读，详细描述情境效应的基本含义及主要类型，在假设陈述时尽量做到变量关系表述清晰、变量定义清晰、假设验证方法正确。再次，研究假设提出过程中进行了大量理论推导和逻辑演绎，所有研究假设都有成熟的理论基础作为支撑。最后，采用实证研究方法验证假设。本书研究过程中也严格遵循Kerlinger 的研究原则。首先严格执行标准研究程序。研究初期经历长达两年之久的文献阅读，收集和整理从情境效应提出至今的关键文献，对这些文献进行细致的分类、归纳和评价，挖掘出未被解决的关键问题，确定关键变量并建立研究理论模型。其次在研究过程中尽量保证客观性。最后，为保证可证实性，研究使用实证研究方法，在数据收集方法上遵守"严以求精、宁缺毋滥"基本原则，对实验对象严格筛选，对收集的数据仔细审查。

（二）主要研究方法

研究方法是指在研究中发现新现象、新事物，提出新理论、新观点，揭示事物内在规律的工具和手段。本书研究中所使用研究方法主要包括文献研究法、观察法、深度访谈法、问卷调查法和实验法。

1. 文献研究法

文献研究法是一种重要的探索性研究方法（Exploratory Research），其重点是发现观点与研究启示。文献研究法主要指"搜集、鉴别、整理文献，并通过对文献的回顾，形成对事实科学认识的方法"（小吉尔伯特·A. 丘吉尔等，2010）。对于研究者来说，大量地参阅回顾文献，吸收前辈学者的研究成果，了解和把握研究领域的最新进展，可以避免走弯路。本书研究内容属于基础性研究，因此回顾文献多为学术性文献，主要来源于市场营销领域的国际顶级期刊，包括 *Marketing Science*、*Journal of Marketing*、*Journal of Consumer Research*、*Journal of Marketing Research* 等。

2. 观察法

研究中观察法使用较少，主要在设计刺激材料属性时使用。为增加实验产品的可信性和真实性，笔者实地走访多地了解实验产品属性分布状况后确定实验材料属性分布。

3. 深度访谈法

研究中深度访谈法主要用来预调查调查问卷和实验材料。预调查主要目标包括：发现问卷中的文字错误，修正难以理解的语句，修正刺激材料的属性设置，修正刺激材料属性值的设置，确定恰当的实验时间间隔。研究采用了两种深度访谈法：专家小组深度访谈法和个人深度访谈法。专家小组深度访谈法主要是求助于相关专家仔细检查量表并给出修改建议。个人深度访谈主要是询问被访者对问卷的回答有何难处，问卷设计中有何不当及如何改进，同时也询问一些有关选择决策的原因和动机，以便纠正研究设计缺陷并希望发现新研究思路。

4. 问卷调查法

部分研究中使用了问卷调查法。为提高调查的真实性，所有问卷调查都采用人员辅助访谈方式，可有效促使被调查者认真填写问卷，同时也可防止偷懒行为。为增加被调查者答卷动力，对被调查者给予一定的物质奖励。问卷调查法主要有两种类型，一种为入户访谈法，研究者招募访问员进入学生宿舍进行调查；另一种为课堂调查，由研究者在课堂授课期间开展。

5. 实验法

实验法是研究人员通过操纵和控制一个或多个自变量，观察其对一个或多个因变量的影响（Kerlinger er al.，1999），通常被用来推断因果关系（纳霍希·K. 马尔霍特拉，2009）。相比探索性研究或描述性研究，实验法能为因果关系确定提供更令人信服的证据（小吉尔伯特·A. 丘吉尔等，2010）。为验证研究假设，研究设计了多个实验，方式为实验室实验（Laboratory Experiment），主要是根据研究假设创造出一个特定情景，然后操纵决策选择集、决策规则、心理距离和信息呈现方式等变量，观察被试决策模式、属性评价和支付意愿等结果变量的变化情况。研究中部分实验采用了"前测-后测"实验设计，实验分组尽量采用了随机方式。

四、情境效应测量方法定义

研究者可通过观察物体、事件及其过程来对自然和社会现象进行探索，并通过思考、推理和验证认识其因果关系，从而认识世界。要确定客观世界的因果关系，就必须对观察到的结果进行量化，而这正是测量的核心目标。测量是社会科学研究的一个关键环节，是一项基本的科学活动，严谨的社会科学研究必须建立在精确的变量测量基础之上。测量定义中影响最深的是 Stevens（1968）的定义，他认为测量"就是按照一定的规则将特定的数字分配给特定的事物或事件（Events）"。其后，Duncan（1984）对这一概念做了发展，认为测量不仅仅是数字的分配，还应该是遵循某一事物或事件的属性或品质不同程度进行的数字分配。因此，数字化是测量的一个主要特征，我们可以用 1、2、3 等数字来描述某一事物的特定属性，但只有当特定的规则赋予这些数字具体含义后，其才有意义。Kerlinger 和 Lee（1999）认为，基于 3 个原因，对于社会科学，测量的定义和合理严谨测量规则的建立是非常关键的。首先，社会科学不像自然科学那样可以借用科技工具进行测量，经常需要测量如智力、侵略性、凝聚力等人为因素，测量难度更大；其次，从理论上讲，一旦合理的测量规则建立起来，几乎可以测量社会科学中所涉及的任何事物；最后，测量的科学定义可以警示我们建立好的测量规则的重要性。在社会研究测量过程中，有些是可以直接观察到的，如消费者的具体购买行为，有些则是无法直接观察到的，如消费者的满意度、后悔度等，这些无法直接观察的变量是可以通过特定研究程序来测定。

（一）情境效应强度测量

对情境效应强度的测量，本书主要借鉴了 Hahn 等（2006）的方法，并对其进行稍加调整。该方法主要通过对比诱引备择项加入选择集之前和加入选择集之后，目标备择项与竞争备择项相对被选概率（Choice Probability）的变化幅度。

设集合 A 为 $\{x, y\}$，集合 B 为 $\{x, y, \cdots\}$ 且有 $A \in B$。

令 $P(x, A)=n_x/N_A$，$P(y, A)=n_y/N_A$，$P(x, B)=n_x/N_B$，$P(y, B)=n_y/N_B$；

其中 n_x，n_y 分别表示在集合中选择备择项 x 和 y 的人数；N_A，N_B 分别表示在集合 A 和集合 B 中进行选择总人数。

对吸引效应和折中效应定义如下：

若：$\dfrac{P(x,B)}{P(y,B)} - \dfrac{P(x,A)}{P(y,A)} > 0$ 则发生了吸引效应或折中效应；

若：$\dfrac{P(x,B)}{P(y,B)} - \dfrac{P(x,A)}{P(y,A)} > 0$ 则发生了正的吸引效应或折中效应；

若：$\dfrac{P(x,B)}{P(y,B)} - \dfrac{P(x,A)}{P(y,A)} < 0$ 则发生了负的吸引效应或折中效应；

若：$P(x, B) - P(x, A) > 0$ 则发生了很强的正吸引效应或折中效应。

吸引效应和折中效应强度使用强度系数 K 来界定。K 值的计算方式为

$$K = \frac{P(x,B)}{P(y,B)} \bigg/ \frac{P(x,A)}{P(y,A)} = \frac{P(x,B) \times P(y,A)}{P(x,A) \times P(y,B)} \qquad (1\text{-}6)$$

由 K 的计算公式可知，若 K 值显著大于 1，则表示发生了正的情境效应，若 K 值显著小于 1，则发生了负的情境效应，若 K 值与 1 无显著差异，表示无情境效应。若无特殊说明，本书中对情境效应强度的测量均依据式（1-6）。

（二）情境效应的假设检验方法

对情境效应的假设检验方法，本书参照以往经典研究中所使用的方法，即采用麦氏检验（McNehmar Test）来验证目标备择项与竞争备择项相对被选概率是否发生显著改变（Huber et al.，1982，1983；Simonson et al.，1992）。但麦氏检验适用于同一样本在两种不同情况下的比较，要求对比两组数据必须为配对样本，见表 1-4。

表 1-4　情境效应选择转移的麦氏检验

核心集合 ＼ 情境集合	选择 x	选择 y
选择 x	A_{11}	A_{12}
选择 y	A_{21}	A_{22}

采用麦氏检验法，其检验统计量为

$$\chi^2 = \frac{(|A_{12} - A_{21}| - 1)^2}{A_{12} + A_{21}} \tag{1-7}$$

第二章 情境效应的表现及其研究现状

第一节 相似性假设与替代效应

一、标准性假设及其缺陷

在传统的决策研究中，学者们普遍认为，在包含了 N 个备择项的选择集中加入一新备择项而使备择项数目从 N 增加到 $N+1$，原各备择项的被选概率会相应地下降，至少不可能增加，这一推断是基于 Luce（1959，1977）的标准性假设。为简化一些复杂的决策问题，Luce 还进一步提出了无关备择项独立性原则，该原则指出："假设某包含了 N 个备择项的选择集 S 中有两个备择项 x 和 y，若决策者在 x、y 间永远不可能选择 x，即 $P(x, y)=0$，则剔除备择项 x 不会影响选择集 S 中其他备择项的被选概率。"换言之，若选择集 R 是 S 中剔除了所有类似 x 备择项后的选择集 S 的一个子集，则选择集 R 中任一备择项 i 的被选概率和其在选择集 S 中的被选概率相同，即：$P_R(x)=P_S(i|R)$；该原则还认为选择集 R 中任意两个备择项 a 和 b 的相对被选概率 $P_R(a)/P_R(b)$ 是一个独立于该选择集其他备择项的常数（Luce，1977），即人们对任意两个备择项的相对偏好不会受到其他备择项存在与否的影响。

在基于选择集的决策研究中，标准性假设是一个最久远的理论研究依据，根据该假设，消费者对备择项的相对偏好不会受到其他备择项加入或移出选择集的影响，用公式可简单表达为：$P_A(x)/P_A(y)=P_B(x)/P_B(y)$，其中 $x, y \in A \subset B$。由此可推断，若选择集中备择项间存在完全占优关系，决策时直接剔除被完全占优的备择项，不会影响其他备择项相对偏好和相对被选概率。

由于标准性假设原理简单易懂、计算方便，在 20 世纪 70 年代曾一度受到推崇，并成为建立消费者选择模型时的一个基本分析理论。McFadden（1974）就基于标准性假设原则，运用 Logit 分析方法将消费者的产品评分转换为选择概率，此后的 ASSESSOR 新产品市场预测模型（Silk et al.，1978）和 Multinominal Logit（MNL）消费者品牌选择模型（Guadagni et al.，1983）都是基于标准性假设建立。

标准性假设成立的一个基本假设前提是最大期望效用准则的偏好独立性公理，即人们对各个备择项的偏好相互独立，一个无关备择项存在与否不会干扰消费者对特定备择项的价值判断与偏好。但从最新的决策理论中有关消费者决策心理机制的研究看，这一假设在现实情况下很难实现，以前景理论为例，消费者对特定产品和服务的价值判断、评价和选择都离不开情境、方案的对比参照，在不同的参考点上，人们对相同的产品价值判断都是不一样的（Kahneman et al.，1979）。因此，标准性假设忽略其他无关备择项的参照性作用，而将消费者偏好看成是稳定、独立的，具有一定的局限性，而基于此假设所建立的消费者决策模型在预测实际行为时也出现了各种偏差。

二、相似性假设与替代效应

早期的一些研究中，有学者发现，在选择集中加入或移出一个备择项后，其他备择项被选概率下降或上升的幅度并不总是相同的，一些备择项受到的影响要大于另外一些备择项（Rumelhart et al.，1971）。如 Debreu（1960）就发现，在一个选择集中加入和移出一个备择项后，其他备择项被选概率变化受备择项间相似程度影响，与新加入的备择项较为相似的备择项，其被选概率下降和上升幅度往往要大于那些与新加入备择项不相似的备择项。Tversky（1972）将这一现象称为相似性假设（Similarity Hypothesis），它反映备择项间一个"同类相食"的现象：选择集中各备择项之间存在替代效应，备择项间相似性越高，则可相互替代性就越大，因此，在选择集中加入一个新备择项往往会更多地抢占与其相似备择项的"被选占有份额"。

根据相似性假设，在选择集 $A\{x, y\}$ 中加入一个与 x 相似的新备择项 $x*$ 形成新集合 $B\{x, y, x*\}$ 后，备择项 x 被选概率降低幅度大于或等于备择项 y 被选概率降低幅度，用等式可以表示为

$$\frac{P(x;A) - P(x;B)}{P(x;A)} \geqslant \frac{P(y;A) - P(y;B,)}{P(y;A)} \tag{2-1}$$

上述公式可推导概括为

$$P(x;A) \geqslant P_x.(x;y) \tag{2-2}$$

由上得出，在选择集 $A\{x, y\}$ 中加入一个与 x 相似的新备择项 $x*$ 后，由于替代效应的存在，x 对于 y 的相对市场份额下降。相似性假设从替代性的角度考虑了备择项间相似程度对个体选择偏好的影响，在一定程度上弥补了标准性假设的部分缺陷，提高了市场预测精确度，如较为流行的按方面删除法（Elimination by Aspects，EBA）模型（Tversky，1972）便考虑了替代效应的存在，该模型认为消费者的决策是一个层阶式的过程，产品按照不同的相似程度可以被归类到不同的决策分支，而每一个决策分支所有产品被选择的总概率是一定的，所以在某一个

决策分支增加新的备择产品会降低该分支其他潜在备选产品的被选概率，但对其他分支的产品的被选概率影响不大。因为 EBA 模型需要估计太多的参数，所以很难在实际应用中预测消费者决策行为，但其理论分析过程为之后的研究提供了参考。此后，Urban（1975）的 PERCEPTER 新产品市场份额预测模型在标准性假设的基础上纳入了产品距离这一变量，本质上也是考虑了备择项间的相似程度，可惜的是其实际市场预测效果并不理想。在这之后，McFadden（1980）的产品选择概率模型亦纳入了产品相似性这一关键因素，Batsell（1982）也发展了一个整合了备择项效用和备择项替代关系的消费者选择概率模型，都获得了较好的预测效度。

现实市场中很多现象都符合相似性假设，如向市场上投入一个新高档产品后，其对高端市场冲击最大，中端市场次之，对低端市场几乎没有什么影响，而低端市场上的价格战，在中端市场上所造成影响也远远大于高端市场，这种现象被Tversky 和 Simonson（1993）称作为中间不平均假设（Betweenness Inequality）。相似性假设给企业的启示是，在推出新产品时，应尽可能使新产品与本企业原有产品差异较大，而与竞争产品相似，以消除"同类相食"对本企业现有产品市场份额影响，并有效抢占竞争产品市场份额。

虽然相似性假设在理论上有较好的解释机制和实验数据支持，但在营销运用中却遇到了许多挑战。首先，估计产品间相似程度和相似距离非常困难，不同的产品属性可能千差万别，这都对市场预测模型提出更高要求，并需要获得太多的属性参数，使其在应用中很难有效估计市场份额；其次，相似性假设并没有脱离古典决策理论的分析框架，仅考虑效用的替代性特征，没有考虑产品间相对位置、优劣关系等因素对消费者主观效用判断本身会产生怎样的影响，从而导致基于此假设建立的决策模型在预测消费者行为时出现了各种各样的偏差。

第二节　吸引效应和幻影效应

一、吸引效应的提出

由期望效用公理的偏好独立性和传递性特征可知，在选择集中加入一个新备择项不可能增加原有备择项被选概率，也不会改变原有备择项间偏好关系，即若 x 没有在选择集 $A\{x, y\}$ 中被决策者选择，那么在一个更大的选择集 $B\{x, y, z\}$ 中，其更不可能会是一个被决策者偏好的备择项，这就是 Sen（1998）所指的"扩张一致性"（Expansion Consistency）。然而事实并非如此，吸引效应由于违背标准性假设和无关备择项独立性原则，在近年来受到普遍关注。

（一）不对称占优备择项和吸引效应

吸引效应最早由 Huber 等于 1982 年提出，是指一个不对称占优备择项（Asymmetrically Dominated Alternative）加入选择集后使某一特定备择项变得更有吸引力，从而被选概率提高的现象。根据 Huber 等的定义，不对称占优备择项是指在选择集中，该备择项至少被一个备择项完全占优（Being Dominated）且至少不被另一个备择项占优。根据 Pettibone 和 Wedell（2000）对"被占优"的定义，若 x 被 y 占优，则 x 至少有一个属性值劣于 y，而在其他属性上也都不会优于 y。选择集中在所有属性上都优于不对称占优备择项的备择项往往被学者们称为占优备择项（Dominating Alternative）。由于不对称占优备择项就像一个陷阱，具有诱引决策者行为的作用，许多学者将具有类似性质的备择项统称为诱引备择项或陷阱备择项。

根据 Tversky（1972）的按方面删除法的决策规则，因为不对称占优备择项被完全占优，该备择项不可能被决策者选择，所以在决策初期的选择集简化阶段就已经被决策者剔除选择集，并不会影响后面的选择结果。但大量研究表明，不对称占优备择项的加入会令占优备择项被选择概率提高。以 Huber 等 1982 年的实验为例，在研究中，他们要求被试在只了解价格和质量评分情况下，在 3 个啤酒品牌 $\{x, y, z\}$ 中选购一个最喜欢的品牌。这 3 个品牌中 x 品牌和 y 品牌各有优势，y 品牌虽然口味评分较高但价格更贵，y 品牌对 z 品牌完全占优（口味评分相同的情况下价格便宜），但 x 品牌对 z 品牌不是完全占优，根据定义可知 z 品牌是不对称占优备择项，y 品牌是占优备择项。各啤酒品牌的具体信息见表 2-1。

表 2-1　Huber 试验中啤酒品牌详细信息

品牌	价格/（美元/半打）	平均评分 100 分最好；0 分最差
x	1.80	50
y	2.60	70
z	3.00	70

实验结果表明，当要求被试在 $\{x, y\}$ 中选择时，x 品牌被选择的概率为 43%，y 品牌被选择的概率为 57%，而当要求被试在 $\{x, y, z\}$ 中进行选择时，y 品牌的被选择概率则从 57% 上升到了 75%，这一结果明显违背了标准性假设的"在一个集合中加入新备择项会降低原有备择项被选概率"这一论断。另外，z 品牌无论在价格还是在质量上，都与 y 品牌更为相似，但 y 品牌的被选概率不降反升，这一结果也违背了相似性假设的"同类相食"论断。

吸引效应的发现引起了一大批学者对其形成机制的探讨，学者们更感兴趣的是，到底是什么决策机制导致其对 IIA 和 EUM 的违背。多数学者认为，吸引效应反映了人类做信息判断时的一种简捷化直觉，它是个体在收到信息不足或信息过度时的一种判断偏差。不对称占优备择项可以简化决策者的决策过程，可以增加决策的准确性并降低决策者的决策努力程度（Klein et al.，1989）。在判断和决策过程中，诱引备择项为决策提供了显著易得性信息和判断锚点。具体而言：首先，其为决策者提供了额外决策信息；其次，诱引备择项属性值为决策者对其他备择项属性判断起到了锚定作用；第三，其存在改变了决策者的参考点。

（二）吸引效应的基本启发策略

为便于说明，以双属性决策框架简单图示分析启发吸引效应的基本策略。图 2-1 中包含有两个备择项的选择集 $\{x, y\}$，假定 x 为目标备择项，y 为竞争备择项，因为 $x_1 > y_1$，$x_2 < y_2$，所以两者各有优势属性和劣势属性，不分伯仲，难以取舍。为增加 x 的被选概率，可通过加入不对称占优备择项来增加 x 的吸引力。Huber 等（1982）最早提出了 3 种代表性的策略，具体包括：①R（Range Increasing）策略。沿 R 方向加入不对称占优备择项，增加目标备择项在劣势属性 2 上的极差；②F（Frequency Increasing）策略。沿 F 方向加入不对称占优备择项，进一步强化目标备择项在优势属性 1 上的优势；③RF（Range-frequency）策略。同时使用 R 和 F 两种策略。

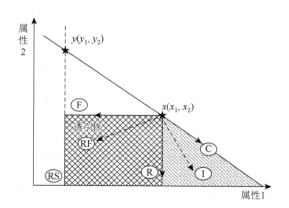

图 2-1　吸引效应的诱引策略

由不对称占优备择项的定义可知，它既要被目标备择项 x 完全占优，又不能被竞争备择项 y 完全占优，所以诱引区应严格限制在图 2-1 中的长方形网格阴影区域内，上面所提到的 3 种策略都满足此界定条件。此后的研究进一步扩展诱引区的范围，发现其他一些不能满足不对称占优定义的备择项也能起到类似的诱引作用，张全成等（2011，2012）对此进行了总结，包括：①RS（Range with Symmetric Dominance）策略。在图中 RS 点加入一个比 x、y 在两个属性上都差但程度却不对称的备择项，由于其向下延伸了属性 1 的极差，使 x 在此弱势属性上的劣势变小，从而增加 x 的吸引力（Wedell，1991）。②I（Inferior）策略。沿 I 方向加入一个不被 x 占优但比 x 稍劣的备择项，这会改变消费者有关两个属性间的边际替代关系感知，从而增加属性 1 的权重，进而增加 x 相对于 y 的吸引力（Simonson，1989）。③C（Compromise）策略。沿 C 方向增加一个与 x、y 不存在优劣关系但却导致它们相对位置改变的备择项，也会引发吸引效应（Simonson，1989），该策略也被称为折中效应，下文将对其进行详细介绍。

　　上述提到的各种策略有一个重要假设前提，就是加入的诱引备择项虽然缺乏吸引力，但也可以被决策者接受。如果诱引备择项的某个属性值低于决策者能够接受的最小阈值，明显不能为决策者所接受，那么吸引效应还会发生吗？多属性决策的联合法和删除法作为人们决策的经典方法，已经被使用了很长的时间，基于这些方法，当备择项的某一个属性明显不被决策者接受时，决策者在决策最初会直接将该备择项排除出去，且以后决策不会受到该备择项影响。但 Wijnen 等（2007）的研究表明，即使诱引备择项的某个属性明显不能为决策者所接受，它的存在也会导致决策者评价中属性权重的转移，进而出现吸引效应。研究还发现，当诱引备择项某一个属性是不可接受的（因而该备择项也是不可接受的），即使消费者声称不会考虑该备择项，该备择项其他属性值依然会影响其判断。

（三）吸引效应在不同领域的验证

　　近年来，吸引效应在各种不同的应用领域得到了验证，它不仅在消费者市场生活中使用的产品的购买行为中显著存在（Doyle et al.，1999；Friderick et al.，2008），也在企业的员工招募决策中普遍存在（Highhouse，1996；Wedell et al.，1996）。还有一些学者发现，人们对公共事务政策的决策也会受吸引效应影响（Herne，1997，1999），吸引效应甚至在赌博决策（Wedell，1991）、政治人物候选投票决策（O'Curry et al.，1995）等领域中也普遍存在。除了在实验设计研究中获得证实外，还有一些研究发现在实际购买环境下（野外实验研究），消费者对罐装烤豆（Doyle et al.，1999）、巧克力、电视、啤酒（Heath et al.，1995）等产品的购买行为中也出现了吸引效应。以上研究结论说明吸引效应的存在是一个普遍现象而不是一个个别现象，它是消费者非理性决策行为的一个具体表现和强有力的证据。但有学者指出，虽然吸引效应在各种实证中都得到了验证，但其对现实应用的指导作用有限，毕竟，在真正的市场环境中，很难想象企业会推出一个被完全占优的产品，因为它难以在市场上存活（Ha et al.，2009）。

二、吸引效应的形成机制

对于吸引效应的形成机制，诸多学者从不同角度进行了解释，主要有以下几种。

1. 基于信息缺失的决策简化

决策信息是影响决策结果的一个重要因素，Huber 等（1982）和 Brenner 等（1999）都认为，当决策信息缺失或无法有效评判决策信息时，消费者只能根据备择项的相对关系来评判它们的价值，此时他们会更倾向于使用两两对比（Paired Comparisons）的简单方法来确定选择集中各备择项相对优势，并根据这些结果做出最终的购买决策。这种情形下，不对称占优备择项的存在能引发对比效应，增加了对不对称占优备择项完全占优的目标备择项的吸引力。正如 Tversky 和 Simonson（1993）所言："相同大小的圆，被大的圆所包围时会显得小，而被小的圆包围时会显得大一些。"与此观点类似，Ratneshwar 等（1987）认为，消费者对备择项的属性不是很熟悉可能是造成吸引效应的原因之一，在消费者对产品不熟悉从而难以权衡孰优孰劣时，他们只能搜寻其他信息作为决策的依据，以降低由此产生的认知失调感（Cognitive Dissonance），而不对称占优备择项的存在，使其成为诱导目标备择项被选择的一种"正当理由"（Justifications），这不仅简化了决策，也减少了决策者思考成本。Ratneshwar 等（1987）实验发现，如果对选择集中各备择项的属性进行详细的、有意义的语句描述，确实会使吸引效应减弱，甚至消失。

消费者简化决策的心理动机可能也是诱发吸引效应的原因之一。Shugan（1980）的研究发现，决策者在存在占优关系的备择项间进行选择时，其思考成本要低于备择项间没有占优关系的情况，由此可推断，消费者在选择集中选择对不对称占优备择项完全占优的目标备择项也是简化决策动机的结果。一些有关时间压力对吸引效应影响的研究可为此观点提供证据，多项研究发现，如果消费者没有足够时间分析各个备择项，其为简化决策过程，更有可能仅仅根据各备择项间的对比做出选择，从而使吸引效应增强（Lin et al.，2008）。Hedgcock 等（2009）也认为，决策者决策时会尽量地规避负面情绪，因为不对称占优备择项被目标备择项占优，所以选择目标备择项可以降低决策者负面情绪，简化决策。

2. 基于参考点转移的损失避免

第二类解释聚焦于备择项各属性间的权衡对比过程。根据 Tversky 和 Kahneman（1991）的参考点依赖理论可知，人们对事物的判断是基于某一个特定的参考点，而究竟是以什么作为参考点很多时候会受到决策和判断情境的影响，该理论还指出，人们都有厌恶损失的特点，相比获得，人们对损失会赋予更大的权重，所以相同损失会比相同获得对决策者产生更大的影响。据此理论，Wedell和Pettibone（1996）从风险规避（Risk Aversion）角度解释了吸引效应形成机制，认为不对称占优备择项改变了决策者的参考点（Reference Point），进而改变了决策者对备择项各属性的相对价值判断。其机制如图 2-2 所示，从不对称占优备择项角度看，目标备择项在属性 1 上有一个小的获得（x_1-d_1），在属性 2 上也有一个小的获得（x_2-d_2），而竞争备择项带来属性 1 上小的损失（d_1-y_1）和属性 2 上大的获得（y_2-d_2）。

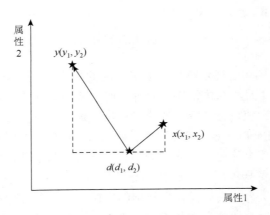

图 2-2 诱引备择项改变决策者参考点

3. 基于决策认知过程的感知偏差

Wedell 和 Pettibone（1996）基于 Parducci（1965）的范围–频数理论（Range-frequency Theory）运用价值转移模型（Value Shift Model）对吸引效应进行解释，认为不对称占优备择项的加入影响了消费者对其他备择项属性值的价值判断，从而增加了目标备择项的整体价值。其机制如图 2-3（a）所示，以 F 策略加入诱引备择项可增加 x 属性 1 的价值判断，而 R 策略加入诱引备择项可增加 x 属性 2 的价值判断。其深层次机制主要有两个：首先，不对称占优备择项使目标备择项的优势属性显得更突出，且劣势属性也变得具有相对优势；其次，增加了目标备择项劣势属性的排序位次，从最差变成次优。Ariely 和 Wallsten（1995）指出，新加入备择项会给决策者带来属性重要性信号，进而影响决策者对不同属性的权重赋予，增加了目标备择项优势属性的权重，减少了劣势属性的权重。此后Wedell 和 Pettibone（1996）提出了权重改变（Weight Change）模型论证了上述观点，其基本形成机制如图 2-3（b）所示，在选择集{x, y}中加入 F_d 备择项后，使两个属性的边际替代关系发生了变化，属性 1 被赋予了更大的权重。

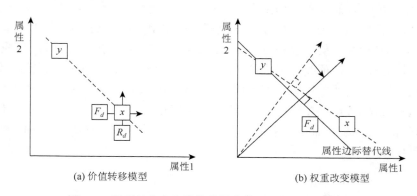

图 2-3　吸引效应产生的价值转移模型和权重改变模型

　　部分学者分别从其他视角解释了吸引效应的形成机制。Schley（2005）利用个体决策过程中的"最小后悔法则"解释了吸引效应形成机制，认为不对称占优备择项加入选择集后使目标备择项的决策后悔值最小，是其被选概率增加的一个原因。Duncan 和 Humphreys（1989）基于视觉研究提出了知觉聚焦效应，认为相似元素的存在会促使个体更加关注那些不相似元素，基于此，集合中备择项间彼此关系在加入诱引备择项后发生改变，导致决策者关注点发生转移。Mellers 和 Biagini（1994）也认为，决策者在备择项间做比较时，备择项在一个属性上相近会放大其在其他属性上的差异，基于这一逻辑，这种"关注差异"会导致那些差异较大的属性获得较高的判断权重。

三、幻影效应

（一）幻影效应的提出

　　古典决策理论认为，在一次性决策问题中，选择集中一个不能被选择的备择项（Unavailable Alternative）是否存在对个体选择结果不会产生任何影响，所以为简化决策分析过程，可直接将其从选择集中剔除。一些研究发现，即使一个备择项不可供选，其是否呈现在选择集中也会影响其他备择项被选概率（Farquhar et al.，1993；Hedgcock et al.，2009；Highhouse，1996）。幻影效应是指，在选择集中加入特定备择项，告知决策者这一备择项无法被提供，与该备择项本就不呈现在选择集中相比，其他备择项被选相对概率会发生较大改变（Farquhar et al.，1993）。

　　Farquhar 和 Pratkanis（1992）首先提出幻影备择项的概念，将其定义为"看起来真实，但是在决策时却由于某种原因不可供选择"的备择项，并将幻影备择项分为知情幻影备择项（Known Phantom Alternative）和不知情幻影备择项（Unrecognized Phantom Alternative）。知情幻影是指在做出决策前，决策者就已经知道某一特定备择项是无法被选择的；而不知情幻影是指决策者在决策前以为所有备择项都可供选择，直到在其选择幻影备择项后才被告知该备择项不能获得。

　　现以图示说明幻影备择项对其他备择项的影响。图 2-4 中，在选择集 {x, y} 中的加入一个备择项 p，该备择项对 x 完全占优（$p_1 > x_1$；$p_2 \geq x_2$ 或 $p_2 > x_2$；$p_1 \geq x_1$），但不对 y 完全占优（$p_1 < y_1$ 或 $p_2 < y_2$）。不知情幻影效应是指，当消费者在集合 {x, y, p} 中做出选择并选中 p 后却被告知，由于某种原因（缺货、已被预订等）导致 p 无法获得，将不得不在余下 x 和 y 中选择，这与让决策者直接在集合 {x, y} 中选择相比，会导致 x 相对于 y 的被选概率增加，出现反向的吸引效应。

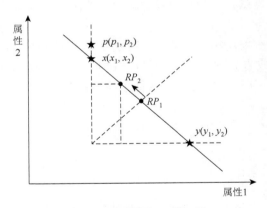

图 2-4　幻影效应及其机制

（二）幻影效应的形成机制

　　多数学者认为幻影效应的形成机制与吸引效应基本相似。Farquhar 和 Pratkanis（1993）用缺失-强化（Scarcity-enhancement）理论对其做了解释，该理论建立在感知稀缺性的基础上，认为人们会更看重缺失的事物，选择集中幻影备择项的不可获得性导致决策者更加看重该备择项优势属性（如图 2-4 中备择项 p 的属性 2），进而在评价中增加了属性 2 的重要性权重，所以在 {x, y} 中选择时，x 由于具有较高的属性 2 增加了其被选概率。与此类似，Pettibone 和 Wedell（2000）用相似-替代假设（Similarity Substitution Hypothesis）进行解释，认为这种幻影效应是一种特殊现象，当决策者被迫做出选择时，他们会选择和最有吸引力幻影备择项相似的备择项来弥补幻影备择项的不可获得，Ariely 和 Wallsten（1995）的研究也支持了这一观点。Boland 等（2007）在一项研究中，让被试为 8 个钢笔打分排序后选出最喜欢的钢笔，然后告知被试该钢笔无法获得并重新选择，结果有 20%的人没有选择偏好第二而是排名更低的钢笔，这其中 91%选择了和排名第一位具有相同属性的笔，这一结果也支持了Pettibone 的相似-替代假设。

Highhouse（1996）运用前景理论，从损失规避角度对幻影效应进行了解释，认为幻影备择项改变了决策者参考点。在图 2-4 中，幻影备择项改变了选择集的属性构成，导致决策者参考点从 x 和 y 的中点位置 RP_1 向 p 备择项的方向移动到 RP_2。从 RP_2 看，目标备择项 x 是一个小获得和一个小损失，竞争备择项 y 却是一个大获得和一个大损失，由损失规避机制可知，x 看起来更有吸引力一些。Dhar 和 Glazer（1996）认为，幻影备择项的加入改变了决策者对原各备择项的心理距离感知，加大了它们在各属性上差异感知。在图 2-4 中，幻影备择项 p 的加入减低了 x 和 y 的相似性感知，使消费者对属性 2 的距离感知拉长，从而突出了 x 在此属性上的优势。

但也有少数研究发现相反的结论，特别是对于不知情幻影而言，当决策者已经做出决策后才被告知某备择项不可选择时，他们有时也可能会产生抵抗（Reactance）心理，进而选择与幻影备择项不相似的备择项（Min et al.，2003）。

第三节　折 中 效 应

一、折中效应的提出

在情境效应中，除吸引效应外另一个被重点关注的是 Simonson 于 1989 年提出的折中效应，它是指消费者总是喜欢选择位置处于中间的备择项，因此，在一个选择集中加入一个备择项而使某一原备择项处于居中的相对位置后，其相对被选概率显著增加（Simonson，1989）。如图 2-5 所示，在选择集{x，y}中加入 y^*后，由于 y 的位置变得居于中间，y 相对于 x 的被选概率提高，这违反了相似性假设（因为 y 和 y^*的距离更接近，因此更相似）；同理，在选择集{x，y}中加入 x^*后，则 x 相对于 y 的被选概率提高。折中效应是一个普遍存在的现象，如郭俊辉等（2009）研究发现，在医药品选择中出现了折中效应，且折中效应会受到信息提示方式和风险框架的影响，Gunasti 和 Ross（2008）的研究发现，即使一个存在属性信息缺失的阴影备择项（Shadow Option）加入选择集后，也会造成折中效应。

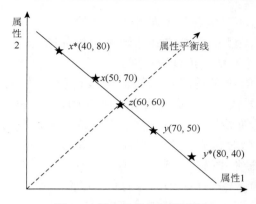

图2-5　折中效应与属性平衡

　　近年来，人们开始从心理学角度深层次分析折中效应的原因及其影响因素，如 Goldsmith 等（2010）研究发现，相对于被分散了注意力的无意识决策，要求决策者详细思考并仔细决策反而会阻碍人类权衡决策标准的天然能力，从而更容易引发折中效应。Pham 和 Parker（2010）认为，有着"清晰描述"的极端备择项易引发明确的情感，而模棱两可的折中备择项易导致矛盾情感，从而抑制基于情感的选择，所以，基于情感选择的消费者比基于客观评价的消费者更不容易发生折中效应。Khan 等（2011）运用解释水平理论（Construal Level Theory）分析了不同解释水平对情境效应的影响，研究发现，相对于高解释水平，在低解释水平下，更容易出现背景对比效应（Background Contrast Effect）和折中效应，吸引效应的表现则出现和折中效应相反的情况。但部分研究发现，在一些特殊的产品类别中出现了违反折中效应的情况，如消费者在权衡保险产品的覆盖范围和保费、冰激凌的味道和脂肪含量、打赌的获胜概率和报酬等时，反而倾向于选择极端的备择项而不是折中备择项（Simonson et al., 1992; Simonson et al., 1995）。可惜的是，对于为何会出现这样的结果，这些研究并未给出明确的解答。

二、折中效应的形成机制

　　对于折中效应的产生机制，Simonson（1989）认为，当消费者对产品功能属性不熟悉，或对在不同属性上各有优劣的产品难以取舍而又不得不做出决策时，他们会搜寻一些"正当理由"作为决策依据，以降低内在冲突和不协调感。因此，当消费者在选择过程中面对风险或结果要被其他人评价时，选择一个兼顾两个属性的折中备择项，不失为一个有效降低内在冲突和减少决策风险的方法。Simonson 和 Glazer（1995）认为，折中效应和吸引效应是由两种不确定造成的，首先是消费者不确定备择项属性所带来的价值，其次是不确定备择项两个属性的相对权重，因此，消费者通常通过比较备择项的相对关系来确定其吸引力。Wedell（1991）则从决策过程角度分析了情境效应产生机制，认为折中效应、吸引效应等情境效应是消费者简化决策过程以减少思考成本的结果。Wernerfelt 等（1995）认为，消费者相信选择集中产品是由企业按照市场需求设计的，它们的属性分布反映了大众消费者需求的分布，因此，每个消费个体会根据自己在大众中相对偏好位置，采用次序决策原则（Rank-order Decision Rule），对应地在选择集中选出相应备择项。例如，当一个中等身材的人在选择雨伞时，他更可能会选择一个中等型号的伞，哪怕大号的雨伞更适合他的身材。考虑现实中各种社会统计的分布基本呈正态分布，所以居中的备择项被选概率也应该是最高的（Prelec et al.，1997）。

也有研究以前景理论为基础，从权衡对比（Trade-off contrast）和极端规避（Extremeness Aversion）的角度解释折中效应机制（Simonson et al.，1992；Brenner et al.，1999）。权衡对比规则指出，人们对某一给定备择项的偏好取决于该备择项与选择集中其他备择项之间权衡对比结果。由前景理论可知，个人在选择过程中存在损失规避的规则，基于某个参考点而言，失去（Losses）所带来的"痛苦"要大于相同大小获得（Gains）所带来的"快乐"。以图 2-5 为例，假设消费者在集合$\{x, y, z\}$中进行选择，且存在关系：$x_1 < z_1 < y_1$；$x_2 > z_2 > y_2$。权衡对比过程中，两个极端备择项 x 和 y 相对于彼此，都具有较大的损失和获得，而中间备择项 z 相对于两个极端备择项只有小失去和小获得，由损失规避的规则可知，备择项 z 是最受消费者欢迎的备择项。

Sheng 等（2005）认为，消费者感知风险是造成折中效应的一个因素，当消费者追求预期损失最小化时，折中备择项的预期损失是最小的，研究还发现，产品各个属性的重要性越接近，决策难度越大，折中效应就越大。折中效应指出人们更倾向于折中备择项的原因是损失规避（Loss Aversion），但是在一些情况下，人们仅会对备择项其中一个属性出现极端规避，而对另外一个属性没有，如 Tversky 和 Simonson 在 1993 年的一项研究中发现，人们对质量属性会出现极端规避行为，对价格属性则没有表现出极端规避，从而导致折中效应的不对称表现，他们将之称为消费者偏好的单极化（Polarization）现象。

Chernev（2005）在此后的研究中发现，消费者选择的极端规避现象不仅受选择集中各备择项间相对权衡对比的影响，还要受到备择项自身各属性间离差分布的影响，那些属性间离差最小的备择项看起来更像是折中备择项。他认为，在消费者心中存在着一根属性平衡线（Attribute Balanced Line），如图 2-5 中带箭头的虚线所示。以图 2-5 为例，假设有一个包含了 3 个备择项的选择集 $\{x^*（40，80），x（50，70），z（60，60）\}$，由折中效应可知，备择项 x（50，

70）应该是最受欢迎的备择项，但是备择项 z（60，60）的两个属性值相等，属性间离差最小（为零），因此消费者在选择时更有可能以备择项 z 作为参考点来判断其他备择项的效用，从而出现消费者偏好偏转的（$P_z > P_x > P_{x*}$）的情形。

第四节　情境效应地图、形成机制及影响因素

一、情境效应地图

为了便于清晰地认识情境效应的主要表现形式，辨别上述几种情境效应之间的关系，并了解关键文献的研究贡献，本书特制作情境效应地图（Decoy Map），见图 2-6，各个不同位置诱引备择项的加入策略及影响机制如下。

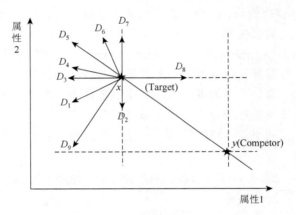

图 2-6　情境效应地图

（1）D_1 为 RF（Range-frequency）策略。加入的 RF 诱引备择项在两个属性上都劣于目标备择项，但却没有和竞争备择项形成占优关系。之所以称之为 RF 策略，是因为此策略要同时受到极差效应（Range Effect）和频数效应（Frequency Effect）两种效应的影响。

（2）D_2 为 F（Frequency Increasing）策略。F 策略主要受到频数效应的影响，诱引备择项增加了目标备择项在属性 2 上的排序优势，降低了竞争备择项在属性 2 上的排序优势。

（3）D_3 为 R（Range Increasing）策略。R 策略主要受到极差效应的影响，R 诱引备择项增加了属性 1 的极差，使目标备择项在该属性上的劣势减小。

（4）D_4 为 I（Interior）策略或 E（Enhancement）策略。I 策略下虽然诱引备

择项和目标备择项、竞争备择项都不存在占优关系，但其改变了决策者对两个属性的权衡关系，导致属性 2 的权重增加，使目标备择项在此属性上的优势看起来更有吸引力。

（5）D_5 为 C（Compromise）策略。C 策略即折中效应，诱引备择项使目标备择项成为折中备择项，增加了其吸引力。

（6）D_6 为 D（Detraction）策略。D 策略下诱引备择项的作用机制和 I 策略相似，但其存在会导致属性 1 权重增加，降低了目标备择项优势，产生了不利于目标备择项 x 的反向情境效应。

（7）D_7 为 PR（Phantom of Range-increasing）策略。即 R 策略下的幻影效应。虽然诱引备择项不能被选择，其出现增加了属性 2 的权重，进而使拥有较好属性 2 的目标备择项看起来比竞争备择项更有优势。

（8）D_8 为 PF（Phantom of Fange-increasing）策略。即 F 策略下的幻影效应。作用机制用 PR 策略相似，虽然诱引备择项使目标备择项的属性 1 显得更没有优势，但由于相似-替代假设，消费者会更倾向于选择目标备择项来替代幻影备择项以免形成属性 2 上的损失。

（9）D_9 为 RS（Range with Symmetric Dominance）策略。即极差效应下的对称占优策略，虽然目标备择项和竞争备择项都对诱引备择项占优，但由于目标备择项在两个属性上都优于诱引备择项，而竞争备择项只在属性 1 上优于诱引备择项，导致目标备择项相对于竞争备择项显得更有优势。

各种不同位置诱引备择项的策略名称及相关讨论文献见表 2-2。

表 2-2　不同位置诱引备择项的名称及相关研究文献

诱引位置	策略名称	主要研究文献
D_1	RF（Range-frequency）	Huber 等（1982）、Simonson 等（1992）、Bateman 等（2008）、Wedell 等（1996）
D_2	F（Frequency Increasing）	Huber 等（1982）、Wedell 等（1996）、Wedell（1991）
D_3	R（Range Increasing）	Huber 等（1982）、Wedell 等（1996）
D_4	I（Inferior）or E（Enhancement）	Huber 等（1983）、Simonson 等（1992，1999）、Tversky 等（1993）、Kivetz 等（2004）
D_5	C（Compromise）	Simonson（1989）、Kivetz 等（2004）、Mourali 等（2007）
D_6	D（Detraction）	Simonson 等（1992）、Kivetz 等（2004）
D_7	PR（Phantom of Range-increasing）	Highhouse（1996）、Hedgcock 等（2009）
D_8	PF（Phantom of Frequency-increasing）	Pratkanis 等（1992）、Farquhar 等（1993）、Lehmann 等（1994）、Doyle 等（1999）、Hedgcock 等（2009）
D_9	RS（Range with Symmetric Dominance）	Highhouse（1996）、Wedell 等（1996）

二、情境效应内在形成机制探析

从提出至今，对情境效应产生机制的探讨一直是热点问题，学者们从不同角度探讨了情境效应可能产生的原因，取得了丰富的研究成果。Wedell（1991）较为全面地分析了情境效应的形成机制，他使用 3 种不同模型解释了情境效应可能的各种机制：①权重改变模型。当加入诱引备择项而使某个属性分布极差变大时，决策时其权重变小；而导致某个属性上不同属性值的数量增加时，该属性权重变大。②价值转移模型。诱引备择项的加入导致原有各个备择项在心理相对位置发生改变，进而发生价值转移。③价值增加模型（Value-added Model，后被 Wedell 更名为意外价值模型 Emergent-value Model），指由于诱引备择项所引发的占优关系而增加了某一备择项价值。

最新的研究方向是运用认知心理学对情境效应进行解释。认知心理学的新联结主义（New Connectionism）主张，在多备择决策下，人们的选择偏好是可变的和动态的。该理论试图从联结和人工神经网络的角度分析吸引效应的形成机制。如 Ratcliff 和 Smith 的序列取样模型（Sequential Sampling Model）认为，信息加工过程遵循序列取样原则，随着注意力在不同备择项之间转移，会产生不同的效价差和偏好强度，一旦偏好强度超出了抑制阈限，决策者便停止思索并做出决策。Busemeyer 等（2007）使用神经网络模型（Connectionist Network Model）、策略转移模型（Strategy Switching Model）等 6 种模型对各种情境效应进行了解释，并认为各种模型的适用性要受到产品特性、消费者和购买程序的影响。Busemeyer 等（2007）、李艾丽和张庆林（2008）使用多备择决策场理论（Multialternative Decision Field Theory，MDFT）对情境效应的机制进行了探讨，该理论认为，决策者在不同的时间点的偏好不同，随着注意力的转移，其对各个备择项的偏好也在不断变化，决策者通过利用记忆不断更新各个备择项的偏好强度，当某一个备择项的偏好强度超出了某一阈值后，便中止对比并做出决策（Roe et al.，2001）。

也有学者致力于建立一个解释大多数情境效应的模型，如 Bhargava 和 Kim（2000）运用对比判断和信息整合理论（Information Integration Theory，IIT）推理出了一个理论模型，并很好地解释了吸引效应；Rooderkerk（2011）基于效应获得或损失的角度，发展出了一个同时包含吸引效应、折中效应和替代效应的数学模型，并对企业的产品线安排给出了一些有意义的建议。

过去 40 多年内，主流期刊上对情境效应研究的关键文献见表 2-3。

表 2-3　情境效应研究的关键文献

学者	发表年份	著作出处	主要研究内容
Tversky	1972	*Psychological Review*	首次提出相似性假设的概念；探讨了其形成机制
Huber 等	1982	*Journal of Consumer Research*	首次提出吸引效应；首次对不对称备择项进行定义；探讨了形成吸引效应的 3 种基本策略及其机制
Huber，Puto	1983	*Journal of Consumer Research*	界定了吸引效应与替代效应的关系；扩展了吸引效应中的诱引区域；分析了吸引效应的形成机制
Farquhar，Pratkanis	1993	*Management Science*	首次讨论幻影效应，提出了备择项的概念并分析了其对决策过程的影响，以及该影响的深层次形成机制
Simonson	1989	*Journal of Consumer Research*	首次提出折中效应；研究发现，当选择结果要求被解释时，折中效应更明显；分析了折中效应产生的几个可能的诱发机制
Simonson，Tversky	1992	*Journal of Marketing Research*	用权衡比较和极端规避解释了情境效应中的各种现象，分析了消费者决策背景（Background Contrast）、局部比较（Local Contrast）对决策的影响，探讨了折中效应及单极化效应（Polarization）
Tversky，Simonson	1993	*Management Science*	探讨了背景比较下的情境效应（Background Context Effect）和局部比较下的情境效应（Local Context Effect），分析了其深层次形成机制
Ariely，Wallsten	1995	*Organizational Behavior & Human Decision Processes*	运用极差-频数理论解释了吸引效应的形成机制，基于权衡比较的角度，认为新备择项给决策者带来属性重要性信号，影响了决策者的属性权重赋予
Wernerfelt	1995	*Journal of Consumer Research*	从次序决策原则（Rank-order Decision Rule）的视角，解释了折中效应的产生原因
Wedell，Pettibone	1996	*Organizational behavior and human dicision processes*	分析了形成吸引效应的 3 种解释模型：价值转移（Value-shift）模型、权重变化（Weight-change）模型和价值增加（Value-added）模型
Bhargava，Kim	2000	*Journal of Consumer Psychology*	运用对比判断和信息整合理论推理出了一个理论模型，并很好地解释了吸引效应
Pettibone，Wedell	2000	*Organizational behavior and human dicision processes*	讨论了组织行为中的吸引效应模式及其形成机制
Sheng 等	2005	*Psychology & Marketing*	认为消费者的感知风险是造成折中效应的一个因素
Chernev	2005	*Journal of Consumer Research*	提出属性平衡线的概念并通过实证验证了其存在
Hahn 等	2006	*International Journal of Market Research*	对情境效应进行归类；描绘了情境效应地图（Context Maps）和偏好-替代地图（Preference-substitutability）
Schley	2005	*Marketing Bulletin*	利用最小后悔法则解释了吸引效应的形成机制
Busemeyer 等	2007	*Marketing Theory*	使用神经网络模型等 6 种模型对各种情境效应进行了解释
Hamilton 等	2007	*Journal of Consumer Research*	发现在一个选择集中加入新备择项会导致消费者的注意焦点发生转移，从而增加了某一属性的吸引力

续表

学者	发表年份	著作出处	主要研究内容
Mourali 等	2007	*Journal of Consumer Research*	"促进性动机"增强吸引效应，"规避性动机"增强折中效应
李艾丽，张庆林	2008	《心理科学》	利用多备择决策场理论解释了相似效应、吸引效应和折中效应
Scarpi	2008	*The International Review of Retail，Distributionand Consumer Research*	分析了知情幻影与不知情幻影及消费者背景对情境效应的影响
Amir，Levav	2008	*Journal of Marketing Research*	重复选择下的情境效应（情境 VS 偏好）及其机制
Lin 等	2008	*Advance of Consumer psychology*	探讨了时间压力对吸引效应和折中效应的影响及其深层次机制
Hedgcock 等	2009	*Journal of Marketing Research*	研究了幻影备择项（可供选择 VS 不可供选择；知情 VS 不知情）所导致的情境效应及其原因
Ha 等	2009	*Journal of Consumer Research*	在选择集中加入一个类别属性对于吸引效应和折中效应的影响及其原因
Khan 等	2011	*Journal of Marketing Research*	运用解释水平理论探讨了不同解释水平对情境效应的折中效应和吸引效应的影响
Rooderkerk 等	2011	*Journal of Marketing Research*	基于获得和损失的角度，发展出了一个同时包含吸引效应、折中效应和替代效应的模型
Mao，Oppewal	2012	*Marketing Letters*	发现思维方式会影响吸引效应，直觉思维方式更可能会激发吸引效应
Malkoc 等	2013	*Journal of Consumer Psychology*	发现当在不喜欢（Undesirable）的选项中选择时，消费者会更加警惕，出现不同的信息处理机制而导致吸引效应变小
Frederick 等	2014	*Journal of Marketing Research*	对比了使用感知刺激（Perceptual Stimuli）和使用数字描述属性两种情况间的吸引效应差异，发现使用感知刺激材料会抑制消费者的选项对比，进而吸引效应消失
Yang，Lynn	2014	*Journal of Marketing Research*	发现使用视觉的材料会削弱吸引效应。也发现用品牌名称、蛋白质固体饮料等这类有意义的语句描述会加大选项间差异感知，削弱吸引效应
Lichters 等	2015b	*Marketing Letter*	在允许被试可以不购买的前提下，对比了假定购买和实际购买情形下吸引效应的表现，发现在实际购买条件下出现了吸引效应，而在假定购买条件下则没有
Hedgcock 等	2016	*Management Science*	探讨了诱引备择项对消费者延迟决策的影响，发现在二元选择集中增加一个 D_A，D_C 和 D_P 都会降低决策者延迟决策的可能性

三、影响情境效应的关键情境因素

本书在回顾相关文献的基础上，将情境效应的影响因素归纳为以下 3 个。

1. 信息呈现方式因素

信息呈现方式会影响吸引效应。一些学者认为，消费者之所以受情境效应影响，是因为他们对备择项不熟悉，或者对产品的属性分布并不是很熟悉，只能根据备择项间相对关系做出判断，从而夸大了备择项间相对关系对最终决策选择的影响。一些研究发现验证了上述观点，Ratneshwar 等（1987）发现，通常情况下，消费者对决策的产品类别越熟悉，他们受情境效应的影响就越小。他们还发现，相比简单的等级打分，使用更详尽而有意义（Meaningful）的语句描述产品也会降低情境效应强度。其他研究也有类似发现，如 Mishra 等（1993）的研究表明，消费者感知信息的充足程度越高，情境效应就越小。对此，Frederick 和 Lee（2008）总结到，相对于使用语句描述，将备择项的属性以数字的形式表述，会诱发消费者专注于属性间的差异并激发对比效应，进而夸大情境效应，而当以具体的实物作为实验刺激时，由于同化效应的影响，情境效应会减弱甚至会消失。

即使如此，诸多研究证实，即使消费者对备择项及其属性非常熟知，且使用的实验材料是实物刺激而不是字句描述，吸引效应的表现也依然强劲（Herne，1999）。Slaughter 等（1999）亦发现，当产品属性值不是以数字形式，而是以图形、符号等其他形式表达时，吸引效应也表现得非常显著。但最近 Frederick 等（2014）及 Yang 和 Lynn（2014）的研究发现信息呈现方式对情境效应的影响非常重要，实验发现当使用感知的实验刺激材料时大多数吸引效应消失了，他们认为这类实验材料可能无法激发吸引效应的产生。

产品信息的有意义程度对吸引效应的影响还受其他因素影响。Malaviya 和 Sivakumar（2002）研究发现，提供有意义的属性信息与让消费者给出决策理由都会对情境效应产生影响，且两者之间相互影响。当产品信息是以有意义的语句表达时，让消费者给出决策理由会降低吸引效应的强度；而当产品信息是以无具体含义的数字表达时，让消费者给出决策理由会增加吸引效应的强度。此外，Malkoc 等（2008）的研究表明，当产品属性以负面展示时会诱发不同的决策关注点，此时无论诱引备择项是以何种策略加入选择集，都会诱使消费者将注意力转移到对负面属性的排除上，导致吸引效应反转、消失或转移。

2. 个体因素

如前所述，多项研究发现消费者的产品知识会影响吸引效应强度，一般而言，消费者对购买的产品越熟悉，决策时就越关注属性绝对值而不是相对其他备择项属性的相对表现，也倾向于使用整体联合的决策机制，因此会较少受到诱引备择项影响，导致情境效应增强、减小或消失（Sheng et al.，2005）。Mishra 等（1993）的研究发现，消费者的产品偏好程度会影响吸引效应，两者之间呈负相关的关系，消费者越是偏好某种产品，其受吸引效应的影响就越小。Mourali 等（2007）探讨了消费者动机在吸引效应中的作用，研究发现，具有促进性动机的消费者更关注备择项间的占优关系，因而也更容易受吸引效应的影响；而具有规避性动机的消费者不容易产生吸引效应。研究还发现，要求消费者判断他们的决策会增强吸引效应。Chernev（2005）的研究指出，消费者决策目标与备择项属性的兼容性会影响其对属性效价的评价，相对于那些与决策目标关联不大的属性，决策者对那些与决策目标相关的属性会给予较高的权重，因为消费者在促进性动机时追求成就感，所以也就更关注备择项间占优关系。

3. 其他决策情境因素

一些学者研究了时间压力对情境效应的影响，结果表明，在时间压力下，消费者倾向于减少备择项间的对比，并将属性看成是不可补偿的（Non-compensatory），这使消费者更加看重那些显眼的正面属性，导致折中效应减小（Dhar et al., 2000）。对此，Busemeyer 等（2007）认为时间压力会降低情境效应，而详细思考（Deliberation）则会加强情境效应，其中一个原因是详细思考会增加决策者的感知风险，更易诱发情境效应。Lin 等（2008）发现时间压力下吸引效应增大了，时间压力下消费者没有足够时间分析各备择项，更有可能仅仅根据各备择项间的对比做出选择，从而引发吸引效应。

Simonson 和 Glazer（1995）探讨了管理决策中群体决策下的情境效应及其表现，在管理决策行为中，无论是个体决策还是群体决策都出现了吸引效应，但在群体决策中其表现并不强烈；另外，在管理决策行为中无论是个体决策还是群体决策均出现折中效应仅转的情况。他们认为，不同于消费决策，管理决策往往需要战略性思考并对各个方案进行通盘考虑，且决策结果要受到其他人的评判，因此出现了不同于个体决策的情况。Slaughter 等（2006）探讨员工招聘中的吸引效应表现时发现，无论是个体决策还是群体决策，员工招聘中都存在吸引效应，如果让招聘者承担更多的决策责任，则吸引效应会加强。Hamilton（2003）的研究发现，当人们想去影响别人的选择时，会本能地使用吸引效应和折中效应策略，即使在对方知道自己想用这些策略影响他们的选择的情况下，吸引效应和折中效应非但不会减弱，反而会增强。Novemsky 等（2007）的研究表明，决策的流畅性（Fluency）会影响折中效应，当消费者面对更难以阅读的字体时，其对折中备择项的偏好增加；另外，决策者的自我辩护（Self-jutisfication）会影响情境效应的大小，相对于要求给出较少的原因，当消费者在选择时要求给出较多的原因时，他们对折中备择项的偏好增加。

Ha 等（2009）的研究发现，在产品信息中增加一个重要而又独一无二的类别属性（Categorical Attribute），会引发消费者心理的分类别排除编辑模式，从而降低吸引效应的强度，而对折中效应影响较小。Moran 和 Meyer（2006）通过对对比性广告的研究发现，在广告宣传中，即使宣传的产品比用来作为比较的产品有明显的优势，加入一个不对称占优产品的信息，也会增加宣传产品的吸引力，但加入一个对称占优的产品信息却会增加对比产品的吸引力。Lehmann 和 Pan（1994）的研究探析了吸引效应对消费者考虑集的影响，发现一个占优（或被占优）的和折中（或极端）的新产品进入市场后，会导致消费者考虑集发生变化，但这种影响会受到新老产品相似性和市场规模大小的影响。

近年来许多学者都探索了不同因素对情境效应的影响，其中有关吸引效应和折中效应的研究最多，各种因素对这两种效应的影响情况见表 2-4。

表 2-4　不同情境因素对吸引效应和折中效应的影响

学者	发表年份	影响情境因素（变量）	吸引效应	折中效应
Ratneshwar 等	1987	产品类别熟悉度 有意义的产品信息	√↘ √↘	— —
Stewart	1988	感性的信息	√∼	√∼
Simonson	1989	自我辩护（Justifaction）	—	√↗
Farquhar 等	1993	幻影备择项	√	—
Mishra 等	1993	消费者信息充足程度 目标-诱引感知相似性	√↘ √↗	— —
Simonson 等	1995	群体决策 个体决策	√ √	√ √
Slaughter 等	1999	图形、符号信息	√	
Herne	1999	实物刺激	√	√
Dhar 等	2000	时间压力	—	√↘
Malaviya 等	2002	有意义的信息	√	—
Dhar 等	2003	可不选择（No-choice）	√↗	√↘
Hamilton 等	2003	人员劝服	√↗	√↗
Sheng 等	2005	感知风险	—	√↗
Slaughter 等	2006	群体决策 增加决策责任	√ √↗	— —
Carlson 等	2006	属性提前暴露	√↘	√↘
Goldsmith 等	2010	要求详细思考	—	√↗
Mourali 等	2007	促进性聚焦	√↗	√↘
Novemsky 等	2007	决策的流畅性 自我辩护	— —	√↗ √↗
Wijnen 等	2007	不可接受备择项	√	√

续表

学者	发表年份	影响情境因素（变量）	吸引效应	折中效应
Lin 等	2008	时间压力	√↗	√↘
Frederick 等	2008	实物刺激 数字信息	√∨ √↗	—
Malkov 等	2008	负面属性	√↘	—
Gunasti 等	2008	信息缺失备择项	—	√
Ha 等	2009	加入类别属性	√↘	√↘
Pocheptsova 等	2009	认知资源损耗	√↗	√↘
Pham 等	2010	基于情感的选择	—	√↘
Khan 等	2011	低解释水平	√↘	√↗

注：表中"√"表示出现了效应；"↗"表示增强了情境效应；"↘"表示削弱了情境效应；"∨"表示情境效应反转；"～"表示情境效应消失；"—"表示研究未提及

第三章　吸引效应形成机制探析

　　"效用"是决策研究中一个非常重要的核心概念，它是传统决策理论建立分析模型的基础。基于效用概念的视角，一些学者认为，人们决策违背偏好独立性原则的产生主要有两个原因（Huber et al.，1982；Li，1996）。一是人们不能确定自己的选择将会出现什么样的结果，即决策结果有一定的风险概率。如在风险型决策中，有些风险概率是可以计算出来的，而在另外一些决策情形下，决策信息的有限性及计算能力的有限性，使人们没有条件或没有能力计算出各种可能结果的准确概率。二是即使人们确切知道选择会出现什么样的结果，也不能确定这一结果究竟会给自己带来多少效用。在此情形下，决策者可能会忽视效用这一概念，转而使用其他启发式机制来简化决策任务，如最常见的有：根据备择项间的占优关系做出决策（Li，1994，2001），使用最小决策后悔值机制做出决策（Schley，2005），或者以负面情绪最小化的规避机制做出决策（Kahneman et al.，1979；Hedgcock et al.，2009），等等。因为吸引效应属于一种确定性决策，所以它更可能是由于决策者无法确定备择项的确切效用引起。事实上在吸引效应研究中，大多数学者都将重点放在决策者心理感知偏差和启发式决策机制上，较少直接基于效用建立模型来分析吸引效应。

　　以往研究很少直接基于效用建立分析模型的一个主要原因是，其实验设计的特点使研究者无法获取直接有效的分析数据，大多数研究只得到诱引备择项加入选择集前后，各个备择项的被选概率变化的粗略数据，少数研究即使建立了效用模型，也只能作为理论演绎，缺乏可靠的实验数据论证。本章将通过独特的实验设计和测量方法获取更为详尽的实验数据，基于消费者效用评价进一步验证范围-频数理论和知觉聚焦理论在吸引效应中的解释效力，并在此基础上探讨不对称占优备择项对消费者的支付意愿和决策满意度的影响。研究结论可进一步诠释吸引效应的形成机制，并为现实中企业的产品属性值设置提供参考建议。

第一节　基于属性判断的吸引效应机制探析

一、理论演绎与研究模型

（一）范围-频数理论和知觉聚焦理论对吸引效应的解释

　　在研究中，想要直接获取消费者对备择项各个属性值的效用评价比较困难，多数情况下，只能把消费者对同一属性上不同值的相对判断来作为替代数据，因此，分析消费者属性判断的机制是建立效用模型的前提。吸引效应形成机制的各种解释中，被提及最多的刺激判断理论是范围理论、频数理论和知觉聚焦理论，下面对其分别介绍。

1. 范围理论（Range Theory）与吸引效应

因为让人判断某一刺激物的绝对值大小非常困难，所以人们评价某一刺激物时经常需要借助比较该刺激物与背景刺激的相对关系，背景刺激的情况也就影响了人们对目标刺激物的判断结果，如手表指针走动的声音在有嘈杂背景声音的白天几乎没有办法被觉察到，但在寂静的深夜可以清晰地听到。通常情况下，当人们对特定事物的价值判断和偏好非常难以确定时，他们更可能会借助相关的背景信息来做出判断，也正是因为如此，人们在备择项间进行决策时很容易受到备择项的表述框架、决策任务的特点和选择情境等因素的影响（Bettman et al.，1998）。

为描述人们判断特定刺激的潜在机制，Volkmann 于 1951 年提出了范围理论，该理论认为，人们的心理评价量表尺度会按照判断情境中背景的区间大小进行伸缩性的匹配，所以当人们使用一个 7 度量表评价某刺激时，会将 1 和 7 分别赋予该刺激中的最小值和最大值，然后根据最大值和最小值之间的极差大小，平均分配 1～7 间其他评分的位置。即，人对某一刺激的价值判断是关于该刺激在极差中位置的函数，它取决于小于该刺激值的部分占整个极差之间的比例大小，用公式可表示为

$$R_{imk} = (S_{im} - S_{\min,mk}) / (S_{\max,mk} - S_{\min,mk}) \qquad (3\text{-}1)$$

式（3-1）中，S_{im} 表示刺激 i 在属性 m 上的值，$S_{\max,mk}$ 和 $S_{\min,mk}$ 分别表示在情景 k 中属性 m 上出现的最大值和最小值，它们之间的差值便是属性 m 的极差，其大小反映了各备择项在该属性上的离散情况。

消费者对不同产品在某属性上的差异感知会受到范围效应影响，当通过产品信息展示方式拉大该属性背景范围——极差时，对于该属性上同样大小的属性差值，消费者的差异大小感知会缩小（Yeung et al.，2005）。以图 2-1 为例，在吸引效应中以 R 策略加入诱引备择项后，降低了选择集中属性 2 的最小值，这使目标备择项在该属性上的相对劣势变小。以图 3-1 诠释，当选择集中只有备择项 x 和 y，两者在属性 2 上一个是最大值，一个是最小值，两者心理距离如图中（a）所示；以 R 策略加入诱引备择项 d 后，由于 d 在属性 2 上为最小值，根据前述的心理间距的伸缩性匹配原理，此时，x 与 y 在属性 2 上的差距在消费者心理中的距离变小了。同样的道理，当以 F 策略加入诱引备择项后，虽然属性 1 的极差没有发生改变，但是属性 1 上一个小于 x_1 而大于 y_1 的居中值的出现，会拉大 x 和 y 在此属性上的心理距离，具体原理如图 3-1 中（b）所示。

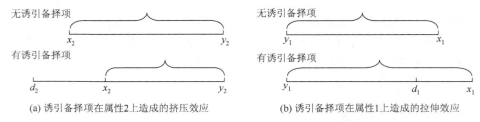

(a) 诱引备择项在属性2上造成的挤压效应　　　(b) 诱引备择项在属性1上造成的拉伸效应

图 3-1　诱引备择项对属性心理感知距离的影响

由范围效应可知，个体对某两个备择项 x 和 y 在特定属性上的感知距离并非是恒常不变的，它会随着该属性的极差范围的变化或其他数值的出现而产生拉伸效应或挤压效应。图 3-2 以备择项 x 和 y 相对心理距离的变化为例说明诱引备择项的作用。与无诱引备择项相比，当以 F 策略加入 x 的诱引备择项 d_F 后，x 在属性 1 上相对于 y 的优势在消费者心理感知上被拉伸了，如图 3-2（b）所示；而以 R 策略加入 x 的诱引备择项 d_R 后，y 在属性 2 上相对于 x 的优势在消费者心理感知上被挤压了，如图 3-2（c）所示。基于上述分析可知，无论是以 F 策略还是以 R 策略加入诱引备择项，都会增加目标备择项 x 相对竞争备择项 y 的优势，进而增加其被选概率，本书将继续验证这一经典结论并提出假设。

假设 3-1：以 R 策略加入诱引备择项，会显著提高目标备择项相对于竞争备择项的被选概率。

假设 3-2：以 F 策略加入诱引备择项，会显著提高目标备择项相对于竞争备择项的被选概率。

基于诱引备择项导致的拉伸效应和挤压效应，特提出如下假设。

假设 3-3：以 R 策略加入诱引备择项，会显著提高消费者对目标备择项劣势属性的评价。

假设 3-4：以 F 策略加入诱引备择项，会显著提高消费者对目标备择项优势属性的评价。

因为诱引备择项距离目标备择项更近，所以对其属性评价的影响会更大。但即使竞争备择项和诱引备择项间距离较远，由于诱引备择项新属性值的锚定作用，其属性评价的绝对值也应有一定变化。如 R 策略中，属性 2 极差的加大，也应增加 y 在该属性上的评价，同理 F 策略中，会降低 y 在属性 1 上的评价。由此提出如下假设。

假设 3-5：以 R 策略加入诱引备择项，会显著提高消费者对竞争备择项优势属性的评价。

假设 3-6：以 F 策略加入诱引备择项，会显著降低消费者对竞争备择项劣势属性的评价。

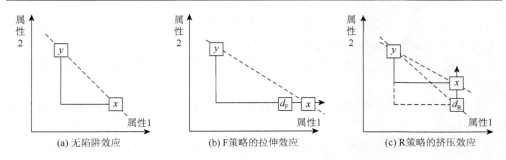

图 3-2 吸引效应产生的价值转移模型和权重改变模型

2. 频数理论、知觉聚焦理论与吸引效应

除范围效应外，刺激判断中另一个容易出现的效应是频数效应。不同于范围效应中消费者感知的"等间距"特征，频数效应则认为人们对刺激物的判断具有"定序"特征，一个目标刺激物在人们心中的位置可由其在所有刺激物中的大小排序来界定，即人们的心理评价量表尺度是按照刺激物的排序依次分配的。该理论指出，在一个包含了多个刺激的集合中，人们对特定刺激的频数价值评价 F_{imk} 可表示为

$$F_{imk} = (rank_{imk} - 1)/(N_{mk} - 1) \tag{3-2}$$

其中，$rank_{imk}$ 是指在情境 k 刺激 i 在属性 m 上的名次，N_{mk} 表示刺激的个数。在吸引效应中 F 策略使目标备择项在属性 1 上相对排序增加，放大了其在该属性上的相对优势。

由式（3-2）可知，人们对特定刺激的评价取决于两个因素：①该刺激的大小在整群刺激中的排名次序，排名越靠前则评价越高；②该集合中包含的刺激的数量，在排名次序一定的情况下，集合中刺激数量越多，人们对该刺激的评价就越高。一些研究使用频数效应解释了吸引效应。如 Huber 等（1982）认为，诱引备择项不仅由于极差效应减小了目标备择项在劣势属性上的劣势，还增加了目标备择项在优势属性上的频数价值，从而增加了其在该属性上的吸引力。

有时候，即使诱引备择项的属性值没有改变极差或排序，也能诱发陷阱效应。如 Wedell 和 Pettibone（1996）就认为，相对于竞争备择项，诱引备择项拥有和目标备择项一样的优势属性，导致决策者增加了该属性的权重评价，从而使目标备择项吸引力增加。此后，Hamilton 等（2007）的研究发现，当某个特定属性值在选择集中出现次数较多时，会出现知觉聚焦效应（Perceptual Focus Effect），使消费者认为该属性值是市场上流行的，从而导致拥有该属性值的备择项被选概率增加。在吸引效应中，无论是 R 策略还是 F 策略加入的诱引备择项都有一个属性值和目标备择项相同，这增加了其吸引力。

概括而言，知觉聚焦效应会导致消费者改变两属性间的权重赋予，使消费者的属性权衡线发生偏移。由此本书提出如下假设。

假设 3-7：以 R 策略加入诱引备择项，会显著提高消费者对目标备择项优势属性的评价。

假设 3-8：以 F 策略加入诱引备择项，会显著提高消费者对目标备择项劣势属性的评价。

假设 3-9：以 R 策略加入诱引备择项，会显著降低消费者对竞争备择项劣势属性的评价。

假设 3-10：以 F 策略加入诱引备择项，会显著降低消费者对竞争备择项劣势属性的评价。

从假设 3-1 到假设 3-10 的基本含义如图 3-3 所示。

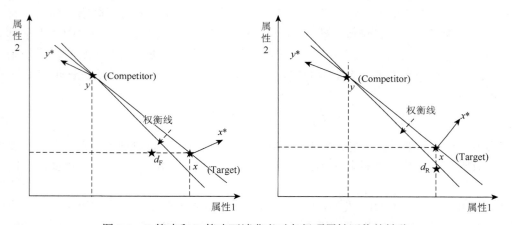

图 3-3　F 策略和 R 策略下消费者对备择项属性评价的转移

（二）吸引效应形成机制模型推理

吸引效应已经在诸多实验中得到证实，其可能是由范围效应、频数效应和知觉聚焦效应中的一种所引起，也可能是两种以上效应叠加而成，因此有必要对 3 种效应进行分离。Parducci（1965）提出的范围-频数价值模型整合了范围和频数两种效应，认为在情境 k 下，刺激 i 在属性 m 上的价值 V_{imk} 是其范围价值 R_{imk} 和频数价值 F_{imk} 的函数，可表示为

$$V_{imk} = zR_{imk} + (1-z)F_{imk} \tag{3-3}$$

式中，z 表示范围价值和频数价值的相对权重，取值在 0 到 1 之间。

本书将在范围-频数价值模型的基础上，加入知觉聚焦效应建立吸引效应中备择项的评价模型。设对于任一属性 m，消费者对其属性值 i 的评价 V_{im} 为其效用

U_{im} 的线性函数：

$$V_{im} = \beta_0 + K_i U_{im} + \varepsilon \tag{3-4}$$

效用 U_{im} 是属性值 x_i 和常数系数 K_j 的函数：

$$U_{im} = K_j x_i + \varepsilon \tag{3-5}$$

在情景 k 下，效用 U_{imk} 为

$$U_{imk} = K_j x_i + U_k + \varepsilon \tag{3-6}$$

式（3-6）中 U_k 为情境效应效用函数，其值是范围效应、频数效应和知觉聚焦效应的线性函数，用公式可表示为

$$U_k = \beta_1 R_{imk} + \beta_1 F_{imk} + \beta_3 P_{imk} + \varepsilon \tag{3-7}$$

由式（3-4）～式（3-7）可推导出，在情景 k 下，消费者对任一属性 m 的属性评分 V_{imk} 为

$$\begin{aligned} V_{imk} &= \beta_0 + K_j x_i + U_k + \varepsilon \\ &= K_j x_i + \beta_0 + \beta_1 R_{imk} + \beta_2 F_{imk} + \beta_3 P_{imk} + \varepsilon \end{aligned} \tag{3-8}$$

在此，用非情景效应下的属性评分代替 V_{im}，则在情景 k 下，消费者对任一属性 m 的评价为

$$V_{imk} = V_{im} + \beta_0 + \beta_1 R_{imk} + \beta_2 F_{imk} + \beta_3 P_{imk} + \varepsilon \tag{3-9}$$

式（3-9）中，R_{imk} 如式（3-1）所示，F_{imk} 如式（3-3）所示。对于变量 P_{imk}，由其定义可知为分类型变量，其取值如下：

$$P_{imk} = \begin{cases} 1; & \text{若选择集中出现了两次以上该属性值} \\ 0; & \text{若选择集中仅出现了一次该属性值} \end{cases} \tag{3-10}$$

二、实验设计及结果

（一）实验设计及实验材料选择

1. 实验 3-1 设计

实验 3-1 主要验证假设 3-1～假设 3-10。

研究随机抽取了来自国内西南某大学 218 名的学生自愿被试，要求在包含 5 种产品的调查问卷中进行购买决策，每一个产品类中只有两个产品选项及两个属性值的描述（Core Set，核心集合）。在第一次购买决策 4 周后，研究将被试随机分配到 2 个小组中去，一个小组被试在 R 策略情境集合 $\{x, y, d_R\}$ 中进行购买决策；一个小组被试在 F 策略情境集合 $\{x, y, d_F\}$ 中进行购买决策。被试被要求在购物前先对各产品不同属性进行打分评价，然后再选出自己最偏好的产品。通过对第一次调查回收问卷的检查、整理，淘汰 14 份问卷，得到有效问卷 204 份，有

效率为 93.6%。第二次问卷调查使用了和第一次调查一样的样本，由于拒绝回答、无法接触到被调查者等原因，获得 192 份有效问卷，其中两种情境集合购买决策的调查人数各为 96 人。因为需要进行前后决策对比，所以缺失任何一次调查都当作无回应处理，问卷总有效回应率为 89.0%。

实验问卷设计情况详见书后附录一。

2. 属性评价测量

测量当中最有趣也最困难的事情就是测量规则的设定，规则对于研究者的测量工作来说是一个引导、方法或命令。由于本书研究主要目的是测量消费者对特定属性的心理感受，其测量适合感觉等距量表中的非比较量表。本书使用了连续评分量表，由于被调查者未受研究人员事先设定好的选择框架的影响，较适合于消费者感知评价（纳霍希·K. 马尔霍特拉，2009）。

对于备择项属性评价测量（Attribute Evaluation），使用这样的规则：让消费者分配 0~100 的数值给备择项属性，来表达他们对该属性满意感受状况，其中 0 为极端不满意，100 分为极端满意。虽然此种态度量表能否作为定距量表处理在社会和行为研究中备受争议，但 Kerlinger 和 Lee（1999）认为，若变量测量分布基本呈正态分布，使用定距量表测量工具是基本可行的，而事实上，将态度测量量表作为定距量表进行处理，在社会科学研究中也非常普遍。基于此，本书将消费者属性评分作为定距量表处理，将所有消费者属性评分进行算数平均，作为该属性综合评分。

3. 实验材料的选择

研究中实验材料的选择参照了 Simonson（1989）、Wedell 和 Pettibone（1996）、Mourali 等（2007）、Amir 和 Levav（2008）等相关研究的设计，并根据中国市场上相应产品的实际现状对属性值做了部分修改，实验材料信息具体情况见表 3-1。

表 3-1　实验 3-1 中实验材料设计基本概况

产品/属性	x	y	d_R	d_F
便携式掌上电脑				
·记忆卡内存/GB	2.00	1.60	2.00	1.80
·CPU 速度/GHz	2.10	2.60	1.80	2.10
笔记本电脑				
·硬盘容量/GB	250.0	200.0	250.0	220.0

续表

产品/属性	x	y	d_R	d_F
·内存容量/GB	2.0	2.4	1.8	2.0
MP4 播放器				
·内存容量/GB	5.0	3.0	5.0	4.0
·待机时间/h	6.0	10.0	5.0	6.0
数码相机				
·内存/GB	4.0	3.0	4.0	3.5
·图像清晰/万像素	1 210	1 410	1 000	1 210
洗衣机				
·洗衣容量/kg	8.0	4.0	8.0	7.0
·洗衣程序/个	3	4	2	3

（二）实验结果

1. R 策略和 F 策略下的吸引效应及其强度

实验 3-1 中一共出现了 1920 次购买决策（5 个产品类型×192 被试×2 次选择），结果表明，无论是以 R 策略还是以 F 策略插入不对称占优备择项，实验中均出现了显著的吸引效应。以实验中产品 MP4 播放器的购买决策调查为例，实验结果的统计情况见表 3-2～表 3-4。

表 3-2　MP4 播放器购买决策在 R 策略和 F 策略下的吸引效应

产品类型	选项	选择集（N=192）							
		R 策略				F 策略			
		{x, y}（n=96）		{x, y, d_R}（n=96）		{x, y}（n=96）		{x, y, d_F}（n=96）	
		n	(%)	n	(%)	n	(%)	n	(%)
MP4 播放器	x	36	37.5	56	58.3	33	34.4	47	49.0
	y	60	62.5	39	40.6	63	65.6	48	50.0
	d	—	—	1	1.0	—	—	1	1.0
	P_d（x；y）	—	37.5	—	58.9	—	34.4	—	49.5
强度	K	1.57				1.44			

注：吸引效应强度系数如式（1-6）所示，也可表述为：$K=P_d(x；y)/P(x；y)$。

表 3-3　　R 策略下吸引效应中消费者选择转移模式分析

核心集 ＼ 情境集		MP4$\{x,\ y,\ d_R\}$			合计
		x	Y	d_R	
MP4$\{x,\ y\}$	X	29	6	1	36
	Y	27	33	0	60
合计		56	39	1	96

表 3-4　　F 策略下吸引效应中消费者选择转移模式分析

核心集 ＼ 情境集		MP4$\{x,\ y,\ d_F\}$			合计
		x	Y	d_F	
MP4$\{x,\ y\}$	x	27	6	0	33
	y	20	42	1	63
合计		47	48	1	96

由 MP4 播放器购买决策的实验数据可知，目标备择项 x 的绝对市场份额在 R 策略和 F 策略下都有显著的改变，分别提高 20.8%（$\chi^2=12.12$，$P\leqslant0.001$）和 14.6%（$\chi^2=10.32$，$P\leqslant0.001$），目标备择项 x 对竞争备择项 y 的相对市场占有率分别显著提高 21.4% 和 15.1%，这一结果验证了假设 3-1 和假设 3-2。

其他各类产品吸引效应强度统计情况见表 3-5，表明吸引效应在各种产品购买集合中都稳定地存在。

表 3-5　　实验 3-1 中各类产品在两种策略下的吸引效应（ΔP）及吸引效应强度（K）

产品类型	吸引效应策略及效应强度/%							
	R 策略		F 策略		吸引效应强度			
	$P(x;y)$	$P_R(x;y)$	$P(x;y)$	$P_F(x;y)$	ΔP_R	ΔP_F	K_R	K_F
MP4	37.5	58.9	34.4	49.5	21.4***	15.1**	1.57	1.44
便携式掌上电脑	47.9	61.5	43.8	66.7	13.6*	22.9**	1.35	1.52
洗衣机	60.4	71.3	55.2	64.2	10.9*	9.0**	1.18	1.16
数码相机	27.1	49.5	30.2	45.7	22.4**	15.5*	1.81	1.48
笔记本电脑	30.2	61.5	33.3	57.3	31.3**	24.0**	2.03	1.72
平均值	40.6	60.5	39.4	56.7	19.9	17.3	1.59	1.46

注：1）$\Delta P_R=P_R(x;y)-P(x;y)$；$\Delta P_F=P_F(x;y)-P(x;y)$；$K_R=P_R(x;y)/P(x;y)$；$K_F=P_F(x;y)/P(x;y)$；

2）*、**、***分别表示在 90%、95% 和 99% 置信度下统计显著

2. 属性评价转移

实验中，有 3 种产品询问了属性评价分值，分别为 MP4、便携式掌上电脑和

数码相机。实验结果发现，诱引备择项会导致消费者对目标产品和竞争产品的属性评价按照固定模式系统地偏移，表 3-6 呈现了不同实验产品选择集中属性评价的具体变化情况。

表 3-6 不同选择集下决策者属性评价的变化

产品类型	选项	属性	选择集（N=194）					
			R 策略（n=96）			F 策略（n=96）		
			{x, y}	{x, y, d_R}	ΔV_R	{x, y}	{x, y, d_F}	ΔV_F
MP4	x	1	85.95	86.57	0.62	84.97	87.32	2.35**
		2	67.07	75.22	8.15***	68.57	71.44	2.87*
	y	1	73.28	69.86	−3.42**	73.96	69.91	−4.05***
		2	83.79	86.39	2.59**	83.61	85.67	2.05*
便携式掌上电脑	x	1	81.52	84.98	3.47**	79.97	85.11	5.15***
		2	70.11	73.50	3.39*	72.57	74.46	1.89
	y	1	81.99	85.99	4.00***	82.33	86.82	4.49***
		2	69.30	65.06	−4.24**	67.91	63.80	−4.10**
数码相机	x	1	81.24	82.01	0.77	81.24	87.27	6.03***
		2	73.18	77.85	4.67**	72.18	72.07	−1.11
	y	1	74.43	68.45	−5.98***	72, 43	67.68	−4.75***
		2	76.63	82.31	5.68**	76.63	80.32	3.69*

以 MP4 为例，R 策略下 x 和 y 的待机时间属性评分都显著提高，分别提高 8.15 分（$t=4.415$，$P<0.000$）和 2.59 分（$t=2.409$，$P=0.018$）；对选项 y 的内存容量属性评价下降 3.42 分（$t=2.618$，$P=0.010$），但对 x 的内存容量属性评分没有显著变化（$t=0.493$，$P=0.623$）。F 策略下，x 的优势属性和劣势属性分别显著提高 2.35 分（$t=2.225$，$P=0.028$）和 2.87 分（$t=1.717$，$P=0.089$），y 的优势属性显著提高 2.05 分（$t=1.752$，$P=0.083$），劣势属性显著降低 4.05 分（$t=3.166$，$P=0.002$）。上述实验结果验证假设 3-3、假设 3-4、假设 3-5、假设 3-6、假设 3-9 和假设 3-10，但假设 3-7 和假设 3-8 未得到验证。

3. 回归模型检验

回归模型前需对相关数据进行预处理形成新的变量，表 3-7 是模型中各变量值的统计和赋值情况：m 是不同属性，k 为吸引策略；V_{imk} 是在情境 k 下消费者对属性 m 的平均评分，V_{im} 是没有诱引备择项时属性 m 的平均评分；x_i 为属性 m 的值，变量 x_{min} 和 x_{max} 为属性 m 的最小值和最大值；R_i 是属性 x_i 在属性 m 上的排序，

$R_i=n+1$，n 为小于 x_i 的属性数量；N 表示选择集中备择项个数。变量 R_{imk}、F_{imk}、P_{imk} 的值是由式（3-1）、式（3-2）和式（3-10）的定义计算得到。

表 3-7　回归模型中相关变量得分一览表（以 MP4 播放器实验为例）

产品	m	k	V_{imk}	V_{im}	x_i	x_{min}	x_{max}	R_i	N	R_{imk}	F_{imk}	P_{imk}
MP4	x_1	R	86.57	85.46	5.0	3.0	5.0	2.0	3	1.0	0.5	1.0
		F	87.32	85.46	5.0	3.0	5.0	3.0	3	1.0	1.0	0.0
	x_2	R	75.22	67.82	6.0	5.0	10.0	2.0	3	0.2	0.5	0.0
		F	71.44	67.82	6.0	6.0	10.0	1.0	3	0.0	0.0	1.0
	y_1	R	69.86	73.62	3.0	3.0	5.0	1.0	3	0.0	0.0	0.0
		F	69.91	73.62	3.0	3.0	5.0	1.0	3	0.0	0.0	0.0
	y_2	R	86.39	83.7	10.0	5.0	10.0	3.0	3	1.0	1.0	0.0
		F	85.67	83.7	10.0	6.0	10.0	2.0	3	1.0	0.5	0.0

运用实验数据拟合模型，表 3-8 和表 3-9 反映了模型适应程度，表 3-10 是模型参数估计结果。

表 3-8　模型回归基本统计表 [a]

模型	R	R^2	调整的 R^2	标准估计的误差
1	0.964[a]	0.928	0.913	2.356 56

a. 因变量：V_{imk}；预测变量（常量）：V_{im}，R_{imk}，F_{imk}，P_{imk}。下同

表 3-9　模型方差分析

模型	平方和	自由度	均方	F 值	Sig.
回归	1 367.961	4	341.990	61.583	0.000[a]
残差	105.514	19	5.553		
总计	1 473.475	23			

表 3-10　模型的参数估计

模型	非标准化系数		标准系数	T 值	Sig.	容忍度	VIF
	B	标准误					
（常量）	41.600	12.300		3.382	0.003[***]		
V_{im}	0.380	0.174	0.280	2.186	0.042[**]	0.230	4.356
R_{imk}	8.331	3.027	0.500	2.752	0.013[**]	0.114	8.755
F_{imk}	5.119	2.757	0.243	1.857	0.079[*]	0.219	4.562
$P_{imk}=0$	0						
$P_{imk}=1$	2.485	1.218	0.137	2.040	0.055[*]	0.832	1.202

从统计结果可看出回归模型的拟合优度较好（R^2 大于 0.8），且回归模型通过了假设检验。表 3-10 中可看出，模型的各个参数都通过了假设检验（P 值均小于0.1）。简明和黄登源（2009）认为，若方差扩大引子值小于 10，则认为方程不存在严重的多重共线性，方程共线性检验显示 VIF 值均小于 10，可认为方程不存在严重多重共线性。

回归方程式为

$$V_{imk} = 41.6 + 0.380V_{im} + 8.331R_{imk} + 5.119F_{imk} + 2.458P_{imk} \qquad (3\text{-}11)$$

该模型的含义是，在吸引效应中：

（1）若企业产品属性是在同类产品的集合中最优的属性，则可使该属性评分增加 8.33 分；若企业产品属性不是最优的，则将其在属性分布极差中的位置每提高 50%可获得 4.12 分的评分增量（$0 \leqslant R_{imk} \leqslant 1$）。

（2）企业产品属性在同类产品集中的排序分值 F_{imk} 每增加 0.5 分，可使该属性值评价得分增加 2.56 分。

（3）在产品集合中，若出现了和企业产品具有相同属性值的产品选项，则可使该产品属性值的评分增加 2.46 分。

将式（3-11）转换后可得

$$V_{imk} = 41.6 + V_{im}\left(0.380 + \frac{8.331}{V_{im}}R_{imk} + \frac{5.119}{V_{im}}F_{imk} + \frac{2.485}{V_{im}}P_{imk}\right) \qquad (3\text{-}12)$$

将 $\overline{V}_{imk}$ 和 $\overline{V}_{im}$ 的值带入式（3-12）得

$$\overline{V}_{imk} = 41.6 + \overline{V}_{imk}(0.380 + 0.109R_{imk} + 0.067F_{imk} + 0.032P_{imk}) \qquad (3\text{-}13)$$

式（3-13）可粗略估计范围效应、频数效应和知觉聚焦效应对属性评价的贡献程度，可看出范围效应贡献系数最大，基本印证了传统研究中认为"R 策略似乎比 F 策略更有效"的结论。

三、小结

实验 3-1 研究发现，在消费者购买决策中，吸引效应不但确实存在，而且表现强烈。在本实验中，R 策略使目标备择项的绝对市场份额和相对市场份额分别平均增加 19.4%和 19.9%，F 策略使目标备择项的绝对市场份额和相对市场份额分别平均增加 16.5%和 17.3%。因此，在新产品定位、促销沟通管理和竞争战略制定中充分考虑吸引效应的影响，是十分重要的。研究试图对比 R 策略和 F 策略哪个更有效，虽然统计结果显示 R 策略的平均效应强度比 F 策略更大（1.59 VS 1.46），但并不总是如此，如在便携式掌上电脑实验中，F 策略比 R 策略更有效。研究还发现，受诱引备择项属性信息的锚定影响，消费者对目标备择项和竞争备择项的属性评价产生显著的变化，且变化方向是可预测的。研究通过数据回归拟合了一个同时包含范围效应、频数效应和知觉聚焦效应的模型，该模型很好地解释了消费者属性评价变动情况，有力证明了上述 3 种效应在解释吸引效应时的有效性。

研究结论对营销实践的启示是，企业在为新产品定位时，一定要考虑吸引效应的影响，采取合理策略以增加企业产品吸引力。企业可以考虑在产品线上推出不以盈利为目的的陷阱产品，以达到烘托目标产品优势的目的。此外，在设计产品时，一定要考虑产品不同属性在属性集中的位置，对于产品优势属性，要尽量提高该属性在属性集极差中的位置和排序；对于产品的弱势属性，则要尽量达到该属性值平均水准，并与市场上该类型产品中大多数属性值相同。

第二节　诱引备择项对消费者支付意愿的影响

实验 3-1 验证了消费者对选择集各备择项的属性评价会受到诱引备择项加入的影响。在模型推理时，研究假设诱引备择项会增加特定备择项对消费者的效用，虽然实验结果验证了预测模型的有效性，但在实验数据分析时，模型中使用的实际变量为消费者属性的判断评价得分，它们并不能真正反映消费者的效用评价。一是在变量测量时，属性评价得分是一种主观感觉量表，其分值仅仅反映特定属性满足消费者需求的一种感觉状态；二是属性评价得分具有较强的相对参照特性，数据分析时，将其作为定序变量进行处理似乎更为合理。因此，仅能从实验 3-1 的研究结果中推断出消费者对高分属性的偏好大于低分属性的偏好，而无法推断其效用差的绝对值，也无法得知诱引备择项是否真的影响了消费者对其他备择项的效用感知。

传统经济学理论认为，特定商品对于消费者的价值和效用应该是相对恒定的，对于同一个商品，即使出现在不同选择集中，其效用应该是稳定不变的。本节将延续上一节中实验的结论，探究吸引效应中，诱引备择项的出现在选择集中对消费者支付意愿的影响。

一、消费者价值与支付意愿

（一）支付意愿的定义

一直以来，无论是在公共管理领域还是在商业领域，消费者支付意愿（Willingness to Pay，WTP）调查都是一个非常重要的内容。近年来，支付意愿调查在公共管理领域和环境资源保护领域的应用非常广泛，并已成为民意测量的基本工具，如 Bohm（1979）认为，政府在制定公共事务时应该考虑大众的偏好意见，并倡导通过调查公众的支付意愿来使公众参与公共决策。在市场营销领域，准确地估计消费者支付意愿，对于企业新产品定价、竞争策略制定和价格促销是非常重要的。

在经济学领域，支付意愿也往往被称为保留价格（Reservation Price），是指一个消费者根据消费效应而愿意为特定产品或服务支付的货币单位。本书综合 Cameron，James（1987）和 Krishna（1991）的定义，将支付意愿定义为消费者愿意为某个特定的产品或服务所支付的最高货币量。

（二）消费者价值与支付意愿

1. 消费者价值

社会交换理论认为，人类的一切行为都受到某种能够带来奖励和报酬的交换活动的支配，因此，人类一切社会活动都可以归结为一种交换，当某种产品或服务为消费者带来特定效用时，消费者也愿意为其支付价值相当的货币作为补偿。根据亚当斯的公平理论也可推断，当消费者从厂商处获得特定商品或服务的某种效用水平后，为保持内心公平感，也愿意支付给厂商相应效用水平的货币。传统经济学家史密斯曾指出："价值一词有两个不同的含义，它有时指特定商品的效用，而有时又表示为了占有该商品而付出的购买能力，前者叫使用价值，后者叫交换价值。"从上述论证可看出，某种商品或服务对于消费者的效用与其价值指向含义相同，虽然价值最终用量化的商品或货币来表现，但它包含了物品或服务的直接使用价值和市场价值。Thaler（2008）在研究心理账户理论时也指出，对一个产品价值的估价应包含该产品的获得价值（Acquisition Value）和交换价值（Transection Value）两种，获得价值取决于感知利益与感知牺牲的比值，交换价值取决于其对一个参考价格的感知得失。一些观点认为，支付意愿是消费者主观效用与价值的一种体现，如 Mitchell 和 Carson（1989）在研究公共产品定价时指出，"价值是人们对特定事物的态度、观念、信仰和偏好，它是人的主观思想对客观事物认知的结果"，指出价值并非完全客观，它是人的主观思想对客观事物认识的结果，支付意愿是一切商品及其效益价值的唯一合理表示方法。经济学领域经常使用 WTP 来测量保留价格（Reservation Price），因此，WTP 实质上是用货币单位来衡量某个特定产品或服务对于消费者的价值。

在经济领域，人们经常用消费者支付意愿来衡量一件商品的价值。Simonson 和 Drolet（2003）指出："消费者愿意为一个商品或服务所支付的价格，反映了该商品或服务所带来的感知价值，以及为了得到该价值所付出的牺牲。"经济学家

Dupit 早就指出，当物品价格变动后，会导致消费者愿意支付的最高价格 WTP 与实际支付价格之间的差距发生变动，进而导致消费者福利增加或损失，因此，当产品价格不变，但是消费者支付意愿增加，意味着消费福利的增加。

基于以上几种观点，本书认为，消费者支付意愿实际上体现了产品和服务的价值，它是消费者效用的一种货币表现。

2. 影响消费者支付意愿的主要因素

消费者的 WTP 容易受到参考价格影响，如 Lichtenstein 和 Bearden（1989）的研究发现，消费者愿意为一个产品支付的价格会受到其他同类产品价格影响。此后有研究发现，消费者支付意愿不仅会受到同类产品价格影响，也会受到其他产品价格的影响，如 Nunes 和 Boatwright（2004）研究发现，在美国西海岸沙滩上，观光者愿意为 CD 支付的价格会受到小贩兜售运动衫价格的影响。在之后的研究中，Blankenship 等（2010）及 Adaval 和 Wyer（2011）也都得到了相似的结论。

参考价格对支付意愿的影响主要受锚定与调整效应及易得性启发式影响。Kahneman 和 Tversky（1974）的锚定和调整理论认为，当人们对事物进行判断而在脑海又没有事先估计的时候，他们会从外部寻求一个锚定初始值，然后围绕这个值上下调整，直到得到一个他们认为可行的值，因此，相对于选取一个低锚定值，选定一个高锚定值会导致估计值也偏高。Simonson 和 Drolet（2003）总结了造成锚定和调整效应中"不充分调整"的 3 个主要原因：①消费者可接受区间。消费者可以接受的价格是一个区间而不是一个点，所以按锚定点而调整的价格往往落在区间边界附近。②最小化认知努力。消费者在决策中会尽量降低决策成本以至付出有限的努力程度，有限调整反映了消费者最小化认知努力的结果。③选择性易得。消费者对产品价值并不了解而无法直接有效地进行判断，锚定值可以作为参考背景，而且锚定值本身看起来是可以接受的。

Venkatachalam（2004）的研究发现，物品的信息、预算约束、其他人的支付意愿及替代品或互补品的信息等，都会影响个体对支付意愿的估计。Homburg 等（2005）的研究发现，满意度会影响消费者的支付意愿，产品或服务的满意度越高，消费者愿意为其支付的货币越高，但两者之间呈反 S 型关系而非直线关系。Krishna（1991）的研究发现，价格促销时间的模式（随机还是规则）会影响消费者的支付意愿。Basu 和 Hick（2008）的研究发现，产品的标签信息会影响消费者的支付意愿。

以上研究结论均表明，消费者对特定产品的支付意愿并不稳定，极易受各种情境因素的影响。本书认为，人们的支付意愿和其选择偏好的性质相似，不是恒定不变的，而是情境构建的，会受到选择集中其他选项存在的影响。

二、吸引效应与消费者支付意愿

（一）吸引效应下的消费者支付意愿

从相关文献回顾中可发现，以往吸引效应研究并未涉及一个非常重要的议题：不对称占优备择项会不会影响消费者对原有备择项的价值评价？也就是说，不对称占优备择项除了影响原有备择项的相对吸引力外，会不会影响原有备择项的整体效用评价？如果有，将会产生怎样的影响？这种影响是稳固的还是参考依赖的？考虑价值的不可测性特性，本书将使用支付意愿（WTP）代替备择项价值评价来解答上述疑问。

传统经济学理论认为，某一商品价值在特定消费场合下是固定的，但以往研究发现，某一商品或服务的价值并非是独立，而是内容依赖的（Content Dependent），它受到很多因素影响。如 Bateman 等（2001）的研究就发现，待评估事物的可供选择集及购买者预算选择集都会影响其评估值。对于 WTP 的研究发现最容易出现的 3 种效应为：顺序效应（Sequencing Effect），相比后估值，将物品进行先估值往往 WTP 会偏大；嵌入效应（Embedding Effect），同一物品在单独估值时和作为嵌套物品估值时差异较大；部分-整体效应（Part-whole Effect），单个分块物品估值总和往往会大于整套物品估值。如 Kahneman 和 Knesch（1992）的研究就发现，物品单独评价与在一系列物品中评价的差额较大（研究中发现最高差值甚至可高达 25 倍）。

由 WTP 的内容依赖特性可知，消费者为某个商品单独出现时的支付意愿与其在某个选择集中出现时的支付意愿应该会有所不同，而不对称占优备择项的加入也会影响商品的 WTP 值。如 Venkatachalam（2004）的研究表明，可供选择集中替代品或互补品的信息会影响 WTP 的值，替代品信息的增加会减少特定物品的 WTP；而 Chan 等（2007）通过对在线拍卖的研究发现，当有相似的产品被一起列在条目上时，消费者愿意为该产品支付的价格会显著降低。

Bettman 等（1998）指出，消费者偏好是建构性的而非恒定的，一个选项的价值不仅取决于其自身的基本特征，还取决于用于和它进行对比的其他选项的状况。由此可推断，同样的产品在不同的选择集内，由于产品间的相对价值关系发生了改变，消费者对其支付意愿也可能会发生改变。因此，为测量不对称占优备择项是否影响消费者对目标备择项的价值判断，特提出如下原假设和备择假设。

假设 3-11a：在核心选择集中加入不对称占优备择项，不会影响消费者对目标备择项的支付意愿。

　　假设 3-11b：在核心选择集中加入不对称占优备择项，会显著提高消费者对目标备择项的支付意愿。

（二）消费者支付意愿的测量方式

　　对消费者支付意愿的测量主要有两大类方法：市场交易测试法和消费者抽样调查法。市场交易测试法由于置身于实际的消费情境，具有较高的外部效度，但采用该方法只能得知，购买了产品的消费者支付意愿高于定价而没有购买产品的消费者支付意愿低于定价，消费者的真正支付意愿还是无从得知，对于没有投入市场的新产品，也无法采用该方法；相反，消费者抽样调查法却可以适用于产品概念测试、新产品测试和公共产品调查等多种场合（Wertenbroch et al.，2002）。

　　消费者抽样调查主要有 4 种方法：①直接询问调查法。它是一种较为直接的方法，指使用开放式问题（Open-ended，OE）直接询问消费者的支付意愿，因为没有提供起始值，所以无锚定偏差，很多市场营销研究者比较偏好此种方法（Mitchell et al.，1989）。但该方法容易出现高估偏差，如 Carson 和 Mitchell（2000）认为，因为个人在陈述支付意愿时并没有受到法律因素的约束，所以他们往往会夸大支付意愿。②联合测度法（Choice-based Conjoint Analysis，CBC）。它要求消费者在一系列产品属性不同、价格各异的竞争产品中进行决策，以推算出消费者支付意愿和产品的属性价值。若对消费者的决策进行了实际购买行为刺激，则为刺激匹配联合测度法（Incentive-aligned Choice-based Conjoint Analysis）。③彩票抽签法（BDM）。它由消费者先报出自己愿意支付的价格，然后从一系列价格标签中抽出一个价格，若该价格小于或等于支付意愿，则必须购买（Becker et al.，1964）。④维氏拍卖法（Vickrey Caution）。由出价最高的人获得商品的购买权，也采用密封递价方式。由于参与者经常出于获胜动机而给出高于支付意愿的价格，该方法效度和信度较差。

　　本书使用直接询问调查法来测量支付意愿，虽然直接询问调查法往往有高估支付意愿的系统偏差，但因为本书主要目的是对比不同情境下消费者支付意愿的不同，关注焦点是差异，而不是测量准确度，所以这种高估系统偏差并不会对研究造成太大影响。支付意愿提问调查法有两类，一种是直接用开放式问题提问消费者愿意为某个商品愿意支付的最大金额，另一种是用"是否"两分型问题或封闭式问题，给出一个需要支付货币确定数量，然后询问被调查者是否接受。本书使用第一种方法，通过对商品基本信息进行描述，继而要求被试给出愿意为获取该产品所支付的价格，以测量该商品对于被试的价值。

三、实验设计与实验结果

（一）实验材料选择与问卷设计

这里所使用的实验材料及属性选择参照了实验 3-1，选用产品类型为笔记本电脑、MP4 和洗衣机三类，其中笔记本电脑使用 R 策略，MP4 和洗衣机使用 F 策略，具体问卷内容见附录二。在问卷设计时，产品信息不仅包含了属性值基本情况，还使用图片作为辅助材料，以便消费者能够更加准确地估计出支付意愿。

由于消费者支付意愿极易受到初始锚定效应和顺序效应的影响，研究中特对问卷产品信息呈现方式进行了有效控制，主要手段有以下三类。

（1）在两份问卷相对应的产品系列中，呈现的第一个选项都是同一个产品型号。

（2）在两份问卷中，竞争选项产品信息都是先于目标选项呈现，诱引选项都放在最后呈现。

（3）问卷设计时，均是先呈现各个选项所有信息后，然后再询问消费者支付意愿，以保证消费者的支付意愿是在综合了所有选项优劣势后做出，而不是逐个地（One-by-one）做出。

（二）实验控制与操作过程

实验 3-2 设计是为了验证假设 3-11。

在实验设计中需要注意以下几个问题：①在消费者支付意愿中，如何分离出哪部分是由产品本身价值所造成的，哪部分是由吸引效应所造成的。②怎样屏蔽其他关键因素对消费者支付意愿的影响，这些关键因素包括消费者个体人口社会统计特征、初始锚定效应和顺序效应。③由于消费者支付意愿在不同的情绪、场合、情景下差异较大，怎样屏蔽这些因素的影响至关重要。

由于消费者支付意愿极易受到人口社会统计特征的影响，为保证实验精确性，应尽量保证样本同质性。实验抽取了来自某大学财务管理专业两个班（1 班 80 人，2 班 79 人）159 名学生作为研究对象，由于这些学生专业背景、年级相同，可以有效屏蔽这些因素对产品支付意愿的影响。实验开展是在课堂上进行，为了保证学生能够尽量真实地表达支付意愿，研究人员特地在课堂教学间隙当中，专门留出充裕时间让学生填写问卷，并告知本问卷填写情况将作为课堂表现考评成绩重要参考依据。

由于两个班的研究对象是分班级授课，本实验共开展了两次。在实验过程中，同一个班的学生被随机分为两组，这种同时调查两个分组样本的方法，可以有效屏蔽由其他情景因素所造成的支付意愿偏差。组 1 被要求填写调查问卷一, 组 2 被要求填写调查问卷二 (学生并未知晓分组), 两份问卷都包含了 3 种产品类型的支付意愿调查, 只是对于同一种产品类型, 一份问卷中只包含了目标备择项和竞争备择项, 而另一份问卷中多了一个不对称占优备择项。

因学生缺勤和拒绝填写等因素, 实验共回收问卷 135 份, 剔除不完整填写问卷、明显错误填写问卷后, 最后共得到有效问卷 124 份, 有效率为 91.85%, 有效率较高。在问卷填写过程中, 由于研究人员的有效监督和严格激励机制, 对回收问卷进行审核时, 并未发现严重的雷同问卷。

(三) 实验结果

在实验 3-2 中, 一共出现了 1860 次支付意愿报告 (3 个产品类型×124 被试×5 次估值), 结果表明, 在吸引效应策略下, 消费者对目标备择项的支付意愿均有显著提高。具体统计结果见表 3-11。

表 3-11　吸引效应下消费者支付意愿的变化

产品类型	策略	支付意愿/元 (N=124)						
		核心集合		情境集合			支付意愿差	
		W_{cx}	W_{cy}	W_{tx}	W_{ty}	W_{td}	ΔW_x	ΔW_y
笔记本电脑	R	4 008.3	4 158.3	4 319.6	4 272.1	3 893.5	311.3***	113.8
MP4	F	393.2	399.6	432.7	377.5	368.7	39.4**	-22.1
洗衣机	F	1 421.7	1 164.8	1 630.3	1 257.4	1 455.3	208.6*	92.7

注: W_{cx}、W_{cy} 为核心集合中目标备择项 x 和竞争备择项 y 的支付意愿; W_{tx}、W_{ty}、W_{td} 为情境集合中, 选项 x、y、d 的支付意愿; ΔW_x、ΔW_y 为两个集合中, 消费者对选项 x、y 支付意愿的差

本实验中, 对支付意愿差均值检验所采用的方法均为双独立样本 t 检验, 以笔记本电脑实验为例, 消费者对目标选项支付意愿差的具体检验结果如表 3-12 所示。

表 3-12　笔记本电脑实验中目标备择项支付意愿差的双独立样本检验

方差齐性检验			均值方程的 t 检验					
			均值差: -311.260				差分 95%置信区间	
	F	Sig.	t	df	Sig.	标准误	下限	上限
假设方差相等	0.917	0.340	-3.151	122	0.002	98.776	-506.796	-115.724
假设方差不等	—	—	-3.158	122	0.002	98.552	-506.354	-116.167

由实验数据统计结果可知，在笔记本电脑实验中，消费者对目标备择项的支付意愿在吸引效应情境中，显著地增加了 311.3 元（$t=3.151$，$P=0.002$），虽然对竞争备择项支付意愿也增加了 113.8 元（$t=1.233$，$P=0.22$），但统计结果不显著。

在 MP4 实验中，消费者对 x 的支付意愿显著增加了 39.4 元（$t=2.149$，$P=0.034$），对 y 支付意愿减少了 22.1 元（$t=1.235$，$P=0.219$），统计结果不显著；在洗衣机实验中，消费者对 x 的支付意愿显著增加了 208.6 元（$t=1.818$，$P=0.071$），对 y 支付意愿增加了 92.7 元（$t=1.071$，$P=0.286$），统计结果不显著。不同集合中消费者支付意愿变化直观图可见图 3-4。

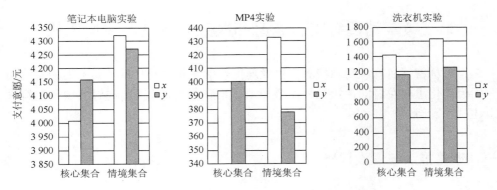

图 3-4　不同集合中消费者支付意愿变化直观图

研究结果验证了假设 3-11b，推翻了原假设 3-11a，即在集合中加入不对称占优备择项，会显著增加消费者对目标备择项的支付意愿，这一研究结论对实验 3-1 的研究结果做了有效补充。可以看出，不对称占优备择项不仅会增加目标备择项两个属性上评价得分，进而增加其在集合中相对吸引力和相对被选概率，还会增加消费者对目标备择项的支付意愿。具体而言，在实验 3-2 的 3 种产品中，在情境集中，被试对笔记本电脑支付意愿增加了 7.77%，对 MP4 的支付意愿增加了 10.0%，对洗衣机的支付意愿增加了 14.7%。虽然实验 3-1 中发现诱引备择项同样会影响竞争备择项属性的评分，但实验 3-2 并未发现它会显著增加消费者对竞争产品的支付意愿，其原因可能是对竞争备择项属性影响的正效应和负效应相互抵消了。

四、小结

实验 3-2 通过对消费者支付意愿的调查研究发现，不对称占优备择项的加入，不仅能够增加目标选项的相对吸引力，还可以增加其对消费者的效用和价值。在实验 3-2 的 3 个实验产品类型中，消费者对目标备择项的支付意愿，在加入诱引备择项后均有了不同程度的增加，如此持续稳定的效应表现，很难将其归结为随机因素的作用。

　　传统效应理论认为，特定商品对于消费者的价值和效用应该是相对恒定的，同一个商品即使出现在不同选择集中，其效用评价应该稳定不变。本研究结果表明消费者的支付意愿也和其偏好一样，是高度构建的，会受到选择集结构因素的影响。研究结果将结果变量从属性评价进一步延伸到更能反映效用的支付意愿，从侧面论证了其研究模型的可靠性。

第三节　消费者支付意愿和决策满意度的情境依赖

　　不对称占优备择项对消费者支付意愿的影响是相对稳定的还是易逝的？它会否因为简化了消费者的决策过程而增加了决策满意度？本节将通过实验研究解答上述两个疑问。

一、理论推演与假设提出

（一）消费者价格感知区间与支付意愿

　　Epley 和 Gilovich（2001）认为，消费者会根据以往消费经验或其他信息来源，形成对特定产品类别相对稳定的价格感知区间，并认为该类产品价格分布应该落在此区间内。因此，当被要求对一个选择集中产品确定支付意愿时，消费者可能会根据各个产品的相对价值关系来判定，在价格感知区间内确定不同产品价格高低，并尽量保证所有产品的价格均匀分布在价格感知区间内部。由此可推论，在消费者价格感知区间大小不变的情况下，选择集内各备择项间明显的占优关系会增加消费者的心理感知差异，进而对支付意愿造成拉伸作用，由于拉伸效应，那些占优的产品选项价格落在靠近价格感知区间上边缘地方，而具有相对劣势的产品价格落在靠近价格感知区间下边缘地方。以图 3-5 为例说明，当选择集中只有 x 和 y 时，由于这两个备择项互有优劣势而没有明显的占优关系，消费者对它们的支付意愿差异不大，且价格更可能会落在价格感知区间的中心线附近。但当诱引备择项 d 加入选择集后，由于其锚定作用，选项 x 和 y 在消费者心中的相对优势发生改变，选项 x 由于优势增加，其支付意愿在消费者价格感知区间内向上缘移动，产生拉伸效应。

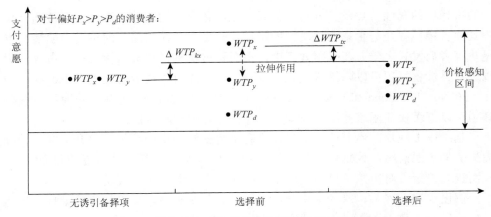

图 3-5　情境效应下选择前后的消费者支付意愿对比

　　本书认为，消费者是在选择前还是在选择后报告其支付意愿，会激活不同的启发式，诱导不同的价格参考框架。在选择前让消费者报告其支付意愿，消费者会首先关注各产品的相对优劣势，确定不同产品之间的价格差后，再参考价格感知区间范围确定价格点。在此情形下，消费者对某产品支付意愿的确定依赖于外部参考点——选择集中其他产品属性情况，所以诱引备择项加入会拉大消费者的支付价格差距。而在已经做好选择后再让消费者确定其支付意愿，此时消费者的价值判断会较少受到选择集中产品间相对优劣关系的影响，而将注意力聚焦于被选备择项本身来确定支付意愿。在此情形下，消费者的支付意愿更可能会依赖于内在参考点，以价格感知区间中心线为基点做有限的调整。也就是说，选择前，消费者对各备择项支付意愿的确定更多的依赖于外部信息判断，其关注点是差异，通过备择项间的相对优劣关系来确定各自的支付意愿差异；而选择后的消费者支付意愿更多的依赖于消费者的内部价格感知，忽视备择项间的相互关系，较少受到情境化对比的影响。该机制的具体含义如图 3-5 所示。

　　由此，特提出如下假设。

　　假设 3-12： 在含有不对称占优备择项的选择集中，消费者在选择前愿意为目标备择项支付的价格高于其在选择后愿意为目标备择项支付的价格。

（二）吸引效应与决策满意度

　　选择困难往往是造成决策不满意的一个主要原因。影响选择难度的一个因素是比较的本质。以往研究普遍认为，相对于在难度水平不一致的属性间进行比较，在难度水平一致的属性间进行比较要更加容易（Zhang et al.，2001）。基于选择集的传统决策理论认为，任何备择项间的抉择难度相对来说是固定的，它取决于对比的备择项的属性特点及其分布，但事实上，备择项间的选择难度也会被选择集中其他备择项存在与否影响。决策困难往往会激发负面情绪，而规避负面情绪也是决策者启发式之一。在吸引效应中，不对称占优备择项被目标备择项占优，所以选择目标备择项可以降低决策者的负面情绪，并简化决策的过程（Hedgcock et al.，2009）。Pettibone 和 Wedell（2000）也持有类似的观点，并认为不对称占优备择项可以舒缓权衡困难并简化决策，增加决策者的判断价值。

基于以上观点，本书认为，当在互有优势的核心集中决策时，会引发一种顾此失彼的负面情绪，不对称占优备择项的出现，可以有效缓解决策者的负面情绪，从而提高决策者对决策结果的满意度。由此，本书提出如下假设。

假设 3-13：在核心选择集中加入不对称占优备择项，会提高消费者对购买选择的决策满意度。

二、实验设计与实验结果

（一）实验设计

实验 3-3 的设计是为了验证假设 3-12 和假设 3-13。在研究方法设计上依然需要注意实验 3-2 中容易出现的几个问题，因此在实验设计和问卷设计时均沿袭了实验 3-2 中的做法，包括：①选择相近和相似的调查对象；②在同一时间点和场合下收集不同调查问卷的数据；③问卷设计中，通过固定备择项的位置屏蔽初始锚定效应和顺序效应的影响；④通过分组对比，分离产品本身所造成的支付意愿和由吸引效应所造成的支付意愿增量。

实验抽取了来自某大学某专业 4 个班共 297 名学生作为研究对象，并将被试随机分配到 2（集合：核心集 VS 加入诱引项的情境集合）×2（支付意愿报告时间：选择前 VS 选择后）共 4 个小组中去。实验的开展过程同实验 3-2 相似，是在课堂上进行，问卷填写是在课堂教学的间隙当中，并为学生专门留出了充裕的时间。这些学生专业背景相同、年龄相仿，且是在相同的教学情景下接受问卷调查，可有效屏蔽各种非实验因素的影响。

实验材料选定为 MP4 和数码相机两种产品，属性的设置与实验 3-2 相同。对消费者支付意愿的调查方法主要有两种，一种是在购买决策前进行，要求被试给出各产品的支付意愿，然后在不考虑价格的情况下，选出自己最偏好的产品；另一种支付意愿调查，要求被试先选出自己偏好的产品，然后再询问其愿意为该产品所支付的价格为多少。为了测量消费者决策满意度的变化，在每一个购买决策的后面，都有一个 7 度量表的决策满意度调查题项。调查问卷见附录三。

因学生缺勤等因素，实验共回收问卷 276 份，剔除不完整填写问卷、明显错误填写问卷和雷同问卷后，最后共得到有效问卷 264 份，有效率为 95.65%。其中问卷 1 为 79 份，问卷 2 为 97 份，问卷 3 为 42 份，问卷 4 为 46 份。

（二）实验结果

1. 询问支付意愿下的情境效应

在实验 3-3 中，一共出现了 528 次购买决策（2 个产品类型×264 个被试）和 796 次产品估价，实验结果表明，在加入不对称占优备择项后，出现了较明显的吸引效应。具体统计结果见表 3-13。

从表 3-13 的统计结果上可以看出，在询问消费者支付意愿的情况下，无论是在何时询问，实验中均发生了吸引效应，其效应强度都达到了 1.2 以上。但若对比实验 3-3 与实验 3-1 的结果可以发现，在实验 3-1 中，实验产品 MP4 和数码相机的平均吸引效应强度分别为 1.51 和 1.65，但在实验 3-3 中，则分别降到了 1.25 和 1.34。研究认为，吸引效应强度降低的主要原因是信息描述方式的不同，在实验 3-3 中，选项信息的描述不仅使用了数字描述，还使用了图片信息。这一研究结果也证实了 Mishra 等（1993）、Ratneshwar 等（1987）、Frederick 和 Lee（2008）等研究中发现的现象，即产品信息的充实性和形象的描述会降低属性的权衡对比，进而削弱吸引效应的强度。此外，研究并未发现在决策前询问消费者支付意愿会影响吸引效应强度。

表 3-13　实验 3-3 中各备择项的选择人数及选择率

产品类型	选项	选择人数及选择率 n（%）（$N=264$）					
		决策前			决策后		
		核心集	情境集	K	核心集	情境集	K
MP4	x	20（47.6）	26（56.5）	1.21	37（46.8）	51（52.6）	1.28
	y	22（52.4）	19（41.3）		42（53.2）	34（35.1）	
	d	—	1（2.2）		—	12（12.4）	
数码相机	x	17（40.5）	23（54.8）	1.39	29（36.7）	38（39.2）	1.28
	y	25（59.5）	18（42.9）		50（63.3）	43（44.3）	
	d	—	1（2.4）		—	16（16.5）	

2. 询问时间差异对支付意愿的影响

研究结论发现，是在决策前询问还是在决策后询问，会影响不对称占优备择项对消费者支付意愿的影响程度。以 MP4 实验为例，加入不对称占优备择项后，若在决策前询问被试的支付意愿，会导致对目标决策项的支付意愿显著增加 102.5 元（$t=2.473$，$P=0.015$）；而在被试已经决策后，其支付意愿只增加了 26.5 元（$t=1.285$，$P=0.202$）。这一调查结果验证了假设 3-12，具体统计数据见表 3-14 和图 3-6。

表 3-14　吸引效应中询问时间对消费者支付意愿的影响

产品类型	选项	支付意愿/元（$N=264$）						
		决策前			决策后			支付意愿差
		WTP_{bc}	WTP_{bt}	ΔW_{before}	WTP_{ac}	WTP_{at}	ΔW_{after}	ΔW_{b-a}
MP4	x	397.4	499.9	102.5**	433.0	459.5	26.5	40.4*
	y	413.1	458.2	45.1	423.1	420.1	−3.0	38.1
	d	—	423.3	—	—	428.3	—	—
数码相机	x	1 409.5	1 573.8	164.3*	1 419.7	1 506.6	86.9	67.2
	y	1 473.8	1 545.2	71.4	1 496.0	1 544.2	48.2	1.0
	d	—	1 402.4	—	—	1 443.8	—	—

注：WTP_{bc}、WTP_{bt} 为要求消费者在决策前报告支付意愿时，核心集和情境集中各备择项的支付意愿；WTP_{ac}、WTP_{at} 为要求消费者在决策后报告支付意愿时，核心集和情境集中各备择项的支付意愿；ΔW_{b-a} 为两种不同报告方式的各备择项支付意愿差

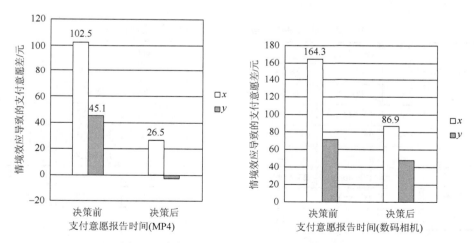

图 3-6　支付意愿报告时间对支付意愿的影响

从实验结果来看，由诱引备择项所导致的消费者价值增加是高度情境依赖的、不稳定的和易逝的。虽然在决策前，由于情境性对比参照作用影响，在不对称占

优备择项的锚定作用下，消费者对目标备择项的支付意愿有所增加，但若消费者已经做出决策，则这种锚定作用会减弱或消失。如在 MP4 实验中，在决策前询问消费者的支付意愿时，由于不对称占优备择项的"衬托"，消费者对目标备择项的支付意愿增加了 25.8%（从 397.4 元增加到 499.9 元，增加了 102.5 元），而在决策后询问支付意愿只增加了 6.1%（从 433.0 元增加到 459.5 元，增加了 26.5 元），且统计不显著。与此相对应的数码相机实验中，这一数字分别是 11.7%和 6.1%。由此可推断，吸引效应所带来的效用增值只是短暂且高度构建的和情境依赖的。具体数据如图 3-6 所示。

实验结果还发现，在消费者已经做出决策的情况下，其愿意为各个备择项支付金额的差异变小。在 MP4 实验中，决策前消费者为各备择项支付额的标准差为 38.35，而在决策后该值减小为 28.79；与此相对应的数码相机实验中，标准差也由 91.82 减小为 50.72。这一结果也验证了之前的拉伸效应推断。

3. 不对称占优备择项对消费者决策满意度的影响

实验中被试对决策满意度的调查数据如表 3-15 所示。

表 3-15 不同集合中消费者的决策满意度对比

询问策略	产品类型	选择结果	决策满意度		
			核心集	情境集	ΔCS
决策前	MP4	x	5.00	5.46	0.46
		y	5.27	5.37	0.10
	数码相机	x	5.06	5.30	0.24
		y	5.28	5.22	−0.06
决策后	MP4	x	4.65	5.24	0.59
		y	4.93	5.09	0.16
	数码相机	x	4.59	5.08	0.49
		y	4.74	4.81	0.07
平均值（x）			4.77	5.25	0.48[***]
平均值（y）			5.00	5.05	0.05
平均值（总）			4.89	5.12	0.24[***]

实验结果表明，在选择集中加入不对称占优备择项后，消费者对决策的总体满意度显著提高了 0.24 分（$t=2.833$，$P=0.005$），具体的假设检验结果见表 3-16 和表 3-17。这一结果验证了假设 3-13，即不对称占优备择项可以有效地缓解消费者的决策压力，从而提高对决策结果的满意度。

表 3-16　组统计量

	集合	N	均值	标准差	均值的标准误
满意度	核心集	242	4.888 4	0.942 29	0.060 57
	情境集	282	5.124 1	0.955 70	0.056 91

表 3-17　不同选择集下选择满意度的独立样本 t 检验

总满意度	方差 Levene 检验		均值方程的 t 检验					95%置信区间	
	F	Sig.	t	df	Sig.	均值差	标准误	下限	上限
方差相等	0.251	0.617	−2.833	522	0.005	−0.235 68	0.083 20	−0.399 14	−0.072 23
方差不等	—	—	−2.836	512	0.005	−0.235 68	0.083 11	−0.398 97	−0.072 40

通过对比选择了不同备择项后的决策满意度发现，选择了目标备择项 x 的消费者，其决策满意度显著提高了 0.48 分（$t=4.024$，$P<0.000$），而选择了竞争备择项 y 的消费者，其决策满意度在加入诱引备择项前后并没有显著区别。

三、小结

实验 3-3 主要有两个发现。

（1）消费者对选择集中各备择项的支付意愿是高度构建的和情境依赖的，极易受备择项间的占优关系影响。

为证明这种价值增加是否是稳定而持久，实验 3-3 对此问题进一步深入探究并发现，在决策前询问支付意愿，由于不对称占优备择项的锚定作用，消费者对目标备择项支付意愿增加；但若消费者已经做出决策，这种作用会减弱或消失。从实验结果来看，吸引效应所导致的消费者价值增加是高度情境依赖的、不稳定的和易逝的。虽然在决策前，由于情境性对比参照作用的影响，在不对称占优备择项锚定作用下，消费者对目标备择项支付意愿有所增加，但若消费者已经做出决策，则这种锚定作用会减弱或消失。如在 MP4 实验中，在决策前询问消费者支付意愿，消费者对目标备择项支付意愿增加了 25.8%，而在选择后只增加了 6.1%，且并不显著；与此相对应的数码相机实验中，这一数字分别是 11.7%和 6.1%。在实际应用中，企业可利用消费者支付意愿和决策的情境性参照特点，通过设计卖点展示的产品种类和优劣关系，增加主推产品的感知价值和销量。

（2）不对称占优备择项可以有效降低消费者决策的难度，从而增加决策满意度。

实验结果证实，不对称占优备择项确实可以消除决策者的负面情绪，增加其决策满意度。从实验数据上看，在两个产品决策任务中，消费者的决策满意度平均增加了 4.9%（0.24 分，7 度量表）。消费者决策满意度的增加还有一个可能的解释是：情境集中的备择项多于核心集，消费者的决策自由度变大导致满意度增加。如果真是如此，则无论消费者做出何种选择，其决策满意度都应增加。但进一步的研究数据发现，选择了目标备择项 x 的消费者决策满意度增加了 10.1%，而选择了竞争备择项 y 的消费者决策满意度增加并不明显。这种增量上的差异从侧面也反映，消费者决策满意度的增加源于目标备择项和不对称占优备择项间的占优关系。

第四章　基于备择项层面比较的吸引效应

Wedell（1991）、Wedell 和 Pettibone（1996）、Pettibone 和 Wedell（2000）、Park 和 Kim（2005）及 Hedgcock 等（2016），都曾对吸引效应产生的深层次原因进行过系统而详细的分类和总结。归纳以往文献可发现，过去研究提出的各种吸引效应解释机制大致可划分为两类：基于属性的（Attribute Based）权衡对比（Trade-off）机制和基于备择项的（Alternative Based）价值判断机制。基于属性的权衡对比机制认为备择项的属性间可以相互补偿，决策者首先确定各备择项在每个属性上的效用，然后按照某种属性边际替代率得出各备择项的整体价值，进而做出最终决策。在这一类机制中，学者们主要基于诱引备择项存在与否造成的决策者感知差异来解释吸引效应，主要有两种：一是消费者对产品属性的感知偏差，如基于范围-频数理论的价值转移模型认为，诱引备择项加入选择集后，改变了各备择项属性的极差范围和排名次序，进而增加了目标备择项在其各个属性上的优势（Huber et al., 1982；Pettibone et al., 2000）；基于参考点转移的损失规避模型则认为，诱引备择项的属性改变了决策者对各备择项属性评价的参考点，进而影响了各备择项的得失感知。二是属性权衡偏差，认为诱引备择项改变了决策者对选择集中不同备择项属性的相对权重赋值，如权重改变模型（Weight-change）认为诱引备择项改变了属性间在决策者心里的边际替代率，增加了目标备择项优势属性的权重（Mellers et al., 1994）。

学者们普遍认同，决策者的选择偏好由备择项的估值和决策时使用的心理规则共同作用形成（Hedgcock et al., 2009），基于属性的权衡对比机制决定了备择项估值的大小，基于备择项的价值判断机制则聚焦于决策者的决策心理规则。决策者使用的决策心理规则通常由各种易得性启发式激发，往往更关注备择项层面的比较，对备择项间占优关系特别敏感（Wedell, 1991）。不同的决策情境会诱发不同的决策心理规则，操控这些决策情境往往会影响吸引效应的大小。如一些研究发现，当要求人们对其决策行为给出理由进行辩护（Justification）时，会激活决策者的占优机制启发式，目标备择项由于对诱引备择项完全占优而成为人们选它的"正当理由"（Simonson, 1989；Hedgcock et al., 2009），这一机制在幻影效应下依然存在。解释吸引效应的价值增加模型（Wedell et al., 1996）和相似性启发式（Similarity Heuristic）（Tversky, 1972；Hamilton et al., 2007）均属此类机制。

在研究中分离上述两种机制非常困难,本章将改变吸引效应的传统研究范式,使用不同的实验设计和刺激材料,尝试屏蔽备择项的属性比较,从备择项层面的比较角度诠释吸引效应的形成机制。

第一节　信息呈现方式和思维模式对吸引效应的影响

一、对吸引效应中实验材料使用的质疑

最新一些研究开始质疑吸引效应的效力及其在实际应用中的意义,并掀起了一场大讨论。Frederick 等(2014)针对多种产品的一系列研究发现,当使用真实产品刺激材料进行实验时,大多数实验中吸引效应不见了,即使有些实验材料在之前的文献中已被证实能成功激发吸引效应。他们推测,使用真实可感知的实验材料可能没有引发吸引效应机制中的权衡比较、知觉聚焦等心理过程,基于此假设,他们开展了的一些实验,结果发现,当使用数字描述产品属性的时候出现了吸引效应,但当使用感知的材料(如图片)描述同样的产品时吸引效应不见了。他们总结,吸引效应并没有像认为的那样有效,它只有在高度抽象且易于比较(如使用数字化)的刺激呈现时才有效,因此他们认为吸引效应在应用中的实用性非常有限。此后 Yang 和 Lynn(2014)使用另外一些实验产品进一步验证了 Frederick 等(2014)的研究结论,他们也在研究中对吸引效应的效用提出了质疑。

面对上述针对吸引效应的质疑,Huber 等(2014)做出了相应解释,指出了 5 种可能影响上述研究中吸引效应的表现的因素。

(1)消费者存在强烈的先验属性权衡。如果消费者在备择项的两个属性间存在强烈的先验偏好,则他们在决策时只关心一个属性而不关心另外一个属性,此时加入诱引备择项起不到太大作用。吸引效应只有在消费者对两个备择项属性存在得失权衡两难时才有效,而要出现权衡两难,则要求两个属性对消费者来说都是同等重要的。

(2)消费者是否能够有效而快速地感知备择项间的占优关系。当目标备择项和诱引备择项间的占优关系不明显时,吸引效应很难起效果,所以在关系辨别困难或有时间压力而无法有效辨别时,吸引效应可能会变小。在 Frederick 等(2014)和 Yang,Lynn(2014)的研究中,使用了一些感知性的实验材料,没有考虑消费者是否能够有效而快速地感知到占优关系。

(3)消费者强烈地不喜欢诱引备择项。吸引效应只有在当消费者认为能够从目标备择项和诱引备择项的占优关系中获得利益时才有效,所以,当诱引备择项较差而没有吸引消费者注意时,吸引效应很难发生(Malkoc et al.,2013)。有时

候诱引备择项让人讨厌时甚至促使消费者偏好竞争备择项。

（4）消费者强烈地喜欢诱引备择项。一般而言，不对称占优备择项由于被占优而很难被选中（以往大量研究发现，其被选概率非常小，通常不超过 2%），但 Frederick 等（2014）和 Yang，Lynn（2014）的研究中，消费者对诱引备择项有着强烈的偏好，有些甚至有高达 18%的占有率，这种材料设计使诱引备择项和目标备择项形成了竞争关系，更易发生替代效应而稀释吸引效应。

（5）消费者偏好存在较大的异质性。如在软饮料研究中，假设一半的消费者偏好苏打水，另一半消费者强烈地偏好柠檬酸苏打水，则诱引备择项很难发挥作用，因为吸引效应只有在消费者对目标备择项和竞争备择项间没有明确偏好时才有用。而在 Frederick 等（2014）和 Yang，Lynn（2014）的实验中，使用的大量材料无法有效地区隔不同偏好的被试群体，可能抵消了吸引效应的表现。

为解答为何吸引效应研究的外部效力较差，作为争论的一方，Lichters 等（2015a）在整理和总结了过去 30 年重要期刊中 52 个吸引效应研究后指出，以往多数研究忽略了一些可能对吸引效应有交互作用的实验背景因素，而这些背景因素与真实商业环境差别较大。他们指出了以往研究所忽略的提高吸引效应实验研究外部效力的 7 个准则：①被试的选择应该产生直接经济结果；②使用真实的产品实验并使用真实的属性及属性水平描述产品；③保证实验被试的选择与其现实生活中应用相关联；④允许被试能感官地评价产品；⑤被试有权不做出购买选择（Offer No-buy Option）；⑥能够较好操控被试对备择项的感知水平；⑦避免被试由于重复多次虚假选择而习得某种规律。

由此可以看出，此次争论的焦点主要是实验材料属性和设计的方式，因此，改变实验范式，使用感性的试验材料并屏蔽消费者偏好的异质性、厌恶/喜好特性，是一个迫切的议题。

二、研究假设的提出

理论回顾发现，以往吸引效应研究中的实验材料大都具有以下特点：①备择项为产品或方案；②备择项有两个面临权衡困难的关键属性；③属性值由数字或等级词语描述，属性间大小关系明确。这种实验材料设计存在两个问题：一是可能会夸大吸引效应。如上所述，很多学者认为，传统的实验设计范式中，使用数字的或等级词语描述产品属性，会扩大属性间感知差异并激发对比效应，进而夸大吸引效应强度（Frederick et al.，2008）。其实在 Frederick 等（2014）和 Yang，Lynn（2014）的研究之前，就有一些研究发现，如果属性信息的描述具体而有意义（如用语句描述而非数字描述），吸引效应会被削弱（Malaviya et al.，2002）或消失（Stewart，1988）。而实际生活中购物时的备选产品多是可切身体验的和可感官感知的，这种实验设计显然与实际应用脱节，缺乏对实践的有效指导。二是无法有效分割基于属性的权衡对比和基于备择项的价值判断两种机制，只能将吸引效应归为两种机制共同作用的结果（Wedell et al.，1996；Highhouse，1996）。本书实验研究 3-1 已经验证了基于属性的权衡对比这一机制在解释吸引效应时的有效性，那么基于备择项的价值判断机制是否也可单独解释吸引效应还需进一步探究。

　　本章将以图形面积判断代替传统的双属性决策框架，解答上述问题。若以表 4-1 中的图片作为刺激物，情境集 1 组和 2 组被试在判断哪个图形面积最大时，选择是否会存在显著不同？同以往研究相比，这种实验材料有两个特点：①使用定性的、可体验的材料代替定量的、缺乏意义的材料，不仅可以屏蔽属性效用感知和权衡偏差，也屏蔽了数字或等级词语描述造成的感知差异扩大效应；②使用判断任务代替偏好选择任务，屏蔽了被试偏好的厌恶规避特性、情境依赖特性和异质性，促使被试基于备择项层面进行判断。若此情形下吸引效应依然存在，则证明基于备择项的价值判断机制可以有效解释吸引效应，且吸引效应在感性实验材料下同样存在，也从侧面印证了 Li（2001）的观点，即认为决定人类决策的机制并不是通过权衡各备择项以获得最大效用值，而是一个通过相似性判断寻求占优关系的简化过程。

表 4-1　实验 4-1 图形面积判断分组

组别	情境集 1 组			情境集 2 组		
图形刺激	Ⓐ	Ⓑ	Ⓒ	Ⓑ	Ⓒ	Ⓓ
选择集	(d_x	x	y)	(x	y	d_y)

　　人类对图形面积大小感知的一致性是有限的，图形形状会影响面积感知（Gigerenzer et al.，1990），相同面积的圆形和正方形究竟哪个看起来更大，是一个由来已久的话题。早期研究有的支持正方形看起来更大（Anastasi，1936），有的支持圆形看起来更大（Fisher et al.，1968），也有发现两者无差异（Warren et al.，1955）。最近，Krider 等（2001）解释了上述研究结果不一致的原因，指出图形判断受判断者信息集成方式影响：将正方形以边为底摆放，判断者倾向于将圆的直径和边长比较，从而觉得圆形更大；而将正方形像风筝一样侧起摆放，判断者倾向于将圆的直径和其对角线比较，从而觉得正方形更大。

　　虽然大量研究表明人类的图形面积判断也高度情境依赖（Phillips，2001），但尚未有研究探索吸引效应在其中的表现，本书拟补充这一空白。借助 Krider 等（2001）的两维度判断模型，研究将表 4-1 判断任务分解为水平线和斜对角线两个维度间的比较问题，如图 4-1 所示。此时吸引效应应该存在，原因有 3 点：①d_x 导致决策者参考点转移（$RP_1 \rightarrow RP_2$），从小圆 d_x 角度看，大圆 x 优势更明显；

②小圆 d_x 和大圆 x 间占优关系明确，而正方形 y 和 d_x 占优关系不明显，增加了 x 的相对优势；③当无法明确判断 x 与 y 间大小而面临权衡压力时，选择 x 可缓解这种压力。由此推理提出假设。

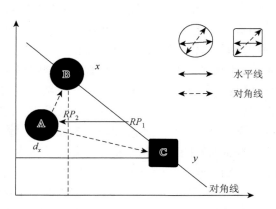

图 4-1　图形面积判断任务下吸引效应形成机制

假设 4-1：在图形面积判断任务中，吸引效应依然存在。

有研究提出了人的两种不同信息加工方式：直觉的（Intuitive）和分析的（Analytic）（Epstein et al.，1992），直觉是自动的、不费力的、快速的，它控制信息的基本过程，如注意和知觉；分析是深思熟虑的、费力的，它控制信息的高级过程，如逻辑和推理，它通过更加仔细的方式监控和修正直觉的评估结果（Kahneman et al.，2002）。通过按信息加工特点对各种解释机制的归类后可发现，早期观点认为吸引效应是直觉和分析两种信息机制偏差叠加的结果（Huber et al.，1982；Ariely et al.，1995；Simonson et al.，1992）。直觉的解释基于决策者信息心理感知特点，认为吸引效应源自感知偏差，这些解释包括价值转移模型、权重改变模型和损失规避模型等；基于分析的解释认为吸引效应是信息深度加工的产物，如一些研究发现，当决策者需考虑他人评价（Simonson，1989）或承担更多决策责任（Slaughter et al.，2006）被迫深思熟虑时，吸引效应变大，这类解释包括价值增加模型、相似性启发式和最小后悔法则等。

最新的观点认为吸引效应更可能源自直觉（Khan et al.，2011；Masicampo et al.，2008；Mao et al.，2012），如有研究发现，增加决策者自控资源损耗程度（Resource Depletion）（Pocheptsova et al.，2009）或时间压力（Lin et al.，2008）迫使其采用直觉策略时，吸引效应会增强。该观点将一些深度信息加工场合吸引效应的增强推测为是直觉偏差机制在分析过程中的强化（Hamilton et al.，2007）。但有学者提倡，考虑吸引效应在不同情形下都稳定存在，使用任何一种单一信息机制来解释它似乎都不全面，它们更有可能是一种叠加关系（Hamilton et al.，2007）。虽然早有学者认为，很可能是刺激材料的特征引起吸引效应在"深思熟虑"下的时而增强时而减弱（Malaviya et al.，2002），但此观点并未受到重视。

本章拟使用表4-1刺激物进一步探索这一论题，由于图形面积判断更可能是一个直觉任务而不是一个分析任务，若此种情形下"深思熟虑"亦会导致吸引效应增强，则其原因只能是来自图形间占优关系的仔细权衡，进而有效证明分析机制可独立于直觉机制解释吸引效应。根据 Malaviya 和 Sivakumar（2002）的观点，当刺激信息无法有效提供效用和偏好信息时，仔细的挑选会让决策者面临更大的决策困难转而去寻求"决策理由"，导致吸引效应增强，在表4-1判断任务中 B 和 C 面积相同，判断难度大，当判断者投入更多精力去辨别时会面临更大的选择压力，进而寻求决策理由的动力越大，越易受 A、B 间占优关系影响。因此，本书提出如下假设。

假设 4-2：在图形面积判断任务中，与处于直觉的信息加工模式相比，当被试处于分析的信息加工模式下判断，吸引效应强度更大。

学者普遍认为吸引效应的根源在于人类缺乏稳定一致的偏好，所以当备择项信息呈现方式改变而影响备择项间关系感知时，决策结果发生较大改变。那么，在与偏好无关的刺激判断中，通过改变图形排列顺序进而改变被试的比较策略，会影响吸引效应吗？以图4-2为例，要求被试在4个图形中挑选出一个面积最大的图形，组1（图形 B、C、D 面积相同，只是旋转了不同角度）和组2测试图形完全相同，只是改变了 A、B 的排列顺序，这是否会影响被试判断？两组测试刺激信息完备，若被试仅凭直觉信息加工做出判断，则两组选择结果应无差异。相反，由于 A、B 位置调换影响了图形关系感知，若两组选择结果有差异，则说明基于分析的逻辑和关联机制亦是导致吸引效应的根源之一。

在下面的A、B、C、D四个图形中，哪一个图形的面积看起来最大？

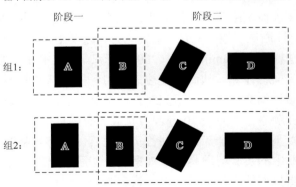

图 4-2　不同信息呈现方式下的吸引效应

人类经常使用"分组归类"这一信息编辑简化机制，由简到难，由类内比较到类间比较，分阶段地完成决策（Ha et al.，2009）。按相似性和邻近性两个原则归类，是简化图形面积判断任务的一个常用机制（Krishna，2007）。图 4-2 中，A、B 位置相邻且形状相似故可能被最先比较，B、C、D 相邻且难以比较，更可能放在第二阶段比较。物体相似性是影响判断准确度的一个关键因素（Haber et al.，2001），越不相似的图形，面积判断出错的概率就越高，能辨别出的差别越小（Tversky，1969），A、B 仅在高度维度上存在差异，很难出现判断错误；但 B、C 和 D 在两个对称维度都有角度偏转，增加了面积差异识别难度，更可能被认为面积无差异。因此，相对于组 1，组 2 中将诱引图形置于中间位置，更可能被作为面积对比的参考点，从而导致目标图形感知面积变大，竞争图形感知面积变小。基于上述分析提出假设。

假设 4-3：在图形面积判断任务中，图形排列方式对吸引效应有较大影响，相对于将目标图形放置于诱引图形和竞争图形之间，将诱引图形放置于目标图形和竞争图形之间而成为判断参考时，吸引效应强度更大。

下面通过开展两个实验，验证假设 4-1、假设 4-2 和假设 4-3。

三、实验 4-1：图形面积判断任务下信息加工模式对吸引效应的影响

（一）实验方法

实验 4-1 主要验证假设 4-1 和假设 4-2。

1. 实验材料与被试

实验材料为研究人员制作的"大学生基本素质能力测验"试题册，告知被试正在开展一项有关大学生基本素质能力的调查，旨在了解当今大学生能力结构和水平现状，随后要求被试回答一套能力测试题册，题册中包含 7 道"逻辑推理能力"题、5 道"个性测试"题、4 道"观察能力"题及 1 道图形大小判断实验题，这一思维操纵方法仿了 Hamilton 等（2007）研究。实验中使用的问卷见附录四。由于规则图形便于面积计算，从而诱使被试使用分析策略判断图形面积，思维操纵失败，在保证面积不变前提下，研究对正方形进行了圆角化处理。测试时要求被试严格按照题目顺序作答并在 30 分钟内完成所有题目。

为激发被试以不同信息加工模式回答实验题目，特将实验题目放在题册不同位置，直觉组题册中的实验问题是在"观察能力"题后出现，分析组题册中的实验问题是在"逻辑推理能力"题后出现，设定"个性测试"题是为了诱导被试对试题分类并转换做题思维。被试被随机分配到 2（情境集 1 VS 情境集 2）×2（分析思维 VS 直觉思维）4 个小组中去，"情境集"操纵方式如表 4-1 所示。实验被试为随机选择的 252 人（男 114 人，女 138 人）某校大学生，年龄范围在 19～25

岁，所有被试此前均未曾参加类似实验。为鼓励被试认真参与，所有被试实验后都获得适量报酬。

2. 实验过程

研究人员通过在校内公开发布信息募集到自愿被试后，按约定时间将被试集中到 4 个教室内，每个教室设 2 名督导老师以杜绝被试相互抄袭行为，在测试前特别强调研究是受公益组织委托，非为商用。所有被试并未知晓实验分组。实验结束后，每组随机抽取 20 名被试回答问题"你为什么觉得这个图形的面积最大？"研究人员对此问题不做任何追问，并逐字逐句记录被试回答。参与实验的被试共 252 名，剔除明显不合格者最后得到有效题册 240 份，记录 77 份。

（二）结果与分析

研究比照 Simonson（1989）的方法，使用出声思维报告（Think-aloud Protocols）检验思维启动情况。通过对比被试"选择原因"的回答字数发现，直觉组被试平均使用了 28.2 字，分析组为 38.9 字（去尾 5%），差异明显（$t=2.532$，$P=0.013$），证明分析组被试较直觉组进行了更细致的思考。

分析记录发现，被试答案可归为 2 类。

（1）仅仅基于直观感觉。如"A 肯定是最小的，B 和 C 感觉上好像差不多大，但直觉上觉得 B 要大点，所以我选择 B"。

（2）基于缜密分析。如"圆形的直径应该是与正方形的对角线一样长吧，记得好像是小时候吧，老师讲过，这种情况下，根据某个计算公式，应该是圆的面积最大，所以我选 B"。研究由 2 人分别对所有回答记录归类（内部信度为 0.83），有争议的选项最后讨论决定。统计显示两组被试选择原因差异明显[x^2（1）=5.927，$P=0.013$]，说明思维方式启动成功，具体统计见表 4-2。

实验 4-1 共出现 240 次判断（240 被试×1 个选择集），两种情境集中诱引备择项都没有被选择，但其诱引效果明显，见表 4-3。情境集 1 中 y 被选概率为 20.17%；情境集 2 中，d_y 加入后 y 被选概率显著增加 17.85%[x^2（1）=9.251，$P=0.002$]，效应强度系数 K 为 2.43。

表 4-2 直觉组和分析组的思维差异

差异		直觉组（n_1=39）	分析组（n_2=38）
报告长度/字		28.2	38.9
思维报告 N（%）	直观感觉	22（56.41）	11（28.95）
	缜密分析	17（43.59）	27（71.05）

表 4-3　实验 4-1 吸引效应及其强度

选项	选择集（N=240）			
	情境集 1 $\{d_x, x, y\}$	情境集 2 $\{x, y, d_y\}$	效应强度	
	n（%）	n（%）	ΔP/%	系数 K
x	95（79.83）	75（61.98）	−17.85***	K_1=2.43
y	24（20.17）	46（38.02）	+17.85***	
合计	119（100）	121（100.00）	0.0	

注：1）***表示 $P \le 0.01$，**表示 $P \le 0.05$，*表示 $P \le 0.1$，下同；

　　2）n（%）指选项在选择集中的被选数（被选概率）；ΔP（%）是指两不同情境集中选项被选概率变化程度，下同

　　假设 4-1 得到验证。此外，统计结果显示，所有被试中感觉大圆面积最大的人数（170 人）占总被试人数的 70.83%，这一结果和 Krider 等（2001）的研究结果（73.68%）大致相同。

　　统计结果显示不同信息加工模式下吸引效应明显不同，见表 4-4。在直觉信息加工模式下，情境集 1 和情境 2 中大圆 x 被选概率分别为 72.41%和 70.00%，变化不显著[χ^2（1）=0.084，P=0.772]，而在分析信息加工模式下吸引效应表现显著，诱引备择项导致备择项被选概率变化量达 32.79%[χ^2（1）=15.761，P=0.000]，效应强度系数达到 5.62。假设 4-2 得到验证。从另一角度看，同样是情境集 1，分析信息加工模式下目标备择项 x 被选概率显著高于直觉信息加工模式[χ^2（1）=3.867，P=0.049]；而在情境集 2，分析信息加工模式下目标备择项 y 被选概率同样显著高于直觉信息加工模式下的情况［χ^2（1）=3.246，P=0.072］，两种情况下的吸引效应强度系数分别为 2.52 和 1.98，同样说明分析信息加工模式比直觉信息加工模式下的吸引效应强度更大，假设 4-2 得到验证。备择项 x 被选概率变化情况如图 4-3 所示。

表 4-4　图形面积判断任务下不同信息加工模式对吸引效应的影响

集合	选择集（N=252）									
	直觉的信息加工				分析的信息加工				效应强度	
	d_x	x	y	d_y	d_x	x	y	d_y	ΔP_x/%	K
情境集 1n（%）	0（0.0）	42（72.41）	16（27.59）	—	0（0.0）	53（86.89）	8（13.11）	—	14.48	K=2.52**
情境集 2n（%）	—	42（70.00）	18（30.00）	0（0.0）	—	33（54.10）	28（45.90）	0（0.0）	15.90	K=1.98*
ΔP/%		−2.41（N.S）	2.41（N.S）			−32.79***（N.S）	32.79***			
强度 K		K=1.13				K=5.62***				

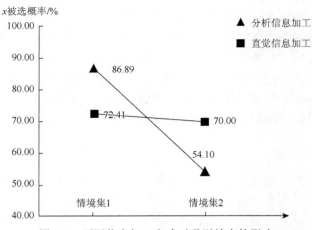

图 4-3　不同信息加工方式对吸引效应的影响

四、实验 4-2：图形面积判断任务下图形排列方式对吸引效应的影响

（一）实验方法

实验 4-2 主要验证假设 4-3。

1. 实验材料与被试

实验材料设计如表 4-5 所示。实验材料为研究人员设计的"大学生观察能力测验"题集，题集共包括 10 道观察能力测试题，每道题均包含一张图片，实验要求被试认真观察图片并回答一个与观察能力有关的问题。题集中有 8 道题随机抽取于观察能力测试题库，2 道题为实验题目，均包含一个判断图形大小的问题，分别排列在测试题的第 6 题和第 9 题。实验材料见附录五。

表 4-5　实验 4-2 中所使用的材料设计

集合	对照组		实验 1 组		实验 2 组	
集合 1	Ⓑ Ⓒ		Ⓐ Ⓑ Ⓒ		Ⓑ Ⓐ Ⓒ	
选项	$\{x \quad y\}$		$\{d_x \quad x \quad y\}$		$\{x \quad d_x \quad y\}$	
集合 2	Ⓑ Ⓒ Ⓓ		Ⓐ Ⓑ Ⓒ Ⓓ		Ⓐ Ⓑ Ⓒ Ⓓ	
选项	$\{x \quad y_1 \quad y_2\}$		$\{d_x \quad x \quad y_1 \quad y_2\}$		$\{x \quad d_x \quad y_1 \quad y_2\}$	

被试是 196 名大三本科生（男 56 人，女 140 人），年龄在 19～23 岁，来自某

校同专业、同年级的 3 个教学班，在年龄、专业知识背景等方面都较为同质，所有被试此前未曾参加类似实验。3 名被试由于选择缺失被剔除，3 名被试由于伪迹过多被剔除，最后参与统计分析的被试为 190 人（男 52 人，女 138 人）。被试按照教学班被分到 3 个小组中，一个对照组，两个实验组。实验中，对照组只呈现核心集，两个实验小组呈现情境集，实验题目呈现方式不同，诱引备择项和目标备择项的位置进行了调整，其他实验条件均相同。

2. 实验过程

实验过程在教室内开展。在正常行课中，当课程内容涉及就业能力议题时，身为任课老师的研究人员告知被试："观察能力作为职业能力的一个组成部分，受到用人单位越来越多的重视，为了解当代大学生的观察能力水平现状，将随堂进行一次观察能力测试，测试成绩将会在下次课反馈。"随后，研究人员在投影机中使用 PPT 依次播放 10 个测试图片，每个图片停留时间为 2 分钟，长度足够被试阅读、思考并写下答案。测试中严禁被试喧哗、交谈和提问，测试结束后由实验助理统一回收答案。3 个小组实验分别在 3 个教学班中进行，在同一天上午开展，各小组被试之间无条件沟通实验情况，实验总用时分别为 26 分钟、25 分钟和 28 分钟。5 个月后，研究人员从每组中随机抽取 10 名被试参与一个补充测试，所测图形与前相同但判断任务不同，在确定目标图形 x 的面积大小为 100 分的前提下，要求被试为其他图形估计一个精确的分数。

（二）结果与分析

实验 4-2 一共出现 380 次选择（190 被试×2 个选择集）和 190 次赋值，被试选择结果见表 4-6。同实验 4-1 结果相似，集合 1 中选择大圆的被试占大多数（79.47%）；

表 4-6　图片刺激不同呈现方式对吸引效应的影响

集合		选择集（N=190）						
		集合 1			集合 2			
		d_x	x	y	d_x	x	y_1	y_2
对照组（n=54）	n（%）	—	40（74.07）	14（25.93）	—	10（18.52）	13（24.07）	31（57.41）
实验 1 组（n=65）	n（%）	0（0.00）	49（75.38）	16（24.62）	4（6.15）	14（21.54）	13（20.00）	34（52.31）
实验 2 组（n=71）	n（%）	0（0.00）	62（87.32）	9（12.68）	1（1.41）	29（40.85）	9（12.68）	32（45.07）
ΔP_1（%）	/%	—	1.31	−1.31	—	3.02	−4.07	−5.10
ΔP_2（%）	/%	—	13.25**	−13.25**	—	22.33**	−11.39**	−12.34**
ΔP_{12}（%）	/%	0.00	11.94*	−11.94*	−4.74	19.31*	−7.32	−7.24

注：假设检验时，集合 2 中选择 d_x 的被试被视为缺失值

集合 2 中，选择长边为底边长方形的被试占多数（60.63%）。根据 Krider 等（2001）提出的双维度判断原则，这一结果应该是其拥有独特的底边长度优势所致。

对于集合 1，相对于对照组，实验 1 组中大圆 x 在小圆 d_x 的衬托下，被选概率增加不显著[χ^2（1）=0.027，P=0.870]，而实验 2 组中增加显著 13.25%[χ^2（1）=3.586，P=0.058]；实验 1 组中有 49 名被试选择了大圆 x，占总人数的 75.38%，在实验 2 组中，大圆 x 被选概率增加到 87.32%，增加了 11.94%，统计显著[χ^2（1）=3.224，P=0.073]；无论实验 1 组还是实验 2 组，诱引备择项 d_x 都没有被任何被试选择。这一研究结果表明，图片呈现的排列方式确实影响了吸引效应的强度，假设 4-3 得到验证。

由于吸引效应主要是测量在诱引备择项存在时原各备择项相对被选概率变化，研究依照 Mourali 等（2007）的做法，集合 2 在假设检验时排除了选择诱引备择项的样本。结果显示，相对于对照组，实验 1 组中目标备择项 x 被选概率增加不显著[3.02%，χ^2（2）=0.380，P=0.827]，实验 2 组显著增加 22.33%[χ^2（2）=8.069，P=0.018]；实验 1 组中有 14 名（21.54%）被试选择 x，但在实验 2 组中，选择人数增加到 29 名（40.85%），显著增加 19.31%[χ^2（2）=5.428，P=0.066]，假设 4-3 同样得到验证。

补充测试结果见表 4-7。可以看出，被试会显著夸大相似图形面积差异，对比效应明显。虽然小圆和大圆原始比例为 87.5：100，被试估计比例却为 77.8：100 [t（19）=6.055，P=0.000]，但这种估计偏差并不受位置变化影响，实验 1 组和 2 组对小圆面积估计近似相等[F（18）=0.205，P=0.810]，但竞争图形的判断受位置影响较大，当正方形与小圆相邻时其面积较其他两种情况被低估了 3.9 分（F=2.872，P=0.074）。集合 2 和集合 1 的情况相同，这一结果从另一侧面证实了假设 4-3 的形成机制推断。

表 4-7　面积相似性差异下的图形面积估计

集合	面积估分 P（SD）						
	集合 1			集合 2			
	d_x	x	y	d_x	x	y_1	y_2
对照组（n=10）	/	100.00（0.00）	97.30（3.53）	/	100.00（0.00）	100.00（.94）	101.20（2.35）
实验 1 组（n=10）	77.40（7.97）		97.30（5.33）	89.30（3.02）		99.60（.97）	101.00（2.00）
实验 2 组（n=10）	78.20（6.66）		93.40（3.47）	88.60（2.27）		96.80（2.82）	96.00（4.11）
总计 P（SD）	77.80（7.16）		96.00（4.46）	88.95（2.63）		98.8（2.65）	99.4（3.76）

注：集合 1 中实际面积比 d_x：x：y=87.5：100：100；集合 2 中实际面积比 d_x：x：y_1：y_2=92：100：100：100

五、小结

（一）研究结论

一直以来，学者们认为决策者的选择反映了他们的偏好，所以决策研究多是以偏好为视角展开。多数学者认为偏好不确定性是吸引效应产生的根本原因（Simonson，1989），一是决策者不确定特定属性值到底能够带来多大效用，二是决策者不确定对各属性组合的偏好程度（Huber et al.，1982），所以只能根据情境线索做出决策，从而诱导吸引效应。作为决策偏差的一种，吸引效应常被用来论证偏好的高度情境依赖特性（Highhouse，1996；Herne，1997）。而事实上，早就有学者提出，吸引效应的传统研究范式不仅无法屏蔽被试的属性相对偏好、背景知识等因素干扰，也由于其信息特点而有夸大吸引效应之嫌（Ratneshwar et al.，1987；Frederick et al.，2008）。本节研究使用图形面积判断任务代替传统的双属性决策任务，实验任务明确、答案唯一，被试通过视觉接受刺激，不受自身偏好干扰。即使如此，一个无关刺激图形加入判断集，人们对图形相对大小判断也发生显著变化。这一结果表明，吸引效应不仅存在于对商品、人物、方案等偏好决策中，在视觉刺激判断中也依然存在，结论延伸了吸引效应的应用领域，拓展了吸引效应研究的视角。

虽然早有学者从信息加工机制角度讨论吸引效应的成因，但对其究竟产生于直觉的还是分析的信息加工阶段，依然存在争论。直觉是一种内隐的、联想的、自动的加工过程，而分析是一种外显的、受规则制约的、控制的加工过程。本章按信息加工特点，将以往文献中提出的各种吸引效应解释进行了归类，见图4-4。本章提出吸引效应形成的双阶段模型，认为吸引效应更可能是两种信息机制叠加的结果。研究结果发现，相对于直觉，当被试处于分析信息加工模式下做图形面积比较时，吸引效应显著增加。由于面积判断任务更可能是一个直觉的过程而不是一个分析的过程，这一结果很难用强化机制解释，进而证明分析信息加工阶段的各种机制也可有效解释吸引效应。

一个有趣的结果是，出声思维报告发现，虽然分析组比直觉组被试（71.05% VS43.59%）更多地使用了逻辑推理策略解释其选择，但这些"数学推理"多是基于某种直觉感知，如"看起来圆形 B 的直径和正方形 C 的边长一样，通过面积公式可以计算出，C 的面积要大些"，事实上，仅有极少数被试（2 例）将目标图形和诱引图形的占优关系作为选择理由。本书认为这很可能是一种自我报告偏差，被试并不愿承认自己受图形间占优关系影响，毕竟，根据逻辑推理完成一个直觉判断任务，会让人觉得很"愚蠢"。需指出，实验中出声思维报告样本量不大，且未考虑自我报告偏差、选择确信程度等因素的影响，今后研究可设计更完善的实验方法去探究两者间关系。

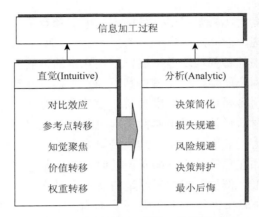

图 4-4　吸引效应形成的双阶段模型

信息呈现方式会影响其编辑方式，因此吸引效应中选项的不同排列方式应该会影响决策判断，遗憾的是尚未有研究讨论这一问题。实验 4-2 通过改变图形排列顺序，成功诱发被试两种信息编辑方式，结果发现，当诱引图形放置于目标图形和竞争图形间而成为判断背景时，吸引效应强度更大。框架效应（Framing Effect）认为，相同信息的不同表征会导致决策产生不同的结果（Kahneman et al.，1984），上述结果很可能是改变了被试判断任务的心理表征形式所致，把诱引图形放置于目标图形和竞争图形之间，其更容易被作为前两者判断比较的参考点，进而增加了目标图形的优势。

（二）研究意义

本书的研究成果具有重要的理论和现实意义，使用信息加工的双阶段理论对吸引效应机制重新进行了归类，并探索了它们之间的关系，加深了人们对吸引效应产生机制的理解。本节的研究拓展了吸引效应的研究领域，发现吸引效应不仅会出现在消费、投资、员工招募、选举投票等决策行为中，还影响人们日常生活中的刺激判断，具有重要理论意义。研究结论还具有重要的实践意义，但也存在着一些不足与局限：关于信息呈现方式对吸引效应的影响研究中，图集样本偏少，今后应扩大图集样本以验证实验结果的普遍存在性，还应将结论拓展到应用领域，以验证研究结果的外部有效性。

第二节　吸引效应在不可比较选择集中的表现

基于属性的权衡对比机制指出，目标备择项 x 和竞争备择项 y 之间属性的权衡机制引发吸引效应，但其产生有一个前提条件：x 和 y 必须拥有相同的属性。以往吸引效应研究中的备择项均是可进行属性比较的，其典型的实验材料设计方法是选取某产品的两个属性，然后调整其不同水平构成互有优势的备择项和一个被不对称占优的诱引备择项，这种实验材料设计方式存在一定的缺陷。首先从理论上看，这种实验材料设计方式中属性权衡机制和占优机制均起作用，无法有效分离两种机制的效力。其次，在实际购物情境中，消费者的购买比较经常是超越产品属类界限的，如在预算约束下购买商品时，就面临选择一类商品而不得不放弃另一类商品的情形。例如，很多时候消费者不仅是在不同型号或品牌的照相机间做出决策，也需在照相机和 MP3 两种不同商品中抉择。此外，即使消费者购买了同一类产品，也无法满足直接对比共享属性大小的条件，因为现实中企业由于技术实力或定位原因，产品的属性设置可能各不相同，因此考虑不可比较选择集中吸引效应的表现如何，是一个有较大意义的研究议题。再则，以往吸引效应研究常聚焦于决策结果表现和潜在形成机制两个方面，较少考虑其对决策者内在因素的影响，选择集结构差异在引发吸引效应的同时，是否也会影响消费者的心理感受，如诱引备择项加入选择集后是否可以显著增强消费者的决策信心，减少其决策难度的感知，等等，需要研究解答。最后，以往研究也未探讨吸引效应对消费者延迟决策倾向的影响，如选择集中存在占优关系是否会促使消费者做出决策而不是延迟购买，如果是，则可为吸引效应的应用提出新的应用价值，毕竟对于很多零售商店而言，它们往往更关心消费者是否在店内做出了购买决策，而不关心他们到底在店内购买了哪个品牌或产品型号。

本节将基于不可比较选择集，通过实验设计研究逐一解答上述问题，如果吸引效应在不可比较选择集中也出现，则再次证明使用基于备择项的价值判断机制可单独解释吸引效应。

一、理论推演与研究假设

（一）备择项无法直接比较时的吸引效应

伴随着现代社会的发展，人们所处的决策情境日渐丰富，所需做出的选择、判断日益增多。近年来，由于吸引效应挑战了基于偏好独立性原则建立的各种偏好选择模型，研究选择集结构因素对个体偏好的影响成为一个新的热点问题。以往的吸引效应研究中，无论是实验室实验还是现场实验决策情景，个体面临的备择项都属于同类产品且具有相同的属性，这种设计不仅容易夸大吸引效应，也无法解答现实生活中的特殊决策问题。在实际应用中，个体所面临的决策范围往往是超越产品属类界限的，特别是在受到预算约束时更是如此。如一个大学生决定在年底将结余的生活费用于娱乐消费，需要在一个长途旅游和新款手机中做出决策；抑或是准备将结余用于学习，需要在购买电子阅览器和参加一个英语培训项目间做出决策。在这种情况下，进入最终决策选择集的备择项数量及相对占优关系是否会影响决策结果？不对称占优备择项会否像在可比较选择集中一样发挥同样的效力？

想象这样一个决策问题：假如你参加某家电卖场的抽奖活动并幸运地抽到一等奖，但可供选择的商品只剩下家用小洗衣机和微波炉两种（市场价格均为 600元），选择信息如下：

x 备择项：Galanz 微波炉，容量 20L，微波功率 700W

y 备择项：Haier 家用小洗衣机，全自动波轮，洗衣容量 4kg

你会做出何种选择？

如果可供选择的商品中，还多有一款微波炉，信息如下：

x 备择项：Galanz 微波炉，容量 20L，微波功率 700W

d_x 备择项：Galanz 微波炉，容量 20L，微波功率 500W

y 备择项：Haier 家用小洗衣机，全自动波轮，洗衣容量 4kg

此时你又会做出何种选择？

备择项具有可比较性是指它们是否具有相同属性，传统研究中备择项都是可比较的，此时决策任务是根据共享属性不同水平在备择项间权衡比较并选择。当选择集中产品不属于一类或属性无法直接比较时，本书称之为不可比较选择集，此时消费者不能根据共享属性水平做选择，决策任务不再是属性权衡，而是不同产品满足的需求欲望间的权衡，此时就需要一个侧重于高层次考虑因素的判断标准，如整体价值、本质或享受。考虑人的欲望相对稳定且难以改变，其受选择集结构因素的影响也应更小，所以在不可比较选择集中吸引效应似乎难以发生。

即便如此，考虑决策过程中离不开感知和判断，而刺激感知和判断是高度情境依赖的，所以在不可比较选择集中出现吸引效应也极有可能，可用聚焦效应和对比效应两种机制解释，见图 4-5。聚焦效应是指当选择集中同类产品数量增加时，会吸引消费者更多的注意力，从而使该类产品的被选概率增加。具体而言，在图 4-5（a）中，当消费者在微波炉 x 和洗衣机 y 中决策时，一个略差的微波炉 d_x 加入使选择集中微波炉可供选择数量增加，从而增加了该类产品在消费者心理中的份额，使其被选概率增加，进而引发吸引效应。另外一种可能的机制是对比效应，如图 4-5（b）所示，在一个略差的微波炉 d_x 的衬托下，消费者高估了微波炉

x 的效用，导致吸引效应。

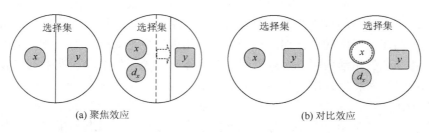

(a) 聚焦效应　　　　　　　　　　　　　　(b) 对比效应

图 4-5　不可比较选择集中吸引效应的两种产生机制

由以上推论本节提出以下假设。

假设 4-4：向不可比较选择集内加入一个不对称占优备择项，会显著增加目标备择项相对于竞争备择项的被选概率。

（二）吸引效应与决策难度、决策信心及延迟决策

1. 吸引效应与决策难度

影响选择难度的两个重要的选择集特征因素是选择集内备择项及其属性的数量和可比较性（Luce et al.，2000）。通常而言，随着备择项数量的增加，被试需要考虑更多备择项的属性，付出更多的努力获取备择项信息，并且在更多的备择项间进行权衡，选择集数量的增加提升了选择集的复杂性，被试在选择集内进行选择的难度更大。由此似乎可以推论，在核心集中加入诱引备择项后，选择集内备择项增加，需要两两对比的备择项对和属性对也增加，消费者感知到的决策难度应该增大。但 Iyengar 和 Lepper（2000）指出，通常人们更愿意选择集中有数量更多的备择项，选择集大小影响决策难度的原因并不是表象的备择项多少，而是备择项数量的增多增加了个体对比的难度，个体需要付出更多努力来区分备择项的优劣，使个体承受了更多的得失权衡和选择负担。倘若增加备择项反而简化了备择项的对比，则有可能会减少对决策难度的感知。

不可比较备择项的决策标准不容易获得，消费者需付出额外努力建立这种标准，这就加大了其决策难度感知。消费者面对的选择集大小不同，采用的决策策略也不同。消费者是自适应决策者，其决策策略是依据决策环境的特点而定的，认知局限使人们寻找方式来简化决策。例如，认知能力的制约驱使人们通过采用令人满意的准则进行选择，而不是主观效用最大化原则，从而使决策变得简单，并通过这种方式限制决策付出，节省认知资源（Johnson et al.，1988）。所以，当选择集中备择项增加超出消费者的计算能力时，可能会驱使消费者简化决策，从

而使用易得的启发式决策策略，此时消费者倾向于只依赖整体信息中与决策最密切的一小部分做出决策，也更喜欢使用排除规则。基于以上分析，本书认为，在不可比较选择集中加入一个备择项虽然会增加决策复杂性，但如果此备择项和某原备择项具有共同属性且具有完全占优关系，反而可为决策者提供一种选择理由，简化决策过程，进而降低其感知决策难度。基于以上分析，本节提出如下假设。

假设 4-5：向不可比较选择集内加入一个不对称占优备择项，消费者感知到的决策难度会显著降低。

2. 吸引效应与决策信心

决策信心是指个体在进行决策和判断时，对其决策最优性或正确性的自信程度（Peterson et al., 1987）。决策信心是一种心理特征，个体在日常生活中进行决策或判断时，会不自觉地形成决策信心，决策信心也会影响决策的过程，人们从4岁开始就能够表达信心程度（Moore et al., 1993），它在个体决策中扮演重要角色，是决策过程中连接认知和情绪的纽带，人们通常认为自信的决策更准确。

大量研究发现，选择集特征对消费者决策信心和决策满意度产生较大影响（Chernev, 2003）。消费者在大选择集内进行选择，存在潜在优良替代备择项的可能性降低，对选择更有信心，但备择项增多会降低决策满意度，使其产生后悔情绪。通常情况下，消费者面临不同选择集的构成，其决策信心程度也会有所差异，虽然以往研究认为增加选择集中备择项数目让决策者面对过多选择会降低决策信心，但其决策情景多是可比较选择集，且所增备择项和原备择项间不具有占优关系。本书则认为，不可比较选择集的决策困境主要来自备择项的不可比较性，若在其中加入可直接比较的备择项，且该备择项还被原备择项完全占优，这会极大地舒缓决策压力，增加决策者信心。因此，本节提出如下假设。

假设 4-6：与在不可比较选择的核心集内进行选择相比，消费者在加入诱引备择项的情境集内进行选择时，决策信心水平更高。

3. 吸引效应与延迟决策

延迟决策是指当个体在决策过程中应该选择的时候却拒绝选择的行为，包括不选择任何备择项或推迟选择，也就是延迟选择备择项的行为（Anderson, 2003）。以往吸引效应研究主要关注于强迫选择，通常要求被试必须在提供的备择项中做出选择，较少探析消费者的延迟决策行为。而在实际生活中，个体很可能由于对选择集中的备择项不满意，而选择暂时不做出选择，并继续寻找满意的备择项，不对称占优备择项的加入是否影响消费者延迟决策的倾向，是一个非常值得研究的议题。

选择集特征会影响消费者延迟决策行为。影响延迟决策的主观因素主要有两种：偏好不确定性和负面情绪，均和决策难度有密切关系，当决策难度很大时，个体倾向于延迟决策或延迟选择备择项。当备择项或属性信息增加时，决策者在不同特性间权衡的工作量加大，从而产生更多的负面情绪——情绪性权衡困难，此时最大程度减少负面情绪成为决策者的一个重要目标，延迟决策成为其降低负面情绪的有效途径。以往研究表明，相对于备择项数量少的选择集，消费者在备择项数量更多的选择集内进行选择时，选择集在最初呈现时高度吸引被试，消费者也对备择项数量感到满意，然而在进行选择时消费者对决策过程感到不满意和后悔，并且降低了消费者购买产品的动机（Iyengar et al.，2000）。也就是说，与面对较小的选择集相比，当消费者面对较大的选择集时，由于备择项数量增多，备择项整体吸引力上升导致个人经验发生冲突，个体更倾向于推迟决定，寻找替代方案、选择默认备择项或不选择。也有研究发现，相对于存在明显占优关系的选择集，决策者在不存在明显占优关系选择集中延迟决策的概率更大，因为占优关系降低了个体的偏好感知风险，个体倾向于延迟决策。

基于以上分析，本书认为个体在不可比较选择集中进行选择时，备择项间占优关系依然会对延迟决策产生影响。不可比较选择集中的不对称占优备择项能够降低个体的偏好不确定风险，个体延迟决策的概率降低，因此提出如下假设。

假设 4-7： 当消费者在不可比较选择集内进行选择时，向选择集内加入一个不对称占优备择项，消费者延迟决策的概率会显著降低。

二、研究设计及研究结果

（一）实验材料和样本选择

本节用 3 个实验验证假设。实验所使用产品信息见表 4-8，各产品属性设置均参照市场真实产品情况。

表 4-8　研究实验刺激材料属性及水平

实验	选择集项目构成	备择项	属性值或产品 1	属性值或产品 2
实验 4-3 和 实验 4-4	（洗衣机，微波炉）	x 洗衣机	全自动波轮	洗衣容量 4kg
		y 微波炉	容量 20L	微波功率 700W
		d_x	全自动波轮	洗衣容量 3kg
		d_y	容量 20L	微波功率 500W
	（洗发水，纸巾）	x 洗发水	去屑型 200mL×2	水润型 200mL×2
		y 纸巾	卷筒纸 4 提	抽纸 6 盒

续表

实验	选择集项目构成	备择项	属性值或产品 1	属性值或产品 2
实验 4-3 和 实验 4-4	（洗发水，纸巾）	d_x	去屑型 200mL×2	水润型 200mL×1
		d_y	卷筒纸 4 提	抽纸 3 盒
实验 4-5	（电子阅览器，英语套餐课程）	x 电子阅览器	6 寸墨水屏	4.0G 内存容量
		y 英语套餐课程	8 小时口语小班	3 个月免费网络课程
		d_x	6 寸墨水屏	3.6G 内存容量

以往研究并未发现人口统计特征如年龄、职业等因素会影响吸引效应，且使用学生样本也较为常见，本节的实验样本选择为高校学生。但考虑不同年级、专业的学生可能具有不同产品认知能力、产品知识储备和决策风险偏好等，为避免个体统计特征影响，实验尽量选取同一年级和专业的学生作为被试，保证样本同质性。所有被试均不具备研究相关理论知识，也未参加过类似研究，实验后抽样访谈证实被试并不了解实验真正目的。

（二）实验 4-3：不可比较选择集中的吸引效应表现

1. 实验设计和实验过程

实验 4-3 主要验证假设 4-4 和假设 4-5。

被试为四川某高校 360 名一年级本科生。实验在课堂上进行，研究人员要求被试填写一个包含两个购物决策的问卷，被试被随机分配到 3（集合：核心集 VS 情境集 1VS 情境集 2）个小组。核心集被试需在核心选择集{x, y}内选择；情境集 1 组被试需在情境选择集{x, y, d_x}内选择，此选择集比核心集多了一个被 x 完全占优的诱引备择项 d_x；情境集 2 组被试需在{x, y, d_y}内选择，其中 y 对 d_y 完全占优。实验问卷见本书附录六。

实验共发放问卷 360 份，问卷审核发现日常用品选择有 6 名被试存在项目空缺或明显不合逻辑选择，被剔除后获得有效样本 354 个，有效率为 98.3%；电器选择集下有 4 名被试被剔除，获得 356 个有效样本，有效率为 98.9%。问卷填写完成后共有 60 名被试被随机选中，对所做选择进行了感知难度等级评估。

2. 实验结果

实验中日用品购买共出现 354 次决策，出现了明显的吸引效应，如表 4-9 所示。在不可比较选择集中加入 d_x，x 被选概率从 53.8%显著提高到 66.7%（χ^2=8.196，P=0.017）；在核心集中引入 d_y 后，y 被选概率也从 46.2%显著提高到 60.0%

（χ^2=4.561，P=0.033）。吸引效应强度 K 分别为 1.85 和 1.75，假设 4-4 得到验证。实验中电器购买一共出现 356 次决策，也出现了明显的吸引效应。没有 d_x 时，仅有 45.0%的被试选择 x，引入 d_x 后其被选概率显著提高到 59.0%（χ^2=8.766，P=0.012）；d_y 加入不可比较选择集中，y 的被选概率从 55.0%显著提高到 67.5%（χ^2=8.131，P=0.017）。吸引效应强度 K 分别为 1.87 和 1.84，结果同样验证假设 4-4。

表 4-9　实验 4-3 中日用品购买各备择项选择人数及选概率

产品	选项	选择人数及选择率 n（%）（N_1=354，N_2=356）			K_1	K_2
		核心集	情境集 1	情境集 2		
纸品组合 VS 洗发水组合	y	54（46.2）	36（30.8）	72（60.0）	1.85	1.75
	x	63（53.8）	78（66.7）	48（40.0）		
	d_x	—	3（2.6）	—		
	d_y	—	—	0（0.0）		
洗衣机 VS 微波炉	y	66（55.0）	45（38.5）	81（67.5）	1.87	1.84
	x	54（45.0）	69（59.0）	36（30.0）		
	d_x	—	3（2.6）	—		
	d_y	—	—	3（2.5）		

不同组别被试感知决策难度评估均值见表 4-10。

表 4-10　感知决策难度显著性检验

感知决策难度	实验组别			假设检验					
	核心集	情境集 1	情境集 2	核心集 VS 情境集 1			核心集 VS 情境集 2		
				均值差	F	P	均值差	F	P
产品 1	5.53	5.85	6.11	0.32	7.477	0.418	0.58	1.397	0.219
产品 2	6.06	6.15	6.11	0.09	0.163	0.827	0.05	0.448	0.909

本书采用独立样本 t 检验来检验组间被试感知决策难度是否存在显著差别。两个产品试验中，加入诱引备择项的选择后，情境集 1 消费者感知决策难度分别高 0.32、0.09，情境集 2 消费者感知决策难度分别高 0.58、0.05，但这种变化不显著，假设 4-5 没有得到验证。

（三）实验 4-4：不对称占优备择项对消费者决策信心的影响研究

1. 实验过程与实验材料

实验 4-4 抽样原则和实验 4-3 一致。研究招募 60 名在校一年级本科学生，要求他们填写一个购物决策问卷，被试在不知晓的情况下被随机分配到 3（集合：核心集 VS 情境集 1VS 情境集 2）个小组中，问卷构成和实验 4-3 相同，只是要求被试每次购物选择完成后报告自己的决策信心。研究使用"决策-决策信心评估"实验范式，用"当下自信"反映消费者决策信心水平，决策信心量表包括 3 个问题："我有信心我做出了正确的选择""我确定我选择的选项是最好的"，以及"我不会对我的选择感到失望"（Fleck et al.，2006）。被试需要就以上 3 个问题给出 1～7 分的信心等级，详细信息见附录六。

2. 实验结果

决策信心量表内部一致性检验结果见表 4-11，3 个组别中的信度系数分别高达 0.943、0.892 和 0.936，具有非常好的内部信度。不同实验组别决策信心水平显著不同，加入诱引备择项的选择集决策组中，被试决策信心水平更高。相对于核心集，情境集 1 和情境集 2 的被试决策信心平均提高 0.56 分和 0.61 分。

表 4-11 决策信心量表内部一致性检验结果和决策信心水平

项目	Cronbach's Alpha 值			决策信心水平		
	核心集	情境集 1	情境集 2	核心集	情境集 d_x	情境集 d_y
1. 我有信心我做出了正确的选择	0.943	0.892	0.936	5.69	6.32	6.32
2. 我确定我选择的选项是最好的				5.80	6.05	6.33
3. 我不会对我的选择感到失望				5.69	6.47	6.33

独立样本检验结果显示情境集与核心集决策信心水平差别显著，如表 4-12 所示。加入 d_x 的情境集 1 内被试的决策信心水平（6.28）明显高于核心集 x 决策信心水平（5.72）（F=12.976，P=0.027）；加入 d_y 的情境集 2 与核心集相比，被试决策信心水平也显著高 0.61 分（F=8.290，P=0.03），假设 4-6 得到验证。

表 4-12 决策信心水平差异检验

实验组别的信心水平			组间决策信心水平差异检验					
核心集	情境集 1	情境集 2	核心集 VS 情境集 1			核心集 VS 情境集 2		
			均值差	F	P	均值差	F	P
5.72	6.28	6.33	0.56	12.976	0.027	0.61	8.290	0.030

（四）实验 4-5：不对称占优备择项对延迟决策行为的影响

1. 实验设计与实验过程

实验 4-5 招募 160 名在校大学生被试，并要求他们填写一份英语学习产品购买决策问卷。被试被随机分配到 2（核心集 VS 情境集）×2（有延迟备择项 VS 无延迟备择项）共 4 个小组，每组 40 名被试。核心集只包含两个不同类别产品 x 和 y，情境集中加入一个和 x 一样的产品且被 x 占优。实验使用的问卷见附录七。

2. 实验结果

被试选择情况见表 4-13，表中选项 d_{elay} 为延迟选项。从表中可看出，无论是否出现延迟备择项均发生吸引效应。无延迟备择项时，加入 d_x 使 x 被选概率从 45.0% 增加至 65.0%，显著增加 20.0%（$\chi^2=3.748$，$P=0.052$）；有延迟备择项时，d_x 使 x 被选概率显著增加 30.0%（$\chi^2=8.192$，$P=0.064$），这个比例增加得益于延迟备择项被选概率的大幅下降。两组数据吸引效应强度分别达到 2.27 和 2.26，需说明，由于 K 值主要反映 x 和 y 间的相对偏好变化，选择了诱引备择项和延迟备择项的被试对 x 和 y 间的偏好不确定，所以数据处理时将选择了这两个项目的被试临时作为缺失处理。

表 4-13　不可比较选择集中不对称占优备择项对延迟决策行为的影响

集合		选择集（N=160）						
		核心集			情境集			
		x	y	d_{elay}	d_x	x	y	d_{elay}
无延迟项（n=80）	n（%）	18（45.0）	22（55.0）	—	0	26（65.0）	14（35.0）	—
有延迟项（n=80）	n（%）	11（27.5）	13（32.5）	16（40.0）	0	23（57.5）	12（30.0）	5（12.5）
被选概率 P	%	−17.5	−22.5	40.0	—	−7.5	−5.0	12.5
吸引效应强度	K	$K_{无延迟项}=2.27$			$K_{无延迟项}=2.26$			

注：假设检验时，实验集合中选择 d_x 和 d_{elay} 的被试被视为缺失

实验显示，在核心集中加入延迟备择项后，延迟备择项得到高达 40% 的被选份额，而在情境集中加入延迟备择项，延迟备择项仅得到 12.5% 份额，这一结果和假设 4-6 可以相互印证。由于延迟决策是决策者缺乏信心的表现，根据假设 4-6 情境集下决策者信心更高的结论，其延迟决策的概率也应该更小，实验结果印证这一结论。从另一个角度看，有延迟备择项情形下，选择集中加入不对称占优备择项后延迟备择项被选概率从 40.0% 显著下降到 12.5%（$\chi^2=5.684$，$P=0.014$），同

样说明备择项间占优关系可大幅增加决策信心，减少其延迟决策的概率。

三、小结

研究将吸引效应研究拓展到不可比较选择集中，剥离了属性效用感知偏差的作用，单独考察了基于备择项的价值判断机制的解释作用，具有较大的理论价值。研究发现，在不同类别产品购买决策中，无论是单一产品还是组合产品都出现了明显的吸引效应，如实验 4-3 的日用品决策中，引入 d_x 使得对其占优的 x 相对被选概率显著提升 12.9%（$\chi^2=8.196$，$P=0.017$）；引入 d_y 使得对其占优的 y 相对被选概率显著提升 13.8%（$\chi^2=4.561$，$P=0.033$）。实验后对少数被试的深入访谈发现，部分被试在选择时并没有两两对比备择项，而采取了先决定属类再决定备择项的策略，他们之所以选择目标备择项仅仅是因为此类产品有更多选择，这一结果从侧面印证了研究有关知觉聚焦效应的推断。

决策研究不应只关注决策结果，还应关注决策者本身主观心理变化情况，当决策选择集构成发生改变时，决策者决策信心水平也不尽相同，而以往吸引效应研究并未涉及这一重要议题。实验 4-3 结果表明不同组别的消费者感知决策难度没有显著差别，假设 4-5 没有得到验证，出现这种情况的可能原因是，诱引备择项的引入扩大了备择项数量，消费者需付出更多努力分析备择项信息，并且在更多的备择项间进行权衡，从而导致选择的复杂性和选择难度上升，这可能在一定程度上抵消了研究预测的效应，今后的研究需要进一步完善实验设计，将这两种效应有效分离，进一步验证假设 4-5。通过对比消费者决策信心水平发现，在不可比较选择集内加入诱引备择项能显著提高消费者决策信心水平，与核心集相比，两个情境集中消费者决策信心平均要显著高 9.7% 和 10.7%。

实验亦发现，诱引备择项可以显著降低消费者延迟决策的概率，考虑"不买任何产品"或"延迟购买时间"多是缺乏信心所致，所以假设 4-6 和假设 4-7 可以相互印证。该结论对指导营销实践具有较大的意义。对于零售商店来说，消费者推迟购买决策往往意味着销售机会的丧失，所以不同于生产厂商，他们更喜欢消费者及时购买而不是推迟购买，并不关心消费者选购何种品牌商品。此外，有调查发现，消费者在一次购物过程中至少进行一次非计划性购买的比率非常高，如在百货公司购买时占产品的 39% 以上，而超市为 50% 以上，打折店中的购买甚至会高达 62%，2011 年美国零售协会披露的调查数据显示其概率高达 70% 以上（Bell et al.，2008）。研究结论表明，在不可比较选择集购买情境下也可诱发吸引效应，提高消费者对某类商品的偏好程度，促进及时消费行为和非计划性购买行为。本节的研究结论对商店商品陈列、营销活动的设计等实践提供了理论依据。

第五章 心理距离和决策框架对折中效应的影响研究

折中效应是情境效应中另一个备受关注的研究对象，它最早由 Simonson（1989）提出，是指当特定备择项移入选择集改变了备择项间的相对位置，从而使原选择集中某备择项成为折中备择项时其相对被选概率增加。以表 5-1 中 Simonson（1989）的实验设计为例，实验要求被试在只了解电池预期寿命和腐蚀概率情况下购买一种电池品牌，实验结果表明，虽然品牌 *a* 和品牌 *d* 不可选（Unavailable），被试在{*a*，*b*，*c*}中选择时，*b* 被选概率为 66%，*c* 为 34%；而当被试在{*b*，*c*，*d*}中选择时，*c* 被选概率从 34%上升到 60%。同吸引效应一样，这一实验结果同样违背了古典经济学的效用恒定性原则，也违背了 Luce（1977）的"不受无关选项干扰"原则。

表 5-1   Simonson（1989）实验中备择项信息

品牌	预期寿命/小时	腐蚀概率/%
a（不可选）	10	0
b	12	2
c	14	4
d（不可选）	16	6

因为折中效应的大部分解释机制和吸引效应一样，所以在最早的研究中多将其看成是吸引效应的一种特殊形式。但鉴于解释折中效应的机制有一些是它独有的，所以很多研究将其单独列出来研究。本章将呈现两个有关折中效应的研究，探讨心理距离和决策框架（选择 VS 排除）对折中效应的影响。

第一节   心理距离对折中效应的影响

一、折中效应研究的发展动向

从提出至今，折中效应受到很多关注，无论是在实验研究还是在真实市场中均获大量证实。在最初提出的 20 世纪 90 年代，折中效应形成机制是研究的热点。学者们普遍认为折中效应产生根源是偏好不确定性，人们通常不是根据备择项的需求满足情况做选择，而是通过比较各备择项的相对关系做出决策（Simonson et al.，1995），这样可以简化决策过程，减少思考成本（Wedell，1991）。学者们认为人们具有辩护其决策或向他人解释决策原因的倾向（Simonson，1989；Shafir et al.，1993），这有助于加强其决策信心进而减少认知失调，所以当备择项各有优劣难以取舍时，选择兼顾两个属性的中间项是一种"正当理由"（Simonson，1989）。学者们普遍认为折中效应是一种损失规避行为（Simonson et al.，1992；Brenner et al.，1999），选择折中备择项可以有效地降低决策风险（Sheng et al.，2005），因为相比折中备择项，极端备择项的"大损失"和"大获得"拥有较大的风险，这使其失去了相对优势。

进入 21 世纪，学者们开始热衷于探究影响折中效应的因素。一些研究发现，决策者谨慎而细致的思考（Deliberation）会增强折中效应（Busemeyer et al.，2007），此外，要求个体为选择做出自我辩护（Self-jutisfication）的理由越多，其选择折中备择项的概率就越高（Goldsmith et al.，2010）。甚至决策过程的流畅性（Fluency）也会影响折中效应，在 Novemsky 等（2007）的研究中，他们将实验材料信息打印得昏暗重影、难以辨认，使决策者选择折中备择项的概率增加了。

一些个体因素也影响折中效应。有研究发现，决策者对自己越自信就越不容易受到折中效应的影响（Chuang et al，2013）。消费者的自我调节聚焦（Self-regulatory Focus）也会影响折中效应，具有"规避性动机"的个体比具有"促进性动机"的个体更容易出现折中效应（Mourali et al.，2007）。Simonson 和 Nowlis（2000）的一项研究发现，那些追求独特性的被试更偏好极端属性，也就更不易出现折中效应。甚至消费者的身体状态也会对折中备择效应有影响，一项研究发现，消费者身体失衡会激活平衡的概念，所以相比投掷飞镖，要求被试在决策时做瑜伽动作，会增加其选择折中备择项的概率（Larson et al.，2013）。但有研究发现，不同于消费决策，在管理决策中折中效应会减弱甚至反转（Simonson et al.，1995），这可能是折中效应被群体决策的风险分散效应所冲抵。

近年来，个体信息处理方式对折中效应的影响成为研究热点。有研究发现，在被试决策时增加其他任务从而增加决策者自控资源损耗程度（Pesource Depletion），会迫使其采用直觉的信息加工方式处理决策问题，导致折中效应减弱（Pocheptsova et al.，2009）。要求被试在时间压力下做出决策，也有相似的效应。大量研究发现，时间压力降低了折中效应（Lin et al.，2008；Dhar et al，2000；Pettibone，2012），此时消费者处理决策信息时趋向于减少属性的权衡对比，只关注一个属性做出决策。Goldsmith 等（2010）甚至认为，相对于无意识决策，详细思考并仔细决策有时反而会阻碍人们权衡决策标准的天然能力，使其更易受折中效应影响。另外有研究发现，在决策前将备择项属性水平提前暴露给决策者，可以引发决策者无意识地评价而对折中效应免疫（Carlson et al.，2006）。此外，相比认知评价策略，依赖情感评价的决策会减少折中效应，因为有着"清晰描述"的极端备择项易引发明确情感，而模棱两可的折中备择项易导致矛盾情感，从而抑制了选择折中备择项（Pham et al.，2010）。总体而言，信息处理方式对折中效应影响的研究依然有很多方面需要深入挖掘。

二、心理距离与折中效应

（一）解释水平理论

对于同样的刺激信息，不同的信息处理风格会改变人们的关注点和信息加工过程，从而显著地影响判断和选择。解释水平理论又称构建水平理论（Construal Level Theory，CLT），是一种社会认知理论，最初由 Liberman 与 Trope 于 1998 年提出，该理论认为人们对同样的刺激可能形成不同的心理表征。Liberman 和 Trope（2003）把抽象、简单、去背景化等类型的心理表征定义为高水平解释；把具体、复杂、非结构化等类型的心理表征定义为低水平解释。目前，学术界普遍以心理距离界定影响解释水平的因素，并认为社会距离、时间距离、概率距离和空间距离是其 4 个主要维度（Liberman et al.，2007；Liberman et al.，2008；Trope et al.，2003）。解释水平理论认为这 4 种心理距离维度相似，都以自我直接经验为参照，具有相同原点，事件发生的概率越小、时间越久远、空间越远、社会距离越远，则其心理距离越远，人们越倾向于采用高水平解释（Bar-Anan et al.，2006；李雁晨等，2009）。

（二）心理距离对决策的影响

心理距离对决策的影响最近获得较多关注，其对跨期决策（陈海贤等，2014）、风险偏好（段锦云等，2013）、决策后悔度（段锦云等，2014）、决策价值偏好（王财玉等，2013）等均有影响。具体到各个心理距离维度，以往研究表明（如下几个方面）。

（1）社会距离维度。社会距离（Social Distance）是指个体自我和社会客体之间的差异大小，如自我-他人、群体内-群体外、朋友-陌生人等，其中研究最多的是自我-他人决策差异。Polman 和 Emich（2011）研究表明，在人们的思维系统中，为自我和他人做决策是不同的，所以存在解释水平的区别。具体而言，人们为自我决策时心理距离近，采用低水平解释，也更关注决策结果的可行性（Feasibility，即手段）；而为他人决策时采用高水平解释，更关注决策结果的渴求性（Desirability，即目标）。徐惊蛰和谢晓非（2011）的研究也得出相似的结论，发现人们为自己决策比为他人提建议更易受可行性高低的影响，更偏爱可行性高的选项。此外，有研究发现，人们预测自己未来的偏好与他人偏好相似，与当前自我则不同（Pronin et al.，2008）；人们为自我决策时通常会全面衡量、综合考虑，为他人决策时则更容易聚焦于某单个方面（Kray et al.，1999）。

（2）时间距离维度。时间距离（Temporal Distance）是指个体以"此时"为基准，对事件发生时间远近的感知。Liberman 和 Trope（1998）指出，人们为未来遥远的事件决策时，采用高水平解释，注重事件的性质——"为什么"，更强调活动的目标性；相反，在为临近事件决策时，采用低水平解释，注重事件的方式——"怎么做"，更强调活动的手段性。而其后一些研究表明，时间距离加大会影响人们的关注点，使其更看重收益，而不看重风险和损失（Trope et al.，2003；陈海贤等，2014）。

（3）概率距离维度（又称假设性距离，Hypotheticality）。Wakslak 等（2006）通过一系列研究发现，在小概率情境下，由于感知到的心理距离遥远，被试更倾向于对事物进行一般性的、抽象的描述；相反，在大概率情境下，被试倾向于对事物进行低水平解释。于是他们将假设性距离（即概率距离）归为心理距离的维度之一，是指认知个体感知到的事件发生的可能性大小。Armor 和 Saxkett（2006）的实验发现人们在确定发生事件情境中，做出的预测或决策更加保守与准确；在小概率事件情境中，做出的预测或决策往往过度乐观与自信。

（4）空间距离维度。空间距离（Spatial Distance）是指人们以"此地"为参照点，对事件相距空间远近的感知。已有研究表明，当与产品空间距离远时，人们更易受核心属性影响，距离近时次要属性开始影响选择（Fujita et al.，2008）；相比现时现地，为他时他地决策时人们偏好有更少选择的选择集（Goodman et al.，2012）；身体距离越远，人们感知到决策任务的难度越小（Thomas et al.，2012）。

（三）心理距离对折中效应的影响

Khan 等（2011）最早探讨了解释水平对折中效应的影响，研究发现，对于同样的选择，高解释水平会降低人们对属性补偿性权衡（Compensatory Trade-offs）的可能性，从而减少折中效应，此议题仍需进一步深入研究。首先，该研究通过让被试写下"这周末"或"下一年末"想要达到的目标来操纵解释水平，而在现实中，不同心理距离的决策更为普遍。人们很多时候做出的选择并非发生在当时、当地或确定的，如人们购物时可能需要预测自己后天早上更喜欢吃什么早餐，或需要预测自己的家人更喜欢什么早餐，所以探讨自我-他人、现在-未来、远距离-近距离、高概率事件-低概率事件等不同心理距离对折中效应的影响，具有较大的现实意义。其次，较早研究中出现过少数不符合折中效应的情况，如在权衡保险产品的覆盖百分比和保费、冰激凌的味道和脂肪含量、打赌获胜概率和奖励金额（Simonson et al.，1992），以及为企业做战略决策时（Simonson et al.，1995），折中效应消失或反转，考虑保险产品和打赌都涉及概率问题，冰激凌选择则面临现在享受和未来惩罚的权衡，战略决策也涉及当前投入和未来收益的权衡，心理距离因素是否在上述研究中起作用，以往研究未做出解答。最后，少数研究出现了和 Khan 等（2011）结论相悖的结果。有研究发现，相比为他人做决策，为个人做决策时折中效应反而变小（Chang et al.，2012），对解释水平的影响没有出现这一问题也需要进一步研究解答。

文献回顾表明，心理距离无论是对决策者关注点还是对其信息加工方式都有较大影响，心理距离的增加不仅会致使决策者规避权衡（Levav et al.，2010；Khan et al.，2011），也会降低负面情绪的强度（Van Boven et al. 2010）。心理距离越近，决策者越趋向于保守、仔细权衡，越综合考虑多个属性影响；心理距离越远，决策者越趋向于冒险、不仔细权衡，越倾向于关注某个单个重要属性。折中效应中折中备择项是一个相对保守的选择，它是决策者面对属性权衡困难时的一种补偿措施，当决策者减少了属性权衡，或仅关注某单个属性，自然会降低折中项的被选概率。为此，本书特提出如下假设。

假设 5-1：相比近社会距离，人们在为远社会距离的事情做选择时折中效应更小；

假设 5-2：相比近时间距离，人们在为远时间距离的事情做选择时折中效应更小；

假设 5-3：相比近空间距离，人们在为远空间距离的事情做选择时折中效应更小；

假设 5-4：相比为确定或高概率事情做选择，人们在为低概率事情做选择时折中效应更小。

三、不同心理距离对折中效应的影响探析

笔者开展实验 5-1，主要验证假设 5-1～假设 5-4。

（一）实验被试与实验材料

1. 实验被试概况

实验选择 280 名某校大学生参加实验，被试年龄在 18～25 岁，所有被试此前均未曾参加类似实验。为鼓励被试认真参与，所有被试实验后都获得适量报酬。实验采用 2（心理距离：近心理距离 VS 远心理距离）×2（选择集：核心集 VS

情境集）的组间设计，共形成 4 个随机组，每组分配 70 个样本，剔除回收问卷中存在空白项和明显有误样本后，最后获得有效样本 274 人（男 104 人，女 170 人），4 个实验组分别有 70、68、69、67 个被试。

2. 实验材料选择

实验材料中心理距离操纵方式、备择项属性及水平设置参照了以往研究，为验证效应一致性，每个心理距离维度都测试了 2 种产品决策，8 种产品实验材料从预调查的 20 余种产品中挑出，以保证被试对各产品属性具有相对均衡的偏好。实验材料设计具体情况见表 5-2。

表 5-2　决策情境设计与产品属性操纵

心理距离	操纵方式	产品类别	属性设置参考文献	属性	选项			
					a	b	c	d
社会距离	自己、室友	餐馆	杜青龙（2011）	· 就餐环境	70 分	75 分	80 分	85 分
				· 服务服务	85 分	80 分	75 分	70 分
	自己、亲人	计算机	Simonson（1989）	· 安装内存（RAM）	2GB	3GB	4GB	5GB
				· 处理器（CPU）	5GHz	4GHz	3GHz	2GHz
时间距离	后天、6 个月后	租房	Simonson（1989）	· 月租金	￥500	￥700	￥900	￥1100
				· 至工作地行走时间	40min	30min	20min	10min
	现在、4 个月后	电子书	新设计	· 内存容量	6GB	8GB	10GB	12GB
				· 免费图书资源下载	10GB	8GB	6GB	4GB
空间距离	600m、6000m	电影票	张全成等（2012）	· 电影票位置	居中	略偏	较偏	很偏
				· 赠品	无	小爆米花	大爆米花	大爆米花+可乐
	本城、非本城	净水器	Chuang 等（2012）	· 滤芯寿命	5700L	5000L	4500L	4000L
				· 保修期	12 个月	18 个月	24 个月	36 个月
概率距离	中奖、5%中奖	旅游线路	新设计	· 餐饮水平	90 分	80 分	65 分	50 分
				· 住宿水平	准 3 星	3 星	准 4 星	4 星
	90%中奖、5%中奖	家庭影院	Chuang 等（2012）	· 画面清晰度	90 分	85 分	80 分	75 分
				· 音响系统	75 分	80 分	85 分	90 分

3. 心理距离操纵前测

为检验心理距离操纵是否达到要求，实验借鉴陈海贤和何贵兵（2014）的方法进行了前测。实验招募 35 名被试，要求他们在指定时间到一特定教室填写一份问卷，问卷依据实验材料给出 8 对决策陈述语句，被试首先需要指出每对中哪个陈述心理距离近，然后根据心理距离感知逐一对陈述句在 7 度量表上打分。以社会距离的餐馆选择为例，两个陈述分别为"A.你准备请某位高中挚友吃饭，需要决定去哪家餐馆"，和"B.某位和你要好的室友准备请她（他）的某位高中挚友吃饭，需要你为她（他）决定去哪家餐馆"。具体问卷见附录八。

前测结果见表 5-3，可看出实验材料对心理距离的操纵是可行的。

表 5-3　心理距离操纵二项分布检验（P=0.5）和配对 t 检验（N=35）

维度	社会距离				时间距离				空间距离				概率距离			
决策操纵	餐馆		计算机		租房		电子书		电影票		净水器		旅游团队		家庭影院	
	自己	他人	自己	他人	现在	未来	现在	未来	近距	远距	本城	外城	确定	低	高	低
远距离（n）	10	25	8	27	3	32	5	30	11	24	12	23	1	34	0	35
观察比例/%	71.43		77.14		91.43		85.71		68.57		66.71		97.14		100.00	
二项 P	0.017		0.002		0.000		0.000		0.041		0.090		0.000		0.000	
距离评分	4.31	3.11	5.02	3.49	5.57	3.34	4.54	3.23	3.49	2.57	4.46	3.86	4.26	1.88	4.31	2.06
配对 t	4.825		5.105		11.567		6.131		3.982		2.280		11.326		10.727	
配对 P	0.000		0.000		0.000		0.000		0.000		0.029		0.000		0.000	

4. 实验材料设计

实验材料为自编购物情景调查问卷，心理距离的操纵采用情景模拟法，以不同的情景语言描述激活被试不同的心理距离。以社会距离操纵为例，研究选择了"自己-他人"决策情景操纵不同的社会距离，调查问卷中远社会距离下的购物情景为替他人决策，陈述如下：

想象这样一种情况：某位和你要好的室友准备请一个朋友吃饭，她（他）现在有 3 个相对中意的餐馆，它们除了就餐环境（100 分为最高）和服务水平（100 分为最高）存在差别外，其他方面都差不多（如菜品品质、距离等）。她（他）不知道去哪家餐馆，希望你来为她（他）做决定。具体信息如下：

餐馆名称	就餐环境得分	服务水平得分
餐馆 A	70	85
餐馆 B	75	80
餐馆 C	80	75
餐馆 D	85	70

你会为你的室友选择哪一家餐馆？

在近社会距离下，上述决策变成了为自己做选择，其他因素不变。各个产品类别上的心理距离操纵方式见附录九。

（二）研究过程

数据收集采用问卷调查方式，抽取了西南某高校学生参与调查，实验过程在教室内开展。在正常行课中，身为任课老师的研究人员告知被试要进行一个有关购买决策的调查，以了解当代大学生的选择偏好。调查前特别强调选择时严禁相互讨论，每个教室设 2 名实验督导以杜绝被试相互讨论、抄袭等行为。研究共调查了 4 个班级，为屏蔽班级间偏好差异，每个班级的被试均被随机分为 4 组，且被试不知晓分组情况。每名被试依相同顺序回答了 8 个购买决策问题，每个心理距离维度有 2 个购物决策问题。

（三）实验结果与分析

折中效应强度主要通过对比两个核心备择项在其他备择项加入选择集后的相对偏好变化，研究借鉴 Khan 等（2011）的方法并有所调整，将选项 b 在不同选择集中被选概率变化定义为折中效应强度，其公式如下：

$$\Delta p_b = p_a(b;c) - p_d(b;c) \tag{5-1}$$

式中，$p_a(b;c)$ 是选项 b 在选择集 {a，b，c} 中相对于 c 的被选概率，$p_d(b;c)$ 是 b 在 {b，c，d} 中相对于 c 的被选概率。

研究主要采用二项 Logistic 回归法检验心理距离对折中效应的影响，由于只关注 b、c 相对偏好变化，研究参照 Chernov（2004）的做法，考虑选择 a 和 d 的被试由于 b、c 间偏好不明，故将他们作为缺失值处理。研究因变量为决策结果（1=选择 b，0=选择 c），自变量为心理距离和选择集。不同实验组的选择差异及检验结果见表 5-4。

表 5-4　不同心理距离下的折中效应二项 Logistic 回归分析

心理距离	产品和决策操纵			备择项被选数（n）及相对被选概率变化/%						二项 Logistic 分析		
	产品	操纵	集合	a	b	c	d	p 折中备择项	$p_{a,d}(b;c)$	Δp	因子	Wals	P
社会距离	餐馆	为自己	1	13	38	19	—	54.29	66.67	22.81	自我-他人 χ_1	未进入方程	
			2	—	25	32	11	47.06	43.86		选择集 χ_2	5.697	0.017
		为他人	1	8	41	20	—	59.42	67.21	41.75	$\chi_1 \times \chi_2$	7.632	0.074
			2	—	14	41	12	61.19	25.46				

续表

心理距离	产品和决策操纵			a	b	c	d	p 折中备择项	$p_{a,d}(b;c)$	Δp	二项 Logistic 分析		
	产品	操纵	集合								因子	Wals	P
社会距离	电脑	为自己	1	7	35	28	—	50.00	55.56	23.74	自我-他人 χ_1	未进入方程	
			2	—	14	30	24	44.12	31.82		选择集 χ_2	16.813	0.000
		为他人	1	9	36	24	—	52.17	60.00	33.91	$\chi_1 \times \chi_2$	未进入方程	
			2	—	12	34	21	50.75	26.09				
时间距离	租房	为现在	1	15	38	17	—	54.29	69.09	33.02	现在-未来 χ_1	5.157	0.023
			2	—	22	39	7	57.35	36.07		选择集 χ_2	8.705	0.003
		为未来	1	12	29	28	—	42.03	50.88	6.26	$\chi_1 \times \chi_2$	4.827	0.028
			2	—	20	22	25	32.84	44.62				
	电子书	为现在	1	15	39	16	—	55.71	70.91	44.12	现在-未来 χ_1	未进入方程	
			2	—	15	41	12	60.29	26.79		选择集 χ_2	9.377	0.002
		为未来	1	19	32	18	—	46.38	64.00	22.49	$\chi_1 \times \chi_2$	3.468	0.054
			2	—	22	31	14	46.27	41.51				
空间距离	电影票	近距离	1	12	40	18	—	57.14	68.97	40.40	远距离-近距离 χ_1	未进入方程	
			2	—	14	35	19	51.47	28.57		选择集 χ_2	14.895	0.000
		远距离	1	24	29	16	—	42.03	66.67	24.45	$\chi_1 \times \chi_2$	2.946	0.087
			2	—	21	21	25	31.34	42.22				
	净水器	近距离	1	20	37	13	—	52.86	74.00	38.15	远距离-近距离 χ_1	未进入方程	
			2	—	19	34	15	50.00	35.85		选择集 χ_2	19.892	0.000
		远距离	1	20	34	15	—	49.28	69.39	25.28	$\chi_1 \times \chi_2$	未进入方程	
			2	—	24	30	13	44.78	44.11				
概率距离	旅游团队	高概率	1	23	39	8	—	55.71	82.98	18.27	高概率-低概率 χ_1	5.967	0.015
			2	—	33	18	17	26.47	64.71		选择集 χ_2	4.703	0.030
		低概率	1	16	31	22	—	44.93	58.49	-8.18	$\chi_1 \times \chi_2$	4.187	0.041
			2	—	28	14	25	20.89	66.67				
概率距离	家庭影院	高概率	1	27	33	10	—	47.14	76.74	28.35	高概率-低概率 χ_1	未进入方程	
			2	—	30	32	6	47.06	48.39		选择集 χ_2	7.789	0.005
		低概率	1	34	23	12	—	33.33	65.71	10.54	$\chi_1 \times \chi_2$	未进入方程	
			2	—	32	26	9	38.81	55.17				

由表 5-4 可知，16 组决策中有 15 组出现了符合折中效应的被选概率变化，平均值高达 25.335%（$t=7.721$，$P=0.000$），仅有低概率距离情形下对旅游团队的决策中出现负值，且不显著（-8.18，$\lambda^2=0.666$，$P=0.274$）。

卡方检验发现，除了低概率旅游团队决策外，为未来租房决策（$\lambda^2=0.103$，$P=0.453$）、远距离的电影票决策（$\lambda^2=1.854$，$P=0.126$）和低概率的家庭影院决策（$\lambda^2=1.004$，$P=0.217$）的折中效应也不显著，其余 12 组决策都出现了显著的折中效应。16 组决策中的折中效应卡方检验详细情况见附录十。

二项 Logistic 回归分析也验证了折中效应的普遍存在性，8 次检验均发现选择集因素对被试在 b 和 c 间的相对偏好有显著影响。同时，研究在 5 种产品决策中发现心理距离因素对折中效应存在显著影响，其中，2 个产品决策中发现心理距离的主效应（租房：$Wals=5.517$，$P=0.023$；旅游团队：$Wals=5.967$，$P=0.015$），5 个产品决策中发现心理距离与选择集的交互作用。

心理距离对折中效应影响的方向出现不一致结果，见图 5-1。除社会距离外，其他 3 个心理距离维度的研究结果都和预期一致，与近心理距离相比，远心理距离时折中效应平均值从 13.47% 上升到 33.72%，增加 20.25%（$t=8.722$，$P=0.000$）。而在社会距离维度，被试在为自己决策时，折中效应平均值为 23.28%，为他人决策时则上升到 37.83%。配对比较相同选择集中折中备择项的被选概率，发现其在不同心理距离上亦存在和上述结论一致的显著差异。在时间、空间和概率 3 个维度，近心理距离时，折中备择项平均被选概率（$p_{折中备择项，近心理距离}=51.29\%$）比远心理距离时的折中备择项平均被选概率（$p_{折中备择项，远心理距离}=39.41\%$）显著高 11.88%（$t=6.659$，$P=0.000$），而在社会距离维度，为自己决策时折中备择项平均被选概率为 48.87%，为他人决策时为 55.89%，上升 7.02%（$t=2.755$，$P=0.070$），这一结果也证实社会距离的自我-他人决策对折中效应的影响不同于其他维度。实验 5-1 验

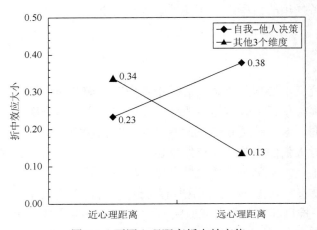

图 5-1　不同心理距离折中效应值

证了假设 5-2、假设 5-3 和假设 5-4，但假设 5-1 没有得到验证。

　　实验后针对少数被试访谈发现，在报告选择原因时，远心理距离组被试比近心理距离被试更倾向于寻求某单个属性最大化。为验证此现象是否普遍存在，研究随机抽取 40 名被试做补充研究。被试被随机分配到 2 组（远心理距离，近心理距离）中，然后阅读 4 个决策情景（为屏蔽选择集因素的影响，问卷中并未提供备择项信息），决策情景分别对应 4 个心理距离维度（餐馆、租房、电影票、旅游团队决策）。研究要求被试回答在决策时更看重哪个属性，问题采用 7 度斯坦普尔量表，中点为"同样重要"，两端为两个属性，问卷详细情况见附录十一。数据分析时以被试报告的重要性偏离中心位置的程度作为度量指标，将偏差程度以其均值作为分界线划分为大偏差和小偏差，并与心理距离做交叉分析，结果见表 5-5。

表 5-5　不同心理距离下被试属性关注差异分析

		大偏差（n）	小偏差（n）	λ^2	P
社会距离	自我	13	7	3.600	0.056
	他人	7	13		
其他心理距离	近距离	22	38	8.533	0.003
	远距离	38	22		

　　可看出，心理距离对被试属性关注有显著影响，但自我-他人距离依然和其他维度存在不同。在时间、空间和概率维度，远心理距离时被试更倾向于看重某单个属性，而近心理距离更倾向于认为两个属性同等重要，自我-他人决策则出现了相反结果。这一结果和实验 5-1 结果相互印证，因为相比折中备择项，两个极端备择项都具有某个最优的属性，所以当被试关注于某单个属性时，自然而然地降低了选择折中备择项的概率，从而使折中效应变小。

（四）小结

　　本节的研究证实心理距离确实对折中效应存在调节作用，对相同决策问题，不同的心理距离会使折中效应强度改变。在时间、空间和概率维度，心理距离越远折中效应越弱，这一结果和 Khan 等（2011）的研究结果一致。补充研究发现不同心理距离时人们的决策关注点发生显著改变，人们在为远心理距离事件做决策时，更倾向于追求某单个属性的最大化，从而降低了折中备择项的吸引力。

　　假设 5-1 没有得到验证，社会距离的为自我-他人决策操纵出现和理论推导不一致的结果，推测其有两个可能原因：①使用自我-他人决策操纵心理距离远近存在偏差；②在自我-他人决策差异中，除心理距离外还有其他影响因素。因此，有必要进一步深入挖掘其原因。

自我-他人决策差异在以往研究中出现过较多彼此矛盾的结论。一些研究发现人们为自我决策时更冒险，为他人决策时更谨慎（Hibbing et al.，2005；Raymark，2000）；另一些研究则发现，人们估计他人比自我更冒险（Hsee et al.，1997），为他人决策时也更喜欢冒险（Polman，2012；刘永芳等，2010），但这种差异可能仅发生在对生活影响较小的决策任务上（Beisswanger et al.，2003）。最新的研究发现决策者自尊水平（段婧等，2012）、获益或损失决策任务框架（刘永芳等，2010）等因素均对自我-他人决策的风险偏好起到调节作用。基于以上原因，刘永芳等（2014）认为，自我-他人决策可能并不能完全反映心理距离远近，心理距离应是一种主观知觉而不仅是角色差异，自我-他人决策心理距离可能与社会距离远近有关，但不会完全等同。

决策中之所以出现心理距离效应的重要原因之一，是人们预测自己在他时他地状态下的偏好和当时当地有所不同（Hamilton，2014），预测自己的偏好和预测他人的偏好亦不同（Pronin et al.，2008）。分析实验 5-1 心理距离操纵方式可知，在时间、空间和概率 3 个维度，研究比较的是被试本人在不同状态下的偏好差异，而自我-他人决策比较的是被试本人和预期他人的偏好差异。人们对自我偏好往往比较确定，对他人偏好不确定，所以为他人决策时需要估计和猜测，从而可能产生系统偏差，如刘永芳等（2010）就认为，人们对自我和对他人知觉不同，认为他人比自己更患得患失。因此，实验 5-1 中为他人决策时折中效应之所以变大，很可能是被试认为自己对他人偏好不了解，从而选择了保守的折中备择项所引起。当人们确信自己了解他人偏好时，这种知觉偏差可能会变弱或消失。因此有必要验证偏好确信度在自我-他人决策对折中效应的影响机制中的作用。为此，本书提出如下假设。

假设 5-5：人们的偏好确信度在自我-他人决策对折中效应的影响机制中起作用，具体而言，人们对自己或他人的偏好越确定越不受折中效应影响，导致折中效应变小。

四、偏好确信度在自我-他人决策和折中效应作用机制中的调节作用

本节开展实验 5-2，主要验证假设 5-5。

（一）被试、实验材料与实验过程

选择 293 名某校大学生参加实验，年龄在 18～23 岁，此前均未参加类似实验，所有被试实验后都获得适量报酬。实验采用 2（决策对象：为自己决策 VS 为他人

决策）×2（选择集：情境集 1VS 情境集 2）的组间设计，共形成 4 个随机组，每组分配 70～75 个样本不等，剔除掉无效样本后，最后获得 289 个有效样本（男 104 人，女 185 人），4 个实验组分别有 72、71、73、73 人。实验材料设计与前相同，实验情景选择餐馆决策。

实验过程与实验 5-1 相同，在正常行课中开展调查，共调查了 4 个班级，随机分组情况亦与实验 5-1 相同，每名被试依相同顺序回答购买决策问题。与实验 5-1 不同的是，被试在完成选择前需要回答偏好确信度。偏好确信度调查包含 3 个问题，分别是："我对自己（他人）偏好什么样的××（产品）非常确定""我认为自己非常清楚哪一个选项是我（他人）最喜欢的"和"我非常了解自己（他人）更在意哪种属性"，被试需要根据对上述句子的同意程度在 1～7 间打分，分数越高代表越同意。

（二）实验结果

数据分析前本书检验了被试报告偏好确信度的内在信度，克隆巴赫 α 值达到 0.892，说明 3 个评价项目间具有较高的内部一致性。实验结果表明，被试对自己的偏好确信度（M=4.07，SD=1.95）显著大于对他人的偏好确信度（M=3.03，SD=1.84，t=4.674，P=0.000），无论是为自己还是为他人，偏好确信度对折中效应具有显著影响，在高偏好确信度下折中效应值为 12.92%（φ=0.129，λ^2=2.154，P=0.098），在低偏好确信度下增加到 40.22%（φ=0.403，λ^2=16.857，P=0.000）。假设 5-5 得到验证，组间选择变化的详细结果见表 5-6。

表 5-6　偏好确信度对折中效应的影响

集合/概率	高偏好确信度								低偏好确信度							
	为自己 n/%				为他人 n/%				为自己 n/%				为他人 n/%			
	a	b	c	d	a	b	c	d	a	b	c	d	a	b	c	d
{a, b, c}	11	22	16	—	6	11	12	—	3	13	7	—	8	26	8	—
{b, c, d}	—	17	24	9	—	11	16	8	—	6	12	5	—	10	22	6
P_a (b, c)	57.89				47.83				65.00				76.47			
P_d (b, c)	41.46				40.74				33.33				31.25			
Δp	16.43				7.09				31.67				45.22			

以是否选择折中备择项（1=选择折中备择项，0=未选择折中备择项）为因变量，以自我-他人决策和偏好确信度作为自变量做二项 Logistic 分析显示，自我-他人决策对是否选择折中备择项不存在主效应，偏好确信度存在显著的主效应

（B=-0.530，$Wals$=4.887，P=0.027），偏好确信度和自我-他人决策对是否选择折中备择项具有显著的交互作用（B=-0.317，$Wals$=4.331，P=0.037）。三者关系如图 5-2 所示。

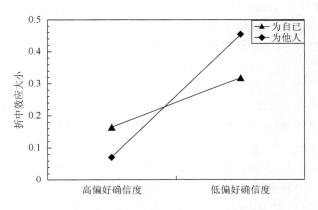

图 5-2　偏好确信度对折中效应的影响

（三）小结

本节研究结果证实自我-他人决策对折中效应的影响存在其他机制。结果表明，被试对自己或他人的偏好越明确，越不易受折中效应机制影响，这一结果验证以往学者的推断，即折中效应很大程度源于人们不知道自己喜欢什么（Sheng et al.，2005），或不确定各备择项会带给自己什么效应（Goldsmith et al.，2010）。实验中单独自我-他人决策变量对折中效应并无显著影响（λ^2=0.332，P=0.330），但和偏好确信度对折中效应有显著交互作用（$Wals$=4.331，P=0.037）。随着被试偏好不确信程度增加，为他人决策的折中效应增加幅度大于为自己决策。实验中，高偏好确信度下为自己决策时折中效应为 16.43%（λ^2=2.130，P=0.108），高于为他人决策时的 7.09%（λ^2=0.253，P=0.414）；而在低偏好确信度下，为他人决策时折中效应为 44.78%（φ=0.447，λ^2=13.010，P=0.000），高于为自己决策时的 31.58%（φ=0.316，λ^2=3.800，P=0.051）。

这一研究结果具有较大的理论意义，说明只有在对偏好非常确定的情况下，自我-他人决策对折中效应的影响才和其他心理距离维度一致；而在低偏好确信度下，选择的感知风险增加，基于自我提升假设（刘永芳等，2014），为自己决策时选择保守的折中备择项的概率要低于为他人决策。这同样亦说明，在自我-他人决策差异中，偏好确信度是一个关键影响变量。

第二节　决策规则对折中效应的影响研究

Kahneman 和 Tversky（1979）的前景理论表明，信息是以负面的形式组织还是以正面的形式组织会导致不同决策结果，其原因是相同获得和失去所带给决策者感知利得和感知损失并不相等，这种感知不对称性可能会导致在选择和排除决策规则下的决策结果不同。而 Tversky 和 Kahneman（1984）提出的框架效应也指出，相同的信息采用不同信息表征会产生不同的参考点，从而导致不同的决策结果，其原因是个体内部对信息的表征形式要受个体经验、认知水平等因素影响，从而造成个体不同的评价结果。所以在折中效应中，决策者究竟采用不同决策模式和信息表征方式，可能会导致效应的增强或减弱。

在决策时，人们经常会受各种因素影响而启发不同的决策方式，比如，在实际购物情境中，消费者可以决定最终选择集中哪些产品是"我想要的"，从而采用"择优"的思维方式去做选择，当要求消费者选择、包括、增加备择项等决策时往往会激发择优思维；消费者也可以决定哪些是"我不想要的"，从而采用"淘劣"思维方式去做选择，当要求消费者做出排除、淘汰、舍去等决策时往往会激发"淘劣"思维方式。以往对折中效应的研究多是讨论"择优"决策下的表现，而鲜有讨论消费者在"淘劣"决策规则下的表现如何。因为以往研究发现，消费者在不同决策框架（"择优"和"淘劣"）下决策结果有较大不同（Levin et al.，2002），所以折中效应也应有类似的现象，本节将对此进行验证。

一、不同决策规则下的折中效应

（一）排除与选择

1. 两个备择项间的选择和排除

单维度指标决策问题比较简单，只需要对各指标进行测量、比较，自然能够得到最优方案选择，但现实情况往往比单维度指标决策复杂得多。事实上，在很多多维度指标决策问题中，很难得到全局最优解，此时，基于不同视角，可能会产生不同的决策结果（项保华等，2005）。以普林斯顿大学心理学家 Shafir（1993）的一个实验为例，当要求被试在只有简要信息的两个旅行景点中选择去哪个景点度假时，67%的被试选择了景点 B，当告知被试已经预定了两个旅行景点，而要求他们必须取消一个时，结果只有 48%的被试取消了景点 B。两个景点的详细信息见表 5-7。

表 5-7　Shafir（1993）研究中景点选择决策信息表

景点 A	景点 B
气候一般	阳光充足
海滩一般	美丽的沙滩和珊瑚礁
酒店品质中档	超现代的酒店
水温适中	风大水冷
晚间娱乐活动一般	无晚间娱乐活动

对于这一结果 Shafir 认为，在排除和选择两种规则下，消费者对于正面信息和负面信息赋予的权重有所不用，在选择时，消费者更看重具有吸引力的正面属性；而在排除时，消费者更注重导致感知损失的负面信息，并赋予负面信息较高的权重，从而表现出较强的损失厌恶。

选择-排除偏差不仅在多属性框架下存在，以 Shafir（1993）的另一个实验为例，实验中被试需要在下面两个赌博选项中做出决策。

方案 A：50%的概率赢得 50 美元；

方案 B：80%的概率赢得 150 美元，20%的概率输掉 10 美元。

实验结果发现，当被试选择参加一个赌博时，75%的人选择了方案 B；而让被试不得不放弃上述两个赌博中的一个时，50%的被试放弃了方案 B，出现偏好反转。

其实选择和放弃的不对称性早就有研究论及，如 Tversky 和 Kahneman（1991）提出的禀赋效应就指出，让人们放弃一个东西需要的价格高于他们去买相同东西愿意支付的价格。Laran 和 Wilcox（2011）从信息处理的角度指出选择-排除偏差的产生原因，他们认为通常人们都拥有一个基本偏好（Baseline Perference），选择任务会使消费者对与他们偏好一致的信息进行细致的处理，从而产生偏好一致性决策（Preference-inconsistent Decisions）；排除会导致对偏好不一致信息的详细处理，从而导致偏好不一致决策（Preference-inconsistent Decisions）。Dhar 和 Wertenbroch（2000）研究了决策框架对属性偏好的影响，发现排除任务会增加消费者对享乐的、放纵的备择项的喜爱，而不是实用的产品。之后大量研究发现，人们在放弃的时候会更详尽地思考，因为享乐属性更加感性和易于想象，所以人们更可能加大此类属性的权重。

2. 多条目菜单选购下的"加法"和"减法"

上述研究仅讨论了选择集中仅有两个备择项的情况，在"多选多"情境中也发现了选择-排除偏差。Huber 等（1987）最早发现，相对于让被试选择哪些人他们想面试，让被试排除他们不想面试的应聘者，会导致更多的应聘者参加面试。

Yaniv 和 Schul（1997）也做了有关选择和排除差异的研究，实验中询问被试一系列问题，如"谁说的'我思故我在'？""电影'Midnight express'的导演是哪个？"等等，然后让被试在 20 个可能的答案中指出哪些问题是正确的，或者让他们指出哪些描述不像是真的。实验结果发现，在排除时有近 50% 的答案留下了，而在选择时只有 18% 留下。Yaniv 和 Schul 认为，出现这种结果的原因是，相比选择，在排除时那些被试不确定的、模棱两可的答案被留在了选择集中。

Park 等（2000）将产品决策框架分为"加法"和"减法"两种，并发现相对于让消费者选择需要的条目，在一个全选的菜单上要求消费者淘汰不需要的条目，会导致消费者购买更多。他们还发现，做减法会导致更多的内在冲突，消费者感知决策更困难，也会花费更多的决策时间，但做减法会让消费者感觉决策价值更高，付出的价格更少。Jin 等（2012）针对旅游产品决策的研究发现，相对于先选择一个豪华套餐，然后逐步淘汰一些服务（Downgrading），大多数消费者更喜欢先选择一个经济套餐，然后再增加选项（Upgrading），以避免淘汰所造成的负面情绪，但前者会让消费者花费更多；研究还发现，相比规避性动机，拥有促进性动机的消费者更喜欢使用淘汰规则。

Dunegan（1993）认为，选择和排除决策框架导致不同决策结果的原因是，当决策者面对减法决策情境时，接收到的是负面框架信息，决策者会表现出更多的分析性和控制性思维特点；而面对加法决策情境时，接收到的是正面框架信息，决策者会表现出更多的启发式决策特点。因此，相对于选择而言，在选择集中淘汰备择项会激发决策者更强的损失厌恶倾向，在购买产品时，产品信息往往呈现的是正面信息，所以在排除规则下，消费者更有可能多买产品。Khan 和 Dhar（2007）则认为，相对于"择优"情境下"多选一"行为，排除备择项往往属于"多选多"的范畴，此时的消费者自我控制能力较差，更有可能在决策时寻求多样化（Variety Seeking），从而购买更多的备择项。

（二）排除决策规则下的折中效应

Kahneman 和 Tversky（1979）的前景理论认为，个体对特定刺激的价值判断是参考依赖的，是其关于某参考点的函数。参考点是表征信息、形成获益或损失框架、做出决策的重要依据，超过参考点的视为盈利，低于的视为亏损。决策者一般会将自己的现状作为决策参考点，进行信息编辑并形成框架。在不同的决策框架下，人们会依赖不同的参考点，决策结果相对于这个参考点便会有不同的盈亏变化，进而改变人们的价值主观感受。进行方案决策时，决策者是以"择优"规则还是以"淘劣"规则进行决策往往会产生不同的决策结果，因为相对于"择优"，排除决策是一个包含负面情绪因素的决策任务。

本书认为,在折中效应框架下,由于各个方案间没有占优关系,在"淘劣"规则下,决策者会更加关注各个备择项属性的负面因素,进而将各个备择项的属性同选择集中该属性的最优值进行比较,导致决策者参考点转移。即在排除规则下,消费者倾向于将各个属性最优值的集合看作理想方案,并将其作为决策的参考点。如图 5-3 所示,当在核心集{x, y}中决策时,消费者倾向于将 x 和 y 的中点 A 作为参考点,而当 d_x 加入选择集后,由于集合中属性极差的扩大,此时消费者参考点从 A 移动到新的参考点 B。

根据前景理论价值函数和损失获得不对称性分析,一次获得 200 元与两次分别获得 100 元的心理满足是不一样的,前者的心理满足要小于后者,如图 5-4 所示。多重收益(Multiple Gains)是指分开的收入大于整合的收入,若 x 为一笔收入,其分开值为 $2V(x)$,整合值为 $V(2x)$,则有:$2V(x) > V(2x)$;多重损失(Multiple Losses)是指整合的损失小于分开的损失,即:$V(-2x) > -2V(x)$;对于混合收益或混合损失,即当面临大的获益与小的损失时,将二者整合起来更为有利,而面临大的损失和小的收益,分开起来则更有利。

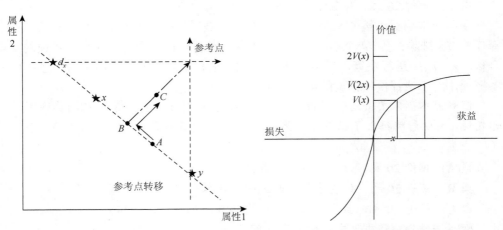

图 5-3 折中效应中排除决策框架下的 　　　 图 5-4 基于前景理论的多重收益
　　　　　参考点转移

由以上分析可知,当消费者的参考点从 A 点转移到 B 点后,相对于 d_x 和 y 一个属性上的大损失和一个属性上的大获得而言,在两个属性上拥有小损失和小获得的 x 效用最佳,从而导致折中效应产生。当消费者在淘汰规则下决策时,由于损失厌恶心理,参考点从 B 点向理想方案进行不完全移动至 C 点,导致 x 相对于 d_x 和 y 的优势减小,从而导致折中效应减少。

基于此,本书推理出以下假设。

假设 5-6:相对于"选择"决策规则,在"淘汰"决策规则下折中效应会减弱。

二、实验过程

（一）实验 5-3 设计

　　实验 5-3 将通过实验验证假设 5-6，即不同的决策框架下的决策行为（"择优"和"淘劣"）是否会影响折中效应的表现。在实验中，笔者随机抽样了来自某大学的 224 名学生被试，要求他们在包含了两种产品类型的问卷中进行购买决策，每一个产品类中有两个分别有一个优势属性的产品备择项（核心集）。以电影票购买实验为例，详细问题如下：

　　假如你本周末要去看一部新上映的电影，你选择了网上购票，在浏览网页时你发现，某电影院推出了以下两种票 A 和 B，这两种票中，你更偏好哪一个？
（　　）

　　票 A：售价 20 元，位置居中，无赠品。

　　票 B：售价 20 元，位置略偏，赠送一小桶爆米花。

　　在第一次购买决策 4 周后，笔者将 224 名被试随机分配到 2（决策框架：选择任务 VS 排除任务）4 个小组中去，要求各小组被试在一个含有 3 个备择项的集合 $\{x, y, d_x\}$ 中进行决策，其中备择项 d_x 加入选择集后，使备择项 x 成为了折中备择项。对于选择决策框架的吸引效应情境，问题是：

　　假如你本周末要去看一部新上映的电影，你选择了网上购票，在浏览网页时你发现，某电影院推出了以下 3 种票 A、B 和 C，这三种票中，你更偏好哪一个？
（　　）

　　票 A：售价 20 元，位置居中，无赠品。

　　票 B：售价 20 元，位置略偏，赠送一小桶爆米花。

　　票 C：售价 20 元，位置较偏，赠送中桶爆米花和可乐一杯。

　　而对于排除决策框架中吸引效应下问题是：

　　假如你本周末要去看一部新上映的电影，你选择了网上购票，在购票时，你由于不小心点错买了以下 3 张票，A、B 和 C，现在你不得不需要转售给别人其中的两张，你会选择转售哪两张？并在前面的括号内划"√"。

　　第一次问卷调查共调查了 112 名在校大学生，通过对回收到的问卷检查、整理，淘汰了 10 份未完成或出现明显误填的问卷，共得到有效问卷 102 份，有效率为 91.07%。第二次问卷调查使用了和第一次调查一样的样本，主要通过回访方式开展。由于拒绝回答、无法接触到被调查者等原因，最后共获得 93 份有效问卷。由于本实验需要进行前后的决策对比，所以参加了第一次问卷而没有参加第二次问卷调查的学生，也被当作无回应处理，总问卷有效回应率为 83.04%，有效回应率较高。样本的具体情况见图 5-5。

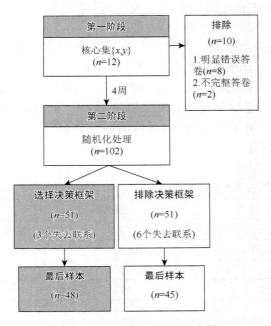

图 5-5 实验 5-3 中的样本基本概况

另外，为提高被试的积极性和对研究的严谨态度，对于完成了两次实验的被试，笔者在实验结束后都给予了一定的物质激励。

（二）实验刺激材料的选择

实验中所使用的实验材料主要选择了服务产品，实验中所使用的产品信息情况见表 5-8。

表 5-8 实验 5-3 中实验材料设计基本概况

产品/属性	x	y	d_x
电影票			
·赠品	爆米花	无	爆米花+可乐
·位置	略偏	居中	较偏
工作			
·周工作/小时	40	48	30
·月薪/元	3 000	3 600	2 300

三、选择和排除决策规则下的折中效应强度对比

实验结果表明，无论是在选择规则下还是在排除规则下，均表现出了较强的正折中效应。具体统计结果见表 5-9。在电影票购买决策中，加入诱引备择项后，在选择决策框架下，目标备择项 x 的绝对市场份额提高了 6.3%，相对市场占有份额提高了 26.1%，结果显著（$\chi^2=8.726$，$P=0.013$）；而在排除决策框架下，x 的绝对市场份额减少了 4.4%，相对市场占有份额提高了 14.3%，结果并不显著（$\chi^2=3.891$，$P=0.143$）。

表 5-9　购买决策在选择决策框架和排除决策框架下的折中效应强度

决策类型	选项	选择集（$N=93$）							
		选择决策框架				排除决策框架			
		{x, y}（$n=48$）		{x, y, d_x}（$n=48$）		{x, y}（$n=45$）		{x, y, d_x}（$n=45$）	
		n	%	n	%	n	%	n	%
电影票购买	d_x	—	—	16	33.3	—	—	16	35.6
	x	16	33.3	19	39.6	14	31.1	12	26.7
	y	32	66.7	13	27.1	31	68.9	18	40.0
	P_d (x; y)	—	33.3	—	59.4	—	31.1	—	40.0
强度	K	1.78**				1.29			
工作应聘	d_x	—	—	5	10.4	—	—	3	6.7
	x	14	29.2	24	50.0	15	33.3	20	44.4
	y	34	70.8	19	39.6	30	66.7	22	48.9
	P_d (x; y)	—	29.2	—	55.8	—	33.3	—	47.6
强度	K	1.91*				1.43*			

选择规则下，折中效应的强度为 1.91，而在排除规则下，折中效应的强度降低到 1.17，这一结果验证了假设 5-6，即相对于让消费者做出选择；让消费者在排除决策框架下做出决策，折中效应会减弱。

在工作应聘实验中，在选择规则下，目标备择项 x 的绝对市场份额增加了 20.8%，相对市场占有份额提高了 26.6%，结果显著（$\chi^2=5.686$，$P=0.058$）；在排除规则下，x 的绝对市场份额提高了 11.1%，相对市场占有份额提高了 14.3%，结果在 90% 的置信度下显著（$\chi^2=7.935$，$P=0.094$）。折中效应强度在选择决策框架下为 1.91，而在排除规则下，折中效应强度降低到了 1.43，这一结果也验证假设 5-6。

四、小结

实验 5-3 研究结果支持假设 5-6，在实验的两种类型的决策中，均发现在排除决策规则下，折中效应有了不同程度的减弱，甚至是消失，如在针对电影票购买决策的研究发现，在排除规则下折中效应都消失了。这一研究结论说明，不同的决策规则会导致决策者不同的思维方式，进而影响折中效应的作用。通过对部分被试的深度访谈发现，在询问被试为何做出这样或者那样的选择时，多数被试都会以备择项的相对优势来为自己的选择辩解，只有少数被试以自己的偏好来为其行为辩解，这也从另一个侧面反映决策选择的高度情境依赖性。在询问接受排除决策规则被试的思考方式时，报告中两种思维出现最多，一是观察各备择项之间的差异，二是辨别备择项之间是否出现占优关系。多数都称决策时面临较大的选择权衡难度，舍弃任何一个优势属性都让其承受较大的心理压力，这也从另一个侧面验证了本书所提出的概念模型。

第六章　脱销情境下的幻影效应研究

　　相比吸引效应和折中效应，学者们对幻影效应的关注要少得多。如第二章所述，幻影效应（也称虚位效应）是指在选择集中加入某一不可供选择的（Unavailable）备择项后，导致其他备择项相对被选概率发生改变的现象（Farquhar et al., 1993）。选择集中由于某种原因导致无法被选择的备择项被称为幻影备择项，多数研究发现，选择集中幻影备择项的出现，导致被幻影备择项占优的备择项相对被选概率显著增加，如图 6-1 所示，在选择集 $\{x, y\}$ 中加入一个不可被选择的 p_1，会导致 x 相对 y 的被选概率显著增加。

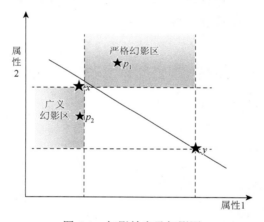

图 6-1　幻影效应及幻影区

　　但学者们对哪些区域的备择项可以被称为幻影备择项存在争议。Highhouse（1996）和 Pechtl（2011）认为，只有对目标备择项占优的不可供选择备择项才能被称为幻影备择项，如图 6-1 中上面的阴影部分便是严格幻影区；而 Pettibone 和 Wedell（2007）则认为，只要某一个备择项不可供选择，不管它们与目标备择项的占优关系如何，都可被称为幻影备择项，据此观点，图 6-1 中左侧的阴影部分也可以被定义为幻影区域，这里我们称之为广义幻影区。一些研究发现，广义幻影区的幻影备择项也可诱导幻影效应，如 Pettibone 和 Wedell（2007）研究发现，在选择集中以 F 策略和 RF 策略加入被 x 占优的幻影备择项，也增加了目标备择项 x 的被选概率，但其增加幅度要小于幻影备择项对目标备择项占优的情况。

　　幻影效应研究较少的一个原因是，相比其他几种效应，它在现实应用中出现类似情形的概率要低得多。在消费者购物中，可能有如下几个会出现幻影备择项的情景：①某个中意的产品由于太畅销而脱销，或因为其他意外情况而导致缺货；②消费者由于购买预算限制，而无法购买某个价格昂贵且质量更佳，但更中意的产品；③很中意某个广告宣传的产品，但在实际购买时发现它还没有推出市场，或受到某种购买限制；④消费者购买前就已经有了购买目标，但在商店中没有找到该产品，等等。上述各种情景中，相比其他几种情况，产品脱销在现实中出现的概率最高，而目前学术界也多数是探讨幻影效应在产品脱销中的作用。因此，本章将基于脱销情境，探讨备择项信息框架对幻影效应的影响。

第一节　脱销与框架效应

一、脱销

（一）脱销及其对消费者的影响

品牌暂时无法被购买的现象通常被称为脱销（Out of Stock，OOS）（Schary et al.，1979；Verbeke et al.，1998），它最早被讨论是在 20 世纪 60 年代（Peckham，1963），此后研究从产品视角、零售商店视角和消费者视角分别对其进行了讨论（Emmelhainz et al.，1991），这些研究都将焦点对准脱销情境下消费者的产品条目转换、品牌转换及零售商店转换的行为表现。Campo 等（2000）的研究发现，面临脱销情境时，49%的消费者推迟了购买，44%的消费者在剩下的选择中做出了购买，只有 2%的消费者转换了购买商店，但另一些研究却得出不同的结果（Zinn et al.，2001；Sloot et al.，2005）。这些研究结果的差异主要受研究方法的影响，有些研究中采用了实验室研究，有些是假设性的脱销，有些则是真实的场景。

脱销是零售业和服务业经营中经常出现的现象，具体表现为一种或者多种商品或服务暂时性的不被提供。近年来商家的供应链管理水平获得了很大的提高，高供应水平也意味着更高的仓储成本和管理成本，因此，商家们通过减少库存数量进而精心控制自己的库存成本。但由于市场供求的不确定性，较低的库存水平自然而然就会导致产品脱销，于是脱销在市场上成为一种十分常见的现象。有研究数据表明：超市和便利店的平均缺货水平为 8%～10%，在促销情境下更易引发产品脱销（缺货水平 15%～20%），而像服装店（尤其是女士服装）这类商家，其缺货水平甚至可高达 35%（Kim et al.，2011）。

很多时候脱销是偶发的，当消费者带有很强的目的性购买某一特定兴趣产品时，产品的脱销信息将会不可避免地呈现给消费者。消费者在面对脱销时常常会感到沮丧和懊恼（Verbeke et al.，1998），因为脱销的出现扰乱了他们的消费计划，迫使他们改变购买策略，增加了进行购买决策的心理成本（Campo et al.，2000）。因此传统研究认为，零售商店应尽量避免产品脱销情况的出现，因为这往往会带来一些负面的效果。从短期看，消费者可能由于自身需要转而购买替代品，抑或是延迟购买（Wiebach et al.，2011）；从长期看，消费者对脱销产品的忠诚度会下降。但最近的一些表明，产品脱销并不总是带来坏结果，有时候脱销信息反而会偶遇好的效果，如脱销的产品可能会向消费者传递稀缺信号，使得消费者对脱销产品的购买欲望增加；又或者，脱销产品信息可以诱导消费者购买某一个特定产品。

（二）脱销情境下的消费者心理

1. 感知稀缺性

自 20 世纪 90 年代，消费者感知价值的研究逐渐成为国内外学者关注的焦点，目前大部分学者同意，消费者的产品选择过程是基于对产品的感知价值进行的，感知价值则通过消费者与产品之间的互动产生。Cialdini（1993）提出的稀缺效应指出，人们普遍认为有价值的对象往往也是稀缺的，反向推之，人们也倾向于认为稀缺的事物往往价值较高。因此，消费者的感知稀缺性作为其感知价值的一种，对消费者决策行为的影响不言而喻。

消费者在进行购买决策时，时常会遇到一些当时不能选择的产品信息，如产品脱销、服务预订爆满等。脱销产品的不可得属性可能会被消费者解释为生产条件的有限可得性，或是源于市场环境的有限可得性，根据经济学供求关系，这种有限可得性可能会被消费者归因为供需的不平衡（Verhallen et al.，1994）。因此，这些产品的脱销信息会向消费者传递稀缺信号，从而可能会积极地影响消费者对脱销产品的评价，并认为同类商品也有脱销可能，这种心理作用容易使消费者对脱销产品的类似产品产生看似不合理的购买决策，如哄抢购买。已有的一些研究已发现，感知稀缺性会增加人们对产品的购买欲望（Lynn，1991；Jung et al.，2004），也会使人们觉得产品看起来更有吸引力（Gierl et al.，2010）。

2. 最小后悔心理

消费者后悔是基于认知的一种负面情绪，以事前和事后发生来划分，可以分为体验后悔（Experienced Regret）和预期后悔（Anticipated Regret）。在脱销情境下的消费者，由于原定的购买计划不能实现，很容易陷入预期后悔的情绪中。预期后悔是指当人们面对反事实比较（Counterfactual Comparisons）时，会预期他们可能会感觉到的后悔，并试图通过各种方式将这种"未来后悔"降低到最小限度。Loomes 和 Sugden（1982）首先提出预期后悔理论，用以说明预期情绪在决策中的作用，该理论认为，预期后悔将使消费者在下次决策时倾向于选择安全的选项。此后的许多研究也表明，尽管每人个体特征不同，悲观与乐观倾向不同，但总体而言，消费者在决策过程中总是将后悔作为考虑的因素，为防止将来后悔而选择后悔最小化的选项。Janis 和 Mann（1977）认为预期后悔起到的主要作用是促使消费者警觉地去做决策，在预期后悔被唤醒的时候，有效防止个体草率地利用似乎有吸引力的购买机会，转而在决策前搜集更多的信息，从而提高决策质量，但在极端情境下，预期后悔也会导致消费者的决策困难，造成决策推迟与决策回避（决策取消）。

根据最小后悔理论，在存在产品脱销信息时，消费者不会追求决策结果最优，而是尽量避免产生使自己后悔的结果。例如，在包含高质量高价格、中质量高价格、低质量低价格的 3 个产品的选择集中进行选择时，如果高质量高价格的产品脱销，那么消费者更容易倾向选择中质量高价格的产品，因为中质量高价格的产品与脱销产品相比仅在质量上有些许损失，比低质量低价格的产品预期后悔更少。

3. 消费者心理抗拒

心理抗拒作为人在极端情境下一种普遍的负面情绪，不管在营销领域还是社会学领域都受到广泛关注。最早的社会心理学领域的抗拒理论指出，当人们行为自由受到限制和威胁时就会产生心理抗拒（Brehm et al.，1966；Brehm，1968；Hammock et al.，1966），对应这一威胁会激发人们通过采取相反行为或选择去获得自由，这种行为被称作"回旋效应"（Clee et al.，1980；Brehm et al.，1981）。营销领域学者们同样将心理抗拒用以解释消费者们的反常行为模式，李东进等（2015）认为，脱销情境下消费者有时会选择与脱销产品全然不同的产品，很可能是由于消费者对脱销产生的选择自由限制不满，从而产生心理抗拒。研究还发现，这种心理抗拒不仅在个体间存在差异，还受某些特定情境影响。

4. 决策信心

决策信心是判断或决策中，个体对决策问题判断正确性或最优性的主观把握程度（Peterson et al.，1987）。决策信心是个体在做判断时自然产生的，同时，决策信心也会反作用于个体的判断，促使其做出不同的决策。过分的决策信心会影响决策者的决策质量，因为过分的自信会导致决策者将失真的设想作为判断依据，从而做出错误的决策，但与此同时，决策信心缺失也会导致决策者不敢做出原本正确的决策（于窈等，2006）。因此，决策信心可以作为决策的组成部分之一，也是一个决策者情绪与认知的重要桥梁，对决策过程起到非常重要的调节作用

（Efklides，2008；Kepecs et al.，2008）。

决策者决策信心主要受决策任务类型、决策者个人因素，以及情境性因素的影响。在决策任务方面，决策者对视觉任务更容易产生过分自信，而在其他知觉任务中比较容易信心不足（Pleskac et al.，2010），此外，不同决策难度呈现出难易效应（Hard-easy Effect），对困难的任务表现出过分自信，而对简单的任务反而信心不足（Bolger et al.，2004）。在个人因素方面，女性的信心水平普遍低于男性（Lundeberg et al.，1994），成年之前，个体伴随年龄增长更容易产生过分自信。在情境因素方面，积极情绪下决策者更容易表现出过分自信，而消极情绪下的决策者更容易表现出信心不足（Efklides et al.，2005）。

（三）脱销情境下消费者行为的作用机制

1. 属性权重理论

Wedell 和 Pettibone（1996）沿用范围-频数理论提出了属性权重理论，认为与本不呈现的信息相比，在某一属性上具有高品质的脱销产品信息的出现，使得产品集在某一属性上出现高品质的频率增加，间接增加了该属性的权重，使得本来就在该属性上具有高品质的相似产品的被选概率增加。Ariely 和 Wallsten 也提出类似观点，认为产品集在某一属性上的多样性会吸引消费者的注意力，进而增加该属性在消费者心目中的相对权重。根据自我感知理论（Bem，1967），人会为自己的行为寻找合适的理由，幻影效应中，如果消费者最初选择了在某一属性上很突出的某种产品，那么即便接下来的该产品脱销，消费者的第二次选择同样会受到第一次选择的影响，给予该突出属性更多的心理权重，所以此属性上次优的产品极易成为选择目标。

2. 相似替代理论

相似替代理论指出，当一个新备择项加入选择集时，将会不均等地降低原选择集的被选概率，与该备择项越相似的备择项遭受的损害越大（Tversky，1972）；反之，当某一个备择项从选择集中消失后，则与该备择项越相似的备择项受到的好处越大。一些学者使用此理论解释了幻影效应，认为当产品出现脱销，尤其是消费者的首选产品出现脱销时，他们会选择其他产品来替代该产品，由于消费者的偏好相对较为稳定，此时他们最有可能购买与脱销产品最相似的产品（Pettibone et al.，2000）。Ariely 和 Wallsten（1995）也提出了类似的观点，并研究发现消费者在脱销产品出现而又不能购买的情况下，影响其选择替代品的主要变量是其他产品与脱销产品间的相似度，相似度越高的产品被选概率越高。另外，对最相似的备择项产生替代效应也符合消费者决策资源的有限性条件。对于很多并不重要的消费决策来说，为节约决策资源，消费者选择与脱销产品最相似的产品可以让他们跳过烦琐的属性衡量步骤（Diels et al.，2013）。

3. 参考点效应

前景理论认为，个体会基于一个心理参考点进行选择，对信息价值的判断依赖价值函数，价值函数表现为一条 S 型曲线，其坐标原点取决于消费者的参考点。消费者将某备择项与参考点做差并得到差值 x，当某备择项 $x>0$ 时，该备择项被视为获益，当某备择项 $x<0$，该备择项被视为损失。个体的价值函数普遍具有损失规避的特性，即厌恶损失更甚于获得收益（Kahneman et al.，1979）。Highhouse（1996）基于参考点效应对幻影情境下的消费者行为进行了解释，认为一个不可供产品的出现也会使消费者的产品参考点发生偏转，消费者的决策参考点会向该产品靠近，而与该产品相比，目标备择项的属性收益和属性缺失都较小，而竞争备择项的属性收益和属性缺失都较大，根据消费者损失规避心理，属性缺失较小的目标选项更容易被消费者接受。

由上可知，目前学术界对幻影效应的各种解释机制，在本质上和其他几个效应的解释是一致的。

二、框架效应

（一）框架效应概念及应用领域

框架效应（Framing Effect）又被称作语饰效应，表述了由于语言或表现形式的不同，决策者对同一问题或同一情况的决策存在差异的现象。Kahneman 和 Tversky（1979）是最早发现框架效应的学者，他们发现信息的陈述方式不同会影响决策者的风险倾向，证实了决策者在决策信息的正负框架下，会显示出不同的风险趋势倾向。后续的研究证明，在公平性判断（Tversky et al.，1981；赵立军等，2009）、公共事务决策（Chong et al.，2013）、消费者冲动性购买决策（梁承磊等，2012）、促销信息决策（Wang，2004）及基金投资决策（刘玉珍等，2010）等领域，框架效应都有着重要的影响。

（二）框架效应的类别

1. 属性框架效应

属性框架效应是所有框架效应中最为简单的一种框架控制，非常单纯地体现出框架对个体信息加工的影响。在属性框架效应研究中，事物的某一属性以正面或负面的不同框架呈现给被试，属性框架效应通过测量个体对事物的评价来衡量。属性框架效应的大量研究涉及与消费者有关的商品评价或其他领域的评估行为，其中最为经典的属性框架效应研究是 Levin 和 Gaeth（1988）的"牛肉产品口味评估"，实验分别向两组展示了同一款牛肉产品，但对牛肉的标示做了修改：

组 A：*产品标以"75%瘦肉"*

组 B：*产品标以"25%肥肉"*

实验结果表明，被标以"75%瘦肉"的牛肉产品被认为有更好的口感，相比之下消费者感觉"25%肥肉"的牛肉更加肥腻，即正面框架相比负面框架更容易被接受。更多研究已证明属性框架效应还在政治政策选择（Howard et al.，2009）、强迫选择（Pedersen et al.，2011）等情形下出现，例如，当政府提高某项事务的收费标准时，对该增收项目冠以"税收"或是"项目补偿"会对民众的心理产生不同的影响。

2. 目标框架效应

目标框架旨在描述决策者达成某个目标的行为意图，强调与达成某目标有关的行为，从而影响决策者行为。在典型的目标框架效应研究中，说服信息的说服力在很大程度上会受到信息表达框架的影响，即强调采取某种行为可能带来的积极结果，或是强调不采取该行为可能带来的消极结果。目标框架效应研究中最典型的一个实例是 Meyerowitz 与 Chaiken（1987）所进行的劝说妇女定期进行乳房自我检查的实验，该实验向两组妇女群体呈现以下两种不同的劝说信息。

组 A：*研究表明，定期进行乳房自我检查可以大大提升妇女在乳房肿瘤早期便发现病症并得到及时治疗的概率。*

组 B：*研究表明，不定期进行乳房自我检查将大大降低妇女及时发现乳房病变并得到及时治疗的概率。*

研究发现，相比强调乳房定期自我检查的正面结果，强调其负面结果更能促使妇女积极参与乳房定期自我检查。后续研究表明，人们对某一目标采取行动的动机，更多是为了避免某种损失而非期望获得收益，损失规避心理是目标框架效应的核心机制。

3. 风险决策框架效应

风险决策框架描述了正面或负面框架对决策者在具有风险的决策行为中的影响，该框架描述了两种决策情境：决策者面对两个期望价值相等的"风险"和"无风险"决策选择，当两个选择都被描述为获益，则属于正面风险决策框架，当两个选择都被描述为损失，则属于负面风险决策框架。风险决策框架效应最著名的实验是 Tversky 和 Kahneman（1981）的亚洲疾病问题，实验对两组被试分别展示积极与消极框架下的决策信息：亚洲某地区出现了一种罕见的致命流行疾病，影响范围约 600 人，经过卫生组织的商讨，提出了以下两种方案可供选择。

积极框架：选择 A：200 人将生还
　　　　　选择 B：1/3 的机会 600 人生还，2/3 的可能无人生还

消极框架：选择 A：400 人将死去
　　　　　选择 B：1/3 的机会无人死去，2/3 的机会 600 人将死去

研究表明，消极框架下决策者表现出风险规避，而积极框架下的决策者表现出风险偏好，即出现了偏好反转的现象。风险决策框架效应与前两种框架效应的主要不同之处在于添加了风险决策变量，决策者的风险偏好实际上是框架效应与风险背景的交叉影响所致的结果。后续研究发现，当把亚洲疾病问题的涉及人数改为 6 人或 6000 人，或是将涉及人改为被试的亲友时，风险决策框架效应会出现变化。涉及人数改为 6000 人时风险框架效应依然存在，而当涉及人数变成 6 人或者涉及人变成亲友时，无论是消极或是积极框架，被试皆表现出强烈的风险寻求倾向（Wang，1996），此后更多研究者将风险决策框架研究拓展到商业谈判（Neale et al.，1985）、金融（Roszkowski et al.，1990）等领域，其结果各不相同，这表明风险决策框架效应存在高度的情境性，会受到风险环境、决策者或决策内容的影响。

（三）框架效应的影响因素

1. 决策主体个人因素

从已有文献所反映的情况来看，框架效应存在内部框架与外部框架，外部框架与决策信息呈现方式有关，内部框架效应则是因为认知主体内部的信息加工方式的差异产生的，Wang（2004）提出了自我框架的概念，认为决策者在接受外部框架的同时，也会对框架进行编码与加工，从而产生不同的认知结果，形成"自我框架"。这种"自我框架"效应体现于决策者的个体差异，并会受到个体因素的影响。

性别是对框架效应影响最显著的个体因素之一，Fagley 和 Miller（1990）的研究证实，女性更容易受到框架效应的影响，在研究的多组实验中，女性被试对其中 4/5 的问题都受到框架效应的影响，而男性被试只对其中一项表现出受到框架效应的影响。进一步研究认为这是男女在道德准则上的差异所致，而女性更加注重问题方案是否"人性化"，男性更偏向于关注问题的公正性，导致男性会以更理性的观念看待问题。

　　Reyna 与 Ellis（1994）研究表明，年龄同样会影响框架效应，在他们对不同年龄层的人考察亚洲疾病问题时发现：对于儿童而言，年龄较大的儿童更能理解字面表述，相对较小的儿童更容易受框架效应影响；而对于成年人而言，年纪较大者由于记忆、理解能力等方面的削弱，更容易受框架效应影响。另外，当要求被试给出决策理由时，差别消失了，这一现象证明不同年龄层对框架效应的不同影响，主要是通过对决策信息的分析程度造成的。

2. 决策背景因素

　　研究发现，不同任务领域下框架效应并不具有统一性。在 Wang（2004）的实验中，被试面对生命相关的问题会表现出更强烈的风险偏好，而在涉及公共财产和个人资产的决策任务中风险偏好并不明显。Fagley 等（2010）的实验同样证明了这一结论。任务向决策者的呈现形式也会对框架效应产生影响。一般而言，当任务细节描述很完备时，被试更容易选择正面框架；反之，当任务表述不清晰时被试更容易选择负面框架。如 Hertwig 和 Erev（2009）实验发现，任务信息通过明确数字符号表征时更容易产生框架效应，而通过文本形式表征则不会导致框架效应。

　　时间是影响框架效应的一个重要因素，近年来，关于时间压力对框架效应的影响这一课题受到越来越多学者的关注。目前普遍接受的观点是，时间压力弱化了框架效应，时间压力越强，框架效应越弱（Svenson et al.，1993；胡瑜等，2008）。Zur 和 Breznitz（1981）分别对高、中、低时间压力下决策者的风险决策进行了测试，结果表明，高时间压力会导致决策者的选择趋于保守。后续研究认为，这是由于高时间压力会让决策者对决策任务的思考严重不足，从而触发了人们的安全需要（刘涵慧等，2008）。

　　此外，还有学者针对时间距离这一因素对框架效应的影响进行了研究，McElroy 和 Mascari（2007）通过比较人们对近期事件和远期事件的决策差异发现，框架效应在远期事件决策中更加明显，并认为，这是由于决策者对近期事件和远期事件的决策手段不同造成的，近期事件中，决策者更容易采取分析式加工，而在远期事件决策中，决策者则更容易采取整体式加工。

第二节　基于幻影效应的产品脱销中的框架效应

　　脱销是消费者经常遇见的消费情境之一，小至日常用品的购买，大至金融产品的投资，都有可能遭遇脱销。传统的消费者行为学理论认为，已经脱销的产品信息不会对消费者偏好产生任何影响，由于选择集中产品减少，消费者对选择集中剩余产品的被选概率将会均等地增加，即与不呈现脱销产品信息相比，呈现一个不可能买到的产品信息不会影响消费者对其他产品的相对偏好。然而大量研究表明，产品脱销信息的呈现可能会对消费者偏好和行为出现两种不同的影响：一方面可能会导致消费者产生抵触心理，使得消费者对该产品、甚至该品牌的偏好下降；另一方面，产品脱销信息可能会激发消费者对脱销产品的购买欲望，使得消费者对该产品的偏好上升。产品的脱销信息对消费者偏好存在高度影响，且越来越多的研究表明，这种影响具有高度情境性，选择集中产品相对位置、产品类别、购买环境等不同，都会导致消费者不同的决策心理与购买结果，因此，产品信息框架对脱销情境中消费者行为的影响不容忽视。

　　框架信息分为正面框架与负面框架，那么不同框架信息是否会对消费者在脱销情境下的决策造成影响？此外，以往幻影效应研究中大多只考察了被选概率这一变量，少有考虑决策者在幻影备择项出现后的心理变化，幻影备择项是否会影响消费者对产品的感知稀缺性，使之产生心理抗拒，并影响其决策信心水平？本章希望通过实证研究解答上述问题。

一、研究假设的提出

（一）脱销情境中的框架效应

　　由于消费者信息获取与决策心理成本的有限性，消费者通常通过产品的关键属性如价格、尺寸、性能等参数进行优劣判断，产品间的相似性判断也同样是产品的关键属性。目前幻影效应中所使用的实验材料描述多是正面的，例如，一瓶矿泉水的矿物质含量，或是一份牛肉的瘦肉比。但是在实际购买情境中，呈现给消费者的产品信息并不总是正面的。根据属性框架效应，正面框架下的消费者更加关注产品的优点，也会对产品给出更正面的评价，此时，与脱销产品拥有相同优点的相似产品会获得更高的偏好。但若是负面框架，消费者会将注意力聚焦于产品的缺点，也会对产品给出负面的评价。此时若消费者中意的产品不可供，那些与脱销产品拥有相同缺点的相似产品的缺点被放大，消费者对其偏好减少，反而使与幻影产品不相似的产品的相对被选概率增加。

　　以图 6-2 说明其原理。当选择集中各个备择项为正面的信息框架，如图 6-2（a）所示，当幻影备择项出现在选择集中后，决策参考点将从 x 和 y 的重点 O 发生转移，有两种可能：①转移到集合 $\{x, y, p_x\}$ 的新中点 A；②因为偏好 p_x，所以转移到幻影备择项的位置点 B。无论从哪一个位置看，x 相比 y 都有优势，所以幻影效应发生。当选择集中各个备择项为负面的信息框架，如图 6-2（b）所示，此时决策的参考点位于一个没有损失的中立点 C，从点 C 看，一个大损失的 y 相比两个小损失的 x 更有吸引力。因此，提出如下假设。

假设 **6-1**：正面框架下的产品脱销，消费者更容易选择与脱销产品相似的产品。

假设 **6-2**：负面框架下的产品脱销，消费者更容易选择与脱销产品不相似的产品。

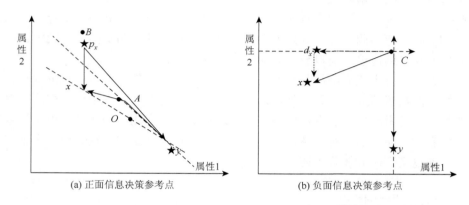

(a) 正面信息决策参考点　　　　　　　(b) 负面信息决策参考点

图 6-2　幻影效应中不同信息框架导致的参考点转移

（二）脱销情境中风险决策下的框架效应

风险决策框架的研究表明，风险选择中大多数人在积极框架下会选择低风险的产品，反之则会选择高风险的产品，但后续的研究却产生了诸多不同结果，以著名的亚洲疾病问题为例，当涉及人数从 600 人改为 6 人时，无论消极或是积极框架，被试皆表现出强烈的风险寻求倾向（Wang，1996）。可以发现，风险决策框架效应存在情境性，随着涉及领域及风险程度等要素的改变，人们可能在积极框架下表现出风险寻求，也可能在消极框架下表现出损失规避。那么，当风险决策发生在脱销情境下时，消费者会表现出风险寻求还是风险规避呢？

根据对脱销相关文献的梳理发现，消费者感知稀缺和心理抗拒是影响脱销情境下消费者行为的两个重要影响因素，根据李东进等（2015）的研究，消费者感知稀缺对相似产品的购买意愿呈正向影响，而心理抗拒对相似产品购买意愿呈负向影响，两者对消费者购买意愿同时产生中介作用；且受到认知情境的调节作用，积极认知情境下，消费者更容易感受到产品稀缺，消极认知情境下，消费者更容易产生心理抗拒。

据此分析，本书认为，风险决策框架效应的积极与消极框架会使消费者分别产生积极与消极认知，最终影响消费者决策，因此提出如下假设。

　　假设 6-3：在风险决策的脱销情境下，积极框架下的消费者相比消极框架下的消费者，更容易选择脱销产品的相似产品。

（三）产品脱销中框架效应对消费者心理认知的影响

　　根据以往的文献，消费者在面临脱销时会产生对脱销产品的稀缺性感知，以及对脱销产品的抗拒心理，其中稀缺性感知通过增加脱销产品在消费者心中的感知价值使得消费者对相似产品产生更高的购买欲望（Lynn，1991；Jung et al.，2004），抗拒心理则从一个相反的方向来影响消费者行为，使之产生对相似产品的反感，降低对相似产品的购买欲望。这两种相反的消费者情绪同时发生于脱销情境下，并最终导致消费者不同的决策结果。

　　应指出，消费者的感知稀缺与心理抗拒受到决策环境与决策信息的影响。根据属性框架效应，同样的产品在正面描述下比在负面描述下更受欢迎，本书认为，接受产品正面信息的消费者对产品的感知价值更高，在产品脱销时更容易产生稀缺性感知，而接受产品负面信息的消费者对产品感知价值低，在产品脱销时更容易产生抗拒心理，因此提出如下假设。

　　假设 6-4：正面框架（VS 负面框架）下的产品脱销，消费者会产生更高的稀缺性感知。

　　假设 6-5：负面框架（VS 正面框架）下的产品脱销，消费者会产生更高的抗拒心理。

　　决策信心被认为是决策者决策过程的重要组成部分（Efklides，2008；Kepecs et al.，2008），其在对决策过程产生影响的同时，也受到决策任务类型、决策者的个人因素，以及情境性因素的影响，不同的决策难度呈现出难易效应（Hard-easy Effect），对困难的任务表现出过分自信，而对简单的任务反而信心不足（Bolger et al.，2004）。通常情况下，处在积极情绪下的决策者更容易表现出过分自信，而消极情绪下的决策者更容易表现出信心不足（Efklides et al.，2005），这一结论已经在管理学、心理学、认知神经科学等领域都得到证实。

　　本书认为，决策信心的变化同样可以延伸至脱销情境下，脱销情境下产品的正面与负面信息也会对消费者造成积极或消极的决策心态，从而影响决策信心，因此提出如下假设。

　　假设 6-6：相比面对负面框架下的产品脱销，面对正面框架下的产品脱销消费者的决策信心更高。

　　针对以上 6 个研究假设，本书拟开展 3 个实验逐一解答。

二、实验 6-1：脱销情境中不同信息框架下的消费者选择

（一）样本选择

实验 6-1 的目的在于验证假设 6-1 和假设 6-2，即探究消费者在脱销情境中不同框架下的行为。本节的实验操作中，研究样本为某高校学生，被试通过采取随机抽样的方法获得，为排除被试学识经验、决策偏好、年龄等因素对实验造成不必要的内生性干扰，实验尽量选用同质被试。此外，为确保实验的有效性，在调查之前均已确定被试不具备相关领域知识，且不知道研究真实意图，所有被试最多只参加一次实验，以排除习得性应答模式对实验结果的干扰。

（二）实验材料与实验设计

本节实验设计方式沿袭以往研究范式（张全成等，2012；张全成，2015），主要是通过实证检验在核心选择集 $\{x, y\}$ 内，加入一个与 x 具有相似属性的脱销备择项 p_x，然后考察被试的选择偏好变化。同样沿袭以往的实验材料的设计方式，脱销备择项 p_x 的属性设置除与 x 相似之外，还是一个对 x 完全占优的备择项。实验主要目的是验证消费者在不同信息框架下的脱销情境中，其决策行为是否存在差异。实验 6-1 的实验材料信息如表 6-1 所示，其中牛肉在经典的属性框架实验中被多次验证，MP3 为研究经过预调查确认可用的实验材料。

表 6-1　实验 6-1 实验材料设置方式

实验产品	属性 1	属性 2
牛肉	肥瘦比例	价格
MP3	重量	待机时间

实验 6-1 在国内西南某高校内进行，研究按照自愿参加原则，招募了 200 名学生作为实验被试，实验被试年龄在 19～21 岁，均为大学一年级学生。实验设计采用 2（正面框架 VS 负面框架）×2（脱销 VS 未脱销）组间实验设计，200 名被试被随机分配至 4 个小组。实验中要求被试单独填写包含两个购物决策的问卷，第一组被试需要在两个以正面框架描述的备择项中做出选择；第二组被试需要在两个以负面框架描述的备择项中做出选择；第三组被试和第四组被试填写的问卷分别在第一组和第二组的基础上，在选择集中增加了一个脱销备择项。实验通过

语言和数字组合描述情境，以第三组（正面框架和脱销）组为例。

购物情景 1：

假设，你正在为一场即将到来的家庭聚会采购牛肉食材，走到超市中，发现目前有两种牛肉，第三种牛肉在刚才已经售罄，因此只有余下两种可供选择，请在以下**两种牛肉**中做出选择：

A 75%瘦肉 25 元/斤

B 85%瘦肉 30 元/斤

C 87%瘦肉 30 元/斤（<u>售罄</u>）

购物情景 2：

假设，你经常使用的 MP3 坏了，因此你决定在淘宝中选购一个新式的 MP3，根据你的使用习惯，你认为一个 MP3 最重要的是轻便和待机时间，在琳琅满目的 MP3 中，你最终将目光投向了 3 款价格相同的 MP3，以下是它们的产品评价。意外的是，在向商家问询时发现第三种 MP3 已经售罄，因此请在以下**两种 MP3** 中做出选择：

A 约 90%的人认为 MP3 较轻；约 80%的人认为 MP3 待机时间较长

B 约 80%的人认为 MP3 较轻；约 90%的人认为 MP3 待机时间较长

C 约 70%的人认为 MP3 较轻；超长待机，几乎所有人都认为 MP3 待机时间长（<u>售罄</u>）

实验共发放问卷 200 份，收回 198 份，其中 3 份因为选项空缺的原因被剔除，有效问卷 195 份，总有效率为 97.5%。

（三）实验结果与数据分析

参照以往情境效应研究所采用的方法，本书采用卡方检验来检验各选择集中备择项被选概率是否发生显著变化。通过验证正面脱销组与负面脱销组中脱销备择项的相似备择项 x 的被选概率是否发生明显变化，来验证框架效应对脱销情境下消费者决策的影响。

实验 6-1 中共出现 390 次购买决策，数据统计结果如表 6-2 所示。

表 6-2 实验 6-1 中各备择项选择人数及选择率

| 产品 | 备择项 | 选择人数及选择率 n（%）（N=195） | | | |
		正面核心组	负面核心组	正面脱销组	负面脱销组
牛肉	y	20（43.5）	23（47.9）	15（32.6）	27（58.7）
	x	26（56.5）	25（52.1）	31（67.4）	19（41.3）
	d_x	——	——	——	——

续表

产品	备择项	选择人数及选择率 n（%）（N=195）			
		正面核心组	负面核心组	正面脱销组	负面脱销组
MP3	y	22（47.8）	20（41.7）	9（19.6）	28（61.9）
	x	24（52.2）	28（58.3）	37（80.4）	18（39.1）
	d_x	—	—	—	—

对于牛肉购买实验，在没有脱销产品出现的正面核心组中，有 56.5%的被试选择了备择项 x，当引入脱销备择 d_x 后，其被选概率提高到 67.4%（χ^2=1.153，P=0.195），x 相对于 y 的被选概率存在提高的倾向，但不显著；在没有脱销产品出现的负面核心组中，有 52.1%的被试选择了备择项 x，当引入脱销备择 d_x 后，其被选概率降低至 41.3%（χ^2=1.096，P=0.2），x 相对于 y 的被选概率存在降低的倾向，但不显著。对比正面脱销组和负面脱销组，尽管同样属性的产品脱销，但是负面脱销组的备择项 x 被选概率为 41.3%，而正面脱销组的备择项 x 被选概率显著上升至 67.4%（χ^2=6.309，P=0.010），备择项 x 被选概率的变动情况如图 6-3 所示。

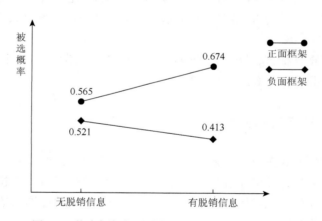

图 6-3　信息框架与脱销信息的交互作用（牛肉）

对于 MP3 购买实验，在没有脱销产品出现的正面核心组中，有 52.2%的被试选择了备择项 x，当引入脱销产品 d_x 后，其被选概率显著提高到 80.4%（χ^2=8.222，P=0.004）；在没有脱销产品出现的负面核心组中，有 58.3%的被试选择了备择项 x，当引入脱销产品 d_x 后，其被选概率显著降低至 39.1%（χ^2=3.466，P=0.049）。对比正面脱销组和负面脱销组，尽管同样的属性的产品脱销，但是负面脱销组备择项 x 被选概率为 39.1%，而正面脱销组备择项 x 被选概率显著上升至 80.4%（χ^2=16.320，P=0.00）。被选概率变动如图 6-4 所示。

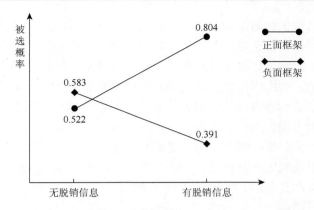

图 6-4　信息框架与脱销信息的交互作用（MP3）

就数据分析结果来看，牛肉购买实验中，脱销组与未脱销组中备择项 x 的被选概率变动不显著；MP3 购买实验中，脱销组与未脱销组中备择项 x 的被选概率变动显著。这一结果差异可能是，牛肉选取的两个属性之一是价格，而被试在答题时面对的仅是购物情景描述，并没有真正地花钱购买产品，从而可能对价格因素不敏感，从而降低了实验效应。但无论是牛肉购买实验还是 MP3 购买实验，消费者在不同信息框架下对脱销情境中的产品偏好均发生了显著变化，假设 6-1 和假设 6-2 得到证明。

三、实验 6-2：脱销情境中不同风险框架下的消费者行为

（一）样本选择

实验 6-2 的目的在于验证假设 6-3，即在风险决策的脱销情境下，积极框架下的消费者相比消极框架下的消费者，更容易选择脱销产品的相似产品。实验在国内西南某高校校园内进行，主要通过随机分组的问卷调查进行。与实验 6-1 相同，为了排除被试学识经验、决策偏好、年龄等因素对实验造成不必要的内生性干扰，实验 6-2 尽量选择同一年级同一专业的学生作为被试，且尽量在相同的时间和场合收集调查数据。

（二）实验材料与实验设计

实验材料选用生活中经常接触的保险产品与电器抽奖活动，两种实验材料均具有一定的选择风险性，以契合实验设计目的。两种实验材料均经过笔者预调查确认可用，其中实验材料的描述方式与属性设置都参考以往研究。研究共招募四

川某高校 400 名学生作为实验被试，年龄均为 19～21 岁在校本科一年级学生。

考虑脱销产品实际上可能为两种，低风险产品脱销和高风险产品脱销的实验结果可能不同，因此采用 2（积极框架 VS 消极框架）×2（低风险产品脱销 VS 高风险产品脱销）的组间实验设计，400 名被试被随机分配至 4 个不同的实验组中，向他们分别展示包含保险和促销抽奖两个消费者情境的问卷，并请他们做出选择。其中，组 1 面对的是积极框架下的低风险产品脱销；组 2 面对的是消极框架下的低风险产品脱销；组 3 面对的是积极框架下高风险产品脱销；组 4 面对的是消极框架下的高风险产品脱销。实验通过语言和数字组合描述情景，以组 3（积极框架和高风险产品脱销）中保险产品为例。

购物情景描述：

由于最近居住的家属区附近火灾与盗窃频发，你决定为价值 12 000 元的贵重物品投保。在保险公司咨询之后你发现，保险公司对财产损失保险可以分为确定保险与不确定保险两种，确定保险即为无论发生何种意外导致的财产损失都能获得一定金额的赔偿，不确定保险即为一旦发生意外，根据意外的具体情况确定保费，有可能赔付全额，也可能不予赔付，存在一定风险。你经过筛选得出了以下 3 种备选方案，但经过了解，第三种赔付方案已经售罄，因此只能在**前两种方案中进行选择**：

A 一旦发生意外，可获得 4000 元赔偿

B 一旦发生意外，根据具体情况确定保费，2/3 可能不予赔付，1/3 赔付全额 12 000 元

C 一旦发生意外，根据具体情况确定保费，1/2 可能不予赔付，1/2 赔付 8000 元（售罄）

（三）实验结果与数据分析

本次实验共发放问卷 400 份，收回 352 份，其中 8 份因为选项空缺等原因被剔除，有效问卷 344 份，问卷回收有效率为 97.7%。

实验中共出现了 688 次决策，实验数据如表 6-3 所示。

表 6-3　实验 6-2 中各备择项选择人数及选择率

产品	备择项	选择人数及选择率 n（%）（N=344）			
		组 1	组 2	组 3	组 4
保险	相似产品	60（66.7）	30（36.6）	56（62.2）	48（57.1）
	不相似产品	30（33.3）	52（63.4）	34（37.8）	36（42.9）
	脱销产品	—	—	—	—

续表

产品	备择项	选择人数及选择率 n（%）（N=344）			
		组1	组2	组3	组4
电器	相似产品	68（75.6）	28（34.1）	52（57.8）	30（35.7）
	不相似产品	22（24.4）	54（65.9）	38（42.2）	54（64.3）
	脱销产品	—	—	—	—

本研究采用二项 Logistic 回归法检验，只关注脱销产品的相似产品与不相似产品的相对偏好变化。因变量为决策结果（1=选择了相似的选择，0=选择了不相似的选项），自变量为框架（积极框架 VS 消极框架）和脱销产品风险类型（低风险产品脱销 VS 高风险产品脱销）。保险产品的二项 Logistic 检验结果如表 6-4 所示。

表 6-4 保险产品购买决策的二项 Logistic 回归分析

	B	S.E,	Wals	df	Sig.	Exp（B）
框架	−2.275	0.711	10.226	1	0.001	0.103
脱销产品风险类型	−1.226	0.700	3.066	1	0.080	0.293
脱销产品风险类型×框架	1.032	0.445	5.366	1	0.021	2.806
常量	3.162	1.117	8.014	1	0.005	23.627

对保险产品的二项 Logistic 检验结果显示，框架效应对消费者偏好产生了显著影响（$Wals$=10.226，P=0.001），脱销产品风险类型对消费者偏好产生了显著影响（$Wals$=3.066，P=0.08），假设 6-3 得到验证。此外，框架效应与脱销产品风险类型存在交互作用（$Wals$=5.366，P=0.021），消费者对保险产品脱销情况下的偏好变动情况如图 6-5 所示。

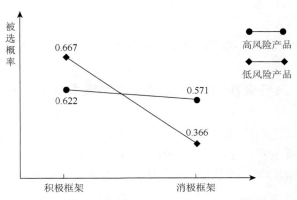

图 6-5 框架与脱销产品风险类型的交互作用（保险）

电器产品的二项 Logistic 回归分析结果如表 6-5 所示。

表 6-5　电器产品二项 Logistic 回归分析

变量	B	S.E.	Wals	df	Sig.	Exp（B）
框架	−2.669	0.745	12.836	1	0.000	0.069
脱销产品风险类型	−1.699	0.727	5.455	1	0.020	0.183
脱销产品风险类型×框架	0.884	0.460	3.688	1	0.055	2.420
常量	4.612	1.189	15.050	1	0.000	100.717

对电器产品的二项 Logistic 回归分析结果显示，框架效应对消费者偏好产生了显著影响（$Wals$=12.836，P=0.000），脱销产品风险类型对消费者偏好产生了显著影响（$Wals$=5.455，P=0.02），假设 6-3 同样得到验证。此外，框架效应与脱销产品风险类型存在交互作用（$Wals$=3.688，P=0.055），消费者对脱销产品相似产品的偏好变动如图 6-6 所示。

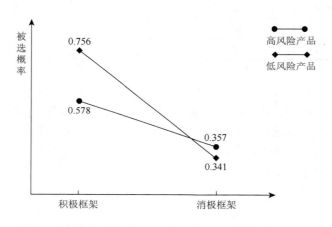

图 6-6　框架与脱销产品风险类型的交互作用（电器）

四、实验 6-3：消费者在不同框架的脱销情境中的决策心理探究

实验 6-1 证实了当消费者在不同框架的脱销情境下，消费者的决策偏好和决策行为会发生显著改变。在实验 6-1 的基础上，实验 6-3 将进一步研究消费者在不同框架的脱销情境中，消费者的感知稀缺、心理抗拒与决策信心水平是否发生显著变化。

（一）样本选择与实验设计

实验 6-3 的目的在于验证假设 6-4、假设 6-5 和假设 6-6，即不同框架的脱销情境对消费者决策心理的影响。实验 6-3 在四川某高校校园内开展，主要通过随机分组的问卷调查进行。样本选择与实验控制和实验 6-1 相同。

本次实验主要检验消费者在不同框架信息下的决策心理，为控制由实验材料所导致的实验误差，实验 6-3 的实验材料选取与实验 6-1 保持一致，采用 2（正面框架 VS 负面框架）×2（脱销 VS 未脱销）组间实验设计。研究招募了国内西南某高校 200 名学生作为实验被试，随机分配至 4 个小组，实验中要求被试单独填写包含牛肉和 MP3 两个购物决策的问卷，在被试做出决策选择之后，请他们填写衡量感知稀缺、心理抗拒与决策信心的量表，以（正面框架和脱销）组的牛肉决策问题为例。

购物情景描述：

假设，你正在为一场即将到来的家庭聚会采购牛肉食材，据你所知，家里人更偏爱较瘦的牛肉，通过向肉贩打听，你最终将目光投向了以下 3 种牛肉，但第三种牛肉在刚才已经售罄，因此只有余下两种可供选择，请在以下**两种牛肉**中做出选择：

A 25%肥肉　26 元/斤

B 15%肥肉　30 元/斤

C 13%肥肉　30 元/斤（售罄）

●请用 1~7 的数字表达对下述问题的同意程度，1 表示一点都不确定，7 表示非常确定

我认为该地牛肉供给量有限（　　　）

我认为剩下的牛肉选择也可能会很快售罄（　　　）

在上述购买中，使我因购买选择受到限制而感到沮丧和气愤（　　　）

在上述购买中，我会抵触他人选择试图对我产生的影响（　　　）

我有信心我的选择是最优的（　　　）

我不会对我的选择感到失望（　　　）

其中感知稀缺的量表借鉴 Lynn 和 Bogert（1996）、Swami 和 Khairnar（2003）及 Wu 等（2012）的研究，从供给和需求两个方面对消费者感知稀缺进行测量。心理抗拒的量表借鉴 Hong 和 Faedda（1996）、Rains 和 Turner（2007）的研究成果，从情感和认知两个方面进行测量。决策信心量表设置参考"决策后理论模型"，即被试个体需先完成决策判断再对决策判断正确的信心水平进行评估（Baranski et al.，2001；Petrusic et al.，2003），要求个体在做出选择后对所做选择正确程度和所选备择项是否为最优备择项进行 1~7 的决策信心等级估计。由于实验均采用经

过大量研究检验的成熟量表，因此本书认为这三种量表均具备较好的测量效度。

（二）实验结果与数据分析

为了确保测量项目有效性，数据分析前先检验所设置量表题目的内在信度。本书采用克隆巴赫 α 信度系数法，主要考虑测量项目的内在信度，即评价项目之间是否具有较高的内部一致性。检验结果如表 6-6 所示。该信度系数应该在 0～1，一般认为，如果此信度系数在 0.60～0.65，则拒绝接受；0.65～0.70 是最小可接受值；如在 0.70～0.80 则相当好；0.80～0.90 则是非常好。根据信度检验数据，所有的量表数据组信度系数皆在 0.7 以上，具有相当好的内部信度。

表 6-6　量表内部一致性检验结果

产品	组别	项目	Cronbach's Alpha 值			
			组 1	组 2	组 3	组 4
牛肉	感知稀缺	我认为该地牛肉供给量有限	0.790	0.809	0.840	0.742
		我认为剩下的牛肉选择也可能会很快售罄				
	心理抗拒	我因购买选择受到限制而感到沮丧和气愤	0.755	0.795	0.885	0.892
		我会抵触他人选择试图对我产生的影响				
	决策信心	我有信心我的选择是最优的	0.885	0.841	0.760	0.881
		我不会对我的选择感到失望				
MP3	感知稀缺	我认为该地 MP3 供给量有限	0.772	0.736	0.820	0.875
		我认为剩下的 MP3 选择也可能会很快售罄				
	心理抗拒	我因购买选择受到限制而感到沮丧和气愤	0.756	0.865	0.758	0.843
		我会抵触他人选择试图对我产生的影响				
	决策信心	我有信心我的选择是最优的	0.915	0.845	0.890	0.750
		我不会对我的选择感到失望				

实验 6-3 中共出现 374 次购买决策，数据统计结果如表 6-7 所示。

表 6-7　实验 6-3 中各备择项选择人数及被选概率

产品	备择项	选择人数及被选概率 n（%）（N=195）			
		正面核心组	负面核心组	正面脱销组	负面脱销组
牛肉	y	23（47.9）	21（46.7）	14（30.4）	31（64.6）
	x	25（52.1）	24（53.3）	32（69.6）	17（35.4）
	d_x	—	—	—	—

续表

产品	备择项	选择人数及被选概率 n（%）（N=195）			
		正面核心组	负面核心组	正面脱销组	负面脱销组
MP3	y	21（43.8）	19（42.2）	12（26.1）	27（56.3）
	x	27（56.3）	26（57.8）	34（70.8）	21（43.8）
	d_x	—	—	—	—

在牛肉购买实验中，正面框架下的产品 d_x 脱销，消费者对相似产品 x 的被选概率从 52.1% 显著增加至 69.6%（χ^2=3.008，P=0.064），负面框架下的产品 d_x 脱销，消费者对相似产品 x 的被选概率从 53.3% 显著降低至 35.4%（χ^2=3.025，P=0.063）。同样在脱销情境下，负面框架下的消费者相比正面框架下的消费者，对相似产品的被选概率从 69.6% 显著降低至 35.4%（χ^2=10.976，P=0.001）。在 MP3 实验中，正面框架下的产品 d_x 脱销，消费者对相似产品 x 的被选概率显著提高 14.5%（χ^2=3.217，P=0.057），负面框架下的产品 d_x 脱销，消费者对相似产品 x 的被选概率降低 14%（χ^2=1.828，P=0.126），而对比正面脱销组与负面脱销组可以发现，消费者在负面框架下对相似产品 x 的被选概率比正面框架低 27%（χ^2=8.803，P=0.003），可以发现，实验 6-3 结果与实验 6-1 基本一致。

实验在被试选择结束之后，立即要求被试就量表问题做出等级选择，保证量表的时效性。同时为了进一步对研究结论进行证实，采用两独立样本 t 检验来进行假设检验。两独立样本 t 检验的目的是利用来自两个总体的独立样本，推断两个总体的均值是否存在显著差异。本书的研究将负面脱销组与正面脱销组的消费者心理量表进行对比，探索总体均值是否存在显著性变化，检验结果见表 6-8。

表 6-8　消费者心理感知的假设检验

产品	组别	均值		假设检验		
		正面脱销组	负面脱销组	负面脱销组 VS 正面脱销组		
				均值差	F	P
牛肉	感知稀缺	4.500	3.542	+0.958	+4.427	0.000
	心理抗拒	3.478	4.750	−1.272	−5.398	0.000
	决策信心	3.978	3.729	+0.249	+0.918	0.361
MP3	感知稀缺	4.457	3.593	+0.864	+3.471	0.001
	心理抗拒	3.294	4.281	−0.987	−4.294	0.000
	决策信心	4.337	4.094	+0.243	+1.030	0.304

　　牛肉购买决策中，负面脱销组与正面脱销组的感知稀缺量表方差比较方程 Levene 检验中，方差齐性检验无显著差异（$F=1.144$，$P=0.286$），此时均值方程 t 检验中差异显著（$F=4.427$，$P=0.000$），说明两个实验组感知稀缺性存在显著差异。负面脱销组与正面脱销组的心理抗拒量表方差比较方程 Levene 检验中，方差齐性检验无显著差异（$F=3.338$，$P=0.069$），此时均值方程 t 检验差异显著（$F=-5.398$，$P=0.000$），说明两个实验组心理抗拒存在显著差异。决策信心量表均值方程 t 检验不显著中（$F=0.918$，$P=0.361$），说明两个实验组间的决策信心无显著差异。MP3 购买决策中也出现了和牛肉购买决策中一致的结果，两个实验组在感知稀缺上差异显著（$F=3.471$，$P=0.001$），在心理抗拒量表得分上也差异显著（$F=-4.294$，$P=0.000$），但在决策信心上，没有显著差异（$F=1.030$，$P=0.304$）。

　　综上所述，无论是牛肉还是 MP3，在脱销情境下，相比负面框架，消费者在正面框架中感知稀缺更高，但心理抗拒更低，假设 6-4 和假设 6-5 得到验证。但无论是牛肉还是 MP3，正面和负面框架下消费者决策信心都没有明显变化，假设 6-6 没有得到验证。

五、小结

　　以往针对脱销情境下消费者行为的研究多集中于正面或中性框架产品中，对消费者面对不同框架信息的产品脱销时的行为差异却尚未论及。事实上，实际消费环境中充斥的大量产品信息并非总是正面的，因此消费者做出购买决策时往往会考虑一个产品的负面信息，如药品的副作用、投资产品的风险等。在一些比较重要的购买决策中，消费者甚至会出于对产品正面信息的不信任，主动去搜集产品的负面信息，这种情况下，脱销产品作为通常情况下的占优产品，它的正面或负面框架信息对消费者决策产生的影响不容忽视。

　　本章从选择集中产品框架信息的不同构成视角，探索不同框架信息对脱销情境下消费者行为的影响，进而探索不同脱销产品框架信息对消费者决策心理与决策信心的影响，对于完善相关理论研究，指导现实的营销管理工作，具有较大的意义。通过科学实验设计，本书探究了消费者在不同框架信息的产品脱销时的决策行为与决策心理，如感知稀缺、心理抗拒、决策信心的变化，深化和拓展了幻影效应研究，也对企业营销管理实践提供了理论基础。

（一）研究贡献

　　以往对脱销情境下消费者决策行为的研究仅考察了正面或中性框架下的产品

选择集对消费者行为的影响，本章加入框架效应变量，进一步探索正负框架对脱销情境下消费者行为的影响。框架效应自提出起就受到众多学者关注，研究领域也在不断延伸，从最早的生命救助（亚洲疾病问题），延伸到公共财产、社会公平、消费决策等诸多领域，本章将框架效应引入脱销情境决策，分别证实了属性框架效应与风险选择框架效应均在脱销情境下成立，对已有研究形成了补充和完善，为后续的研究提供了一定的借鉴。

目前为止，针对脱销情境下消费者行为研究的出发点大多在于研究其作用机制、影响因素等方面，少有探寻脱销情境下的消费者心理。本章通过实证研究，证实正面框架下的产品脱销，消费者感知稀缺更高；负面框架下的产品脱销，消费者心理抗拒更高；无论是正面框架还是负面框架，在选择集中加入脱销产品，消费者决策信心均无明显变化。研究丰富了脱销情境下消费者心理研究，具有一定的创新意义。

（二）对管理实践的启示

在市场经济增长步伐日益加快的今天，大部分产业面临的竞争日益激烈，企业的新产品开发、推广与定位成为企业一大难题。事实上，由于购买环境中充斥着大量同质化产品选择，消费者不可能对所有商品进行逐一比较和鉴别，因为这将付出巨大的信息处理成本，消费者会通过信息的粗筛选，将部分产品排除，在剩余的产品中进行选择（Lehmann et al., 1994）。不同于传统研究，本研究发现幻影效应要受到信息框架和产品性质的影响，因此，在实际应用中，企业可根据产品框架信息的特点，以及产品的风险性质，设置不同的幻影备择项，进而影响消费者的选择。

对于消费者，风险产品通常意味着一定的财产风险或是生命风险，产品包括房产、理财产品和医药产品等，消费者对此类产品的购买通常抱持一定程度的谨慎态度。本章结论显示，负面框架下消费者更容易选择不相似的产品，这表明，企业在营销风险产品时不可盲目地使用传统的幻影效应结论，有时候可能会造成相反的结果。

本章研究亦表明，消费者在正面框架下遭遇产品脱销更容易产生稀缺感知，而在负面框架下遭遇产品脱销则更容易产生心理抗拒，这意味着，只要通过合理的营销手段引导消费者关注于产品的正面信息，则产品的暂时性脱销不仅不会造成消费者满意度下滑，还会增加消费者对同类产品的购买欲望；但如果消费者的关注点更多的在于产品的负面信息，那么则可能导致心理抗拒，以及后续的延迟购买、品牌转换、忠诚度下降等行为。

（三）研究局限及未来研究展望

　　研究采用学生样本，尽管消费者行为研究领域这种做法非常普遍，学生样本也确实有便捷、准确、高度内部有效等样本优点，但是学生样本测试结果的外部有效性无法得到保障。此外，实验材料设计采用经典的二元属性设计，但是实际购买环境中，消费者购买产品时所考虑的因素通常不仅限于两个属性，今后的研究可以探讨本章的研究结论在多属性决策中是否存在。最后，研究选取了感知稀缺、心理抗拒和决策信心作为衡量消费者决策心理的指标，这 3 个变量还远不足以衡量所有消费者决策心理变量，未来研究可以从更多心理要素，如感知难度、感知重要性、心理距离等方面做进一步研究。

第七章　研究结论、理论贡献及管理启示

第一节　主要研究结论

本书以消费者决策行为中的非理性行为为理论基础,以情境效应中吸引效应、折中效应和幻影效应为研究目标,借助行为科学的主要研究方法,采用对比实验研究手段,对消费者决策中的情境效应及消费者认知心理活动进行了探究。本书研究结论对于消费者决策行为研究领域的进一步拓展和深入,具有一定理论意义;研究结论也可以为企业营销管理中新产品定位、促销沟通、产品定价等策略制定方面提供理论支持。

一、本书主要研究结论

通过对情境效应国内外研究理论的回顾,本书对情境效应的表现形式、形成机制及其影响因素等进行了详细的梳理,在分析前人研究的基础上,提炼出本领域的研究空白,并基于此界定了本书所要解决的主要问题和研究假设。总结本书的主要研究内容,发现以下 10 个关键的研究结论。

(1)验证经典的吸引效应在中国文化背景下消费者购买决策中的情况,发现吸引效应不但确实存在,而且表现强烈。

(2)在吸引效应中,范围–频数理论可有效解释不对称占优备择项加入选择集后对消费者属性评价变化的影响。

(3)在吸引效应中,知觉聚焦理论可有效解释不对称占优备择项加入选择集后对消费者属性评价变化的影响。

(4)通过考察加入不对称占优备择项前后及决策前后消费者支付意愿的变化,发现吸引效应会对消费者支付意愿产生系统性影响,显著增加消费者对目标备择项的支付意愿,但这种影响是高度情境依赖的,若在消费者已经决策后再咨询支付意愿则效应消失。

(5)在选择集中加入一个不对称占优备择项后,备择项间的占优关系可有效缓解决策冲突,显著增加消费者对决策结果的满意程度。

(6)为剥离属性效用感知偏差的作用,研究使用了创新的研究范式,发现吸引效应在面积判断任务中也依然存在。与直觉信息加工模式相比,当被试在分析的信息加工模式下判断时吸引效应增强,且图形排列方式会影响消费者的信息编

辑和处理方式，并通过同化和对比机制影响吸引效应的变化。

（7）创新性地探讨了吸引效应在不可比较选择集中的表现，以单独考察基于备择项的价值判断机制的解释作用。发现吸引效应在不可比较选择集中依然存在，选项间的占优关系不仅增加了消费者的决策信心，还降低了其延迟决策的可能性。

（8）通过操纵消费者心理距离的远近，研究发现：①相对于为未来决策、为远距离事件决策和小概率事件决策，为现在决策、为近距离事件决策和大概率事件决策时，折中效应更大；②相对于为自我决策，为他人决策时的折中效应更大；③相对于高偏好确信度，低偏好确信度时的折中效应更大；④自我-他人决策和偏好确信度对折中效应具有显著的交互作用，随着偏好确信度降低，为他人决策的折中效应增加幅度大于为自我决策。

（9）发现决策规则会影响消费者的信息编辑和处理方式，相比选择决策框架，在排除决策框架下折中效应减弱。研究结果发现，不同决策框架会引发不同思维模式。在排除决策框架下的折中效应中，决策者不得不面临对某个优势属性的放弃，使其更加关注损失感，导致决策参考点发生转移，进而使折中效应减弱。

（10）基于产品脱销情境，探讨了属性框架对幻影效应及消费者感知稀缺、心理抗拒、决策信息等消费者心理的影响。研究发现：①正面属性框架下产品脱销，消费者更容易选择与脱销产品相似的产品，负面属性框架下则更容易选择与脱销产品不相似的产品；②风险决策的脱销情境下，消费者在积极框架比消极框架下更容易选择脱销产品的相似产品；③产品脱销情境下，产品正面框架描述时消费者更容易产生感知稀缺，产品负面框架描述时更容易产生心理抗拒，但产品信息框架对消费者决策信心没有显著影响。

二、研究假设验证情况

本书的 32 个研究假设及验证结果情况见表 7-1。

表 7-1　本书的研究假设及检验结果一览表

研究对象	研究内容	研究假设	实验	检验结果
吸引效应	经典吸引效应的再验证	·假设 3-1：以 R 策略加入诱引备择项，会显著提高目标备择项相对于竞争备择项的被选概率	实验 3-1	成立
		·假设 3-2：以 F 策略加入诱引备择项，会显著提高目标备择项相对于竞争备择项的被选概率	实验 3-1	成立
吸引效应	基于范围-频数理论的吸引效应中消费者属性评价转移	·假设 3-3：以 R 策略加入诱引备择项，会显著提高消费者对目标备择项劣势属性的评价	实验 3-1	成立
		·假设 3-4：以 F 策略加入诱引备择项，会显著提高消费者对目标备择项优势属性的评价	实验 3-1	成立

续表

研究对象	研究内容	研究假设	实验	检验结果
吸引效应	基于范围-频数理论的吸引效应中消费者属性评价转移	• 假设 3-5：以 R 策略加入诱引备择项，会显著提高消费者对竞争备择项优势属性的评价	实验 3-1	成立
		• 假设 3-6：以 F 策略加入诱引备择项，会显著降低消费者对竞争备择项劣势属性的评价	实验 3-1	成立
吸引效应	基于知觉聚焦效应的吸引效应中消费者属性评价转移	• 假设 3-7：以 R 策略加入诱引备择项，会显著提高消费者对目标备择项优势属性的评价	实验 3-1	不成立
		• 假设 3-8：以 F 策略加入诱引备择项，会显著提高消费者对目标备择项劣势属性的评价	实验 3-1	不成立
		• 假设 3-9：以 R 策略加入诱引备择项，会显著降低消费者对竞争备择项劣势属性的评价	实验 3-1	成立
		• 假设 3-10：以 F 策略加入诱引备择项，会显著降低消费者对竞争备择项劣势属性的评价	实验 3-1	成立
吸引效应	不对称占优备择项对消费者支付意愿的影响	• 假设 3-11a：在核心选择集中加入不对称占优备择项，不会影响消费者对目标备择项的支付意愿 • 假设 3-11b：在核心选择集中加入不对称占优备择项，会显著提高消费者对目标备择项的支付意愿	实验 3-2	假设 3-11b 成立
		• 假设 3-12：在含有不对称占优备择项的选择集中，消费者在选择前愿意为目标备择项支付的价格高于其在选择后愿意为目标备择项支付的价格	实验 3-3	成立
吸引效应	吸引效应对消费者决策满意度的影响	• 假设 3-13：在核心选择集中加入不对称占优备择项，会增加消费者对购买选择的决策满意度	实验 3-3	成立
吸引效应	面积判断任务中信息处理模式和信息呈现方式对吸引效应的影响	• 假设 4-1：在图形面积判断任务中，吸引效应依然存在	实验 4-1	成立
		• 假设 4-2：在图形面积判断任务中，与处于直觉的信息加工模式相比，当被试处于分析的信息加工模式下判断，吸引效应强度更大	实验 4-1	成立
		• 假设 4-3：在图形面积判断任务中，图形排列方式对吸引效应有较大影响，相对于将目标图形放置于诱引图形和竞争图形之间，将诱引图形放置于目标图形和竞争图形之间成为判断参考时，吸引效应强度更大	实验 4-2	成立
吸引效应	不可比较选择集中吸引效应对消费者决策行为的影响	• 假设 4-4：向不可比较选择集内加入一个不对称占优备择项，会显著增加目标备择项相对于竞争备择项的被选概率	实验 4-3	成立
		• 假设 4-5：向不可比较选择集内加入一个不对称占优备择项，消费者感知到的决策难度会显著降低	实验 4-3	不成立
		• 假设 4-6：与在不可比较选择的核心集内进行选择相比，消费者在加入诱引备择项的情境集内进行选择时，决策信心水平更高	实验 4-4	成立
		• 假设 4-7：当消费者在不可比较选择集内进行选择时，向选择集内加入一个不对称占优备择项，消费者延迟决策的概率会显著降低	实验 4-5	成立

续表

研究对象	研究内容	研究假设	实验	检验结果
折中效应	心理距离对折中效应的影响	· 假设 5-1：相比近社会距离，人们在为远社会距离的事情做选择时折中效应更小	实验 5-1	不成立
		· 假设 5-2：相比近时间距离，人们在为远时间距离的事情做选择时折中效应更小	实验 5-1	成立
		· 假设 5-3：相比近空间距离，人们在为远空间距离的事情做选择时折中效应更小	实验 5-1	成立
		· 假设 5-4：相比为确定或高概率事情做选择，人们在为低概率事情做选择时折中效应更小	实验 5-1	成立
		· 假设 5-5：人们的偏好确信度在自我-他人决策对折中效应的影响机制中起作用，具体而言，人们对自己或他人的偏好越确定越不受折中效应影响，导致折中效应变小	实验 5-2	成立
折中效应	决策框架对折中效应的影响	· 假设 5-6：相对于"选择"决策规则，在"淘汰"决策规则下折中效应会减弱	实验 5-3	成立
幻影效应	属性框架对产品脱销中消费者决策行为的影响	· 假设 6-1：正面框架下的产品脱销，消费者更容易选择与脱销产品相似的产品	实验 6-1	成立
		· 假设 6-2：负面框架下的产品脱销，消费者更容易选择与脱销产品不相似的产品	实验 6-1	成立
		· 假设 6-3：在风险决策的脱销情境下，积极框架下的消费者相比消极框架下的消费者，更容易选择脱销产品的相似产品	实验 6-2	成立
		· 假设 6-4：正面框架（VS 负面框架）下的产品脱销，消费者会产生更高的稀缺感知	实验 6-3	成立
		· 假设 6-5：负面框架（VS 正面框架）下的产品脱销，消费者会产生更高的心理抗拒	实验 6-3	成立
		· 假设 6-6：正面框架下的产品脱销相比负面框架下的产品脱销，消费者的决策信心更高	实验 6-3	不成立

第二节　理论贡献与展望

一、研究主要理论贡献及局限

（一）研究理论贡献

本书研究内容主要有以下 6 个方面学术贡献。

（1）系统地总结了情境效应的基本含义、主要表现形式及主要影响因素，系统而深入地剖析了情境效应作用机制。本书系统总结了基于考虑集的决策理论的发展历程，介绍了情境效应对传统决策理论中 EUM 原则和 IIA 原则的违反情况，并通过对相关文献的回顾和梳理，详尽地剖析了替代效应、吸引效应、折中效应、幻影效应的基本含义、表现形式和内在机制间的联系，为今后本领域内相关研究提供了便利条件。

（2）辅助选择变化情况，通过询问属性评价情况获得更为详尽的消费者数据，进一步探究了吸引效应的形成机制。以往相关研究对吸引效应的测量大都基于被试的选择在诱引备择项加入前后的变化情况，而由于被选概率具有排他性特性，只能获得被试偏好的定序数据而无法获得信息量更多的定距数据；此外，被试的选择情况只反映了备择项整体优势的变化情况，无法获得有关属性感知的变化情况，也就很难验证范围效应、频数效应及知觉聚焦效应对吸引效应的解释力度。本书的研究基于消费者属性评分变化这一微观角度，进一步深入挖掘了吸引效应的形成机制，弥补了以往研究的不足。

（3）首次探讨了不对称占优备择项对消费者支付意愿、决策满意度、决策信心、决策感知困难度、延迟决策倾向等因素的影响，拓展了情境效应的结果变量范围。本书首次以消费者感知价值为视角，发现不对称占优备择项会增加消费者对目标备择项的支付意愿，但对竞争备择项支付意愿的影响并不明显，这表明不对称占优备择项不仅增加了目标备择项的相对吸引力，也增加了其价值，这一结论揭示了以往研究未发现的吸引效应应用价值。本书也率先探究了不对称占优备择项对消费者决策心理感受，如决策满意度、决策信心及感知难度等的影响，对消费者决策结果变化做出了侧面的补充印证，完善了吸引效应的研究框架。

（4）探讨了心理距离和决策框架对情境效应的影响，拓展了情境效应的前因变量。以往近 30 年的研究中，学者们探讨了大量影响情境效应的变量，其中有关属性信息呈现方式和消费者信息处理方式这两类因素的探讨最多。研究证实心理距离和决策框架对折中效应有影响，不仅拓展了研究视角，也为相关研究提出了新的思考，如以往研究验证的影响变量是否通过心理距离的中介传递发生作用，这为未来的相关研究指出了新的方向。

（5）通过改变吸引效应传统研究范式，有效地分离出了基于属性层面的各种形成机制，提出了吸引效应形成的双阶段理论，也证实了基于备择项层面的机制的解释效力。近年来对情境效应的质疑主要集中在实验中产品属性呈现的方式，认为实验中产品属性的数字化夸大了吸引效应的效力，实验 4-1 和实验 4-2 的结果回击了这些置疑，发现在直观感性的图形面积判断任务中吸引效应依然强劲存在。研究通过独特的实验材料设计还巧妙地屏蔽了基于属性权衡的各种机制的启发，进一步揭示了吸引效应形成的阶段和过程。研究还创造性地探究了不可比较选择集中备择项占优关系对决策结果的影响，证实基于备择项层面的整体占优关系即可单独引发吸引效应。

（6）基于脱销情境，创新性地考察了产品属性呈现框架对幻影效应的影响。虽然信息编辑方式对情境效应的影响一直是热点问题，但以往研究主要聚焦于属性信息的意义充足性、数字化等方面，本书基于决策参考点效应，证实属性呈现框架亦对幻影效应有影响，具有一定的实践应用价值。

（二）研究局限

本书研究的主要局限体现在以下几点。

（1）实验被试单一，研究方法单一。鉴于以往研究中多使用学生样本作为被试，本书所有实验的被试也均选择学生作为样本，调查也多在课堂教学的间隙，由此获得的研究结论可能缺乏较高的外部效度，因为不同于购买目标明确的实际消费者，学生被试可能对实验产品属性不熟悉，而更可能借助占优关系做出决策，从而夸大了情境效应。研究结论还需要在今后研究中通过现场研究方法、扩大样本范围、扩大实验产品的种类等手段，得到进一步的验证。

（2）实验材料选择缺乏实物刺激性。虽然实验产品选择都尽量参考以前研究的情形，并根据我国市场上情况对产品属性做了调整，为了增加逼真程度，实验 3-2 和实验 3-3 更是辅助了图片信息，但由于所有实验产品都没有提供实物，这可能会诱引被试关注于属性信息差异，进而夸大情境效应强度，今后研究还需使用实物产品进一步验证研究结论是否成立。

（3）研究结论缺乏足够的实验开展进行重复验证。虽然所有结论的假设都获得了实验数据支持，但实验产品的范围还太过狭窄，如实验 3-2 只选择了 3 种产品，实验 3-3、实验 4-3、实验 4-4、实验 5-3、实验 6-1、实验 6-2 和实验 6-3 中都只选择了两种产品，实验 4-5 中甚至只有一种产品，这些研究结论是否存在普遍性，还需要更多的实验和产品种类来印证。

二、研究展望

情境效应研究中还有一些问题没有得到解答，需要进一步研究来解决。

首先，在现实的招投标方案评议、人员招聘、购房等决策过程中，决策者都是按时间序列接触各方案信息的，各备择项展示顺序是否会因为锚定效应而干扰情境效应表现？不对称占优备择项在目标备择项之后展示是否会让其失去锚定作用，从而导致情境效应消失？以后研究可解答这一问题。

其次，目前有关情境效应研究都集中在"多择一"规则下，但现实中消费者的购买行为并不是排他性的，他们可以同时选择两个以上同类商品，在"多择多"规则下消费者的关注点可能会发生改变，如折中效应中，当消费者可以购买多个产品品种时，他们会否更偏爱极端备择项而导致折中效应减弱或消失？还需要得到验证。

再次，目前对于折中效应形成机制解释的前提是产品属性间是可补偿性的，即产品在一个属性上的弱势可以通过另一个属性上的优势来补偿，当产品属性是不可补偿时，折中效应是否依然存在及表现如何？如 Johnson 和 Heineke（1998）根据消费者对服务质量的感知特点，将其属性划分为激励属性和保健属性，这两类属性的得失感知显著不同，激励属性的获得权重要大于损失权重，而保健属性则相反，且往往属性间是不可补偿的。当产品两个属性都是激励属性时是否会增强折中效应，而都是保健属性时会出现折中效应反转？今后研究应致力于考察不同属性特征对情境效应的影响。

然后，以往情境效应研究中决策者多处于一个中立的参考点，如消费者在产品购买决策时的参考点就是什么也不买，无论购买哪种产品对于他们而言都是一种"获得"。事实上，现实中人们往往不得不为坏事情做决策，这时他们面对的是一个"损失"决策框架，如一个刚发现有恶性肿瘤的人，可以选择保守治疗将肿瘤恶化概率降至 10%，也可以选择肿瘤彻底切除，但要承担出现 10%概率导致泌尿失控的风险，相对于健康的人们而言，任何一个选择都是一种"失去"。这种情形下，加入特定的诱引备择项是否还会出现和"获得"框架下一样的情境效应，还需要后续研究去探究。

最后，本书研究中涉及的一些实验因素仅探讨了对某一种效应的影响，还需要大量研究延伸拓展到其他效应。如折中效应中消费者的产品属性评价如何发生改变；除折中效应外，心理距离对吸引效应和幻影效应的影响如何；"排除"规则下的吸引效应和幻影效应表现如何；属性信息框架是否会影响折中效应；等等，也都需要进一步的研究做出解答。

第三节　管理启示与建议

一、情境效应研究对应用实践的指导意义

有关情境效应的研究并不是要为实践运用找到某些明确无误的策略，因为相关研究中选用的实验材料设定与现实情况差距较大。首先，现实中消费者的考虑集往往包括多个相互竞争的品牌而不仅仅只有两个，此时，在各品牌错综复杂的相对关系中要设计一个理想的、有利于本企业产品的诱引占优备择项非常困难；其次，现实中消费者要考虑的产品属性往往数量较大，甚至很多时候同一类产品可能会拥有不同的附加属性，即使购买像香皂这样的日常生活用品，也要考虑如价格、香味、去污能力、附加功能等多个属性，这和实验研究中的双属性设计相

差较大，也进一步增加了设计理想诱引备择项的难度；最后，在实验中设计一个诱引备择项相对简单，但如果真的在市场上推出这样的产品却要面临诸多问题，如吸引效应中的诱引备择项被目标备择项完全占优，其在市场上不能获得任何市场份额，推出该产品所付出的设计、生产等成本能否从吸引效应中得到补偿还需要进一步考虑。另外需要考虑的问题是，当消费者发现同一个企业在市场上推出两个具有完全占优关系且极其相似的产品时，可能会感到迷惑甚至是怀疑，他们对此做出怎样的归因无从得知，这可能会影响情境效应的表现。在幻影效应中，不管是人为的设计还是实际情况，出现脱销情境诱使消费者购买次优的产品，从长远看可能会引起消费者的反感甚至是愤怒，侵蚀品牌资产。正是因为实验研究的情形和现实情况差距太大，所以以 Frederick 等（2014）和 Yang，Lynn（2014）为代表，一些学者近年来开始质疑情境效应对现实应用的指导意义（Malaviya et al.，2002；Frederick et al.，2008；Malkoc et al.，2013；Lichters et al.，2015a）。

虽然具有上述缺点，但情境效应研究却依然拥有较大的应用价值。首先，它有效地补充了传统的效用最大化原则，指出在市场份额预测模型中，应该考虑情境效应这一因素，如将备择项间的占优关系、属性间的权衡对比及极端规避等变量纳入模型，可获得更好的预测效力。其次，情境效应研究也可以为企业的产品设计、市场定位选择、促销策略设计、广告投送、产品陈列及价格促销等营销活动，提供一些需要遵守的基本原则（Simonson et al.，1992）。

虽然 Frederick 等（2014）认为现实中产品的可感官感受性会使情境效应很难出现，但随着网络时代的到来，网上购物的兴起为情境效应的发生提供了便利条件。不同于实体店销售，在网上购物的消费者无法通过直观感官体验产品，且网站上提供的图片也无法提供详尽的产品信息，所以他们只能通过一些文字获取产品信息，更可能会借助于网站上标注的等级、尺寸、价格等量化信息来做出决策，也更可能会产生情境效应。

（一）情境效应对企业产品开发及定位的启示

在新产品开发过程中，企业不仅要追求消费者价值最大化，还要考虑产品在市场定位中的相对位置对消费者判断与选择的影响。由替代效应可知，新产品设计时要考虑不同产品间的相似度，新产品应尽量与本企业其他产品相区分而与竞争产品类似，这样可以避免企业产品间的自相残杀。如宝洁公司虽然经常在同一个产品类中推出多个型号，但往往会使用不同的品牌名称，且这些产品彼此间在功效上差异较大，而又经常会与某一个竞争品牌类似，这样的产品开发策略就可以使"同类相食"的不利情况最小化。由折中效应可知，当企业的产品位于极端位置时，设置一个诱引产品而将其拉到一个折中的位置，是提高其市场份额的好方法，如当一个酒店在包含了 3 个价位的自助套餐集{45 元套餐，58 元套餐，78 元套餐}中想要主推 78 元套餐的销量时，可以在菜单中增加一个 98 元的套餐将其从选择集的极端位置移到居中的位置。

情境效应为传统产品定位理论提供了新的视角。定位指的是消费者对某个品牌的相对知觉，这恰恰符合情境效应的内涵，即消费者会将诱引产品作为参照点评价其他产品，然后凭借知觉进行购物选择。如果企业推出产品是一个新开发产品，企业可选择一个消费者熟悉的品牌（此品牌可以是公司自己的，也可以是竞争企业的）作为诱引产品进行定位。情境效应表明，不一定非要将产品的属性做得最好才可以击败竞争产品，只要产品的属性在类似的相互竞争的产品集中位置恰当，一样可以获得成功，这就为市场中的弱势竞争者提供了一个有效的竞争策略。情境效应也为企业识别竞争者提供了一个新的视角，要求企业不仅要关注与自己直接竞争市场份额的竞争产品，还需要特别注意和本企业产品形成了特定情境关系的产品。

（二）情境效应对企业产品线管理的启示

情境效应也可以给企业的产品线管理提供一些启示。对于企业来说，在产品组合中不仅要培育提升企业形象的"形象产品"、增加利润回报的"效益产品"、增加市场竞争能力的"拳头产品"，以及和竞争对手展开恶性价格战的"炮灰产品"，还可以策略性地推出一些"诱引产品"，以提升某款产品相对竞争对手的优势。"诱引产品"的使命和目标不是为了获得销售额或利润回报，而是作为陪衬其他产品的"陷阱"存在。例如，当企业产品具有价格优势而不具有质量优势时，可引入一个价格相同而质量稍差或质量相同而价格稍高的陷阱产品；再如，当企业产品是同类产品中价格最高者，导致消费者出现极端规避现象时，企业可以加入一个价格更高的陷阱产品以缓解这种负面效应。但应指出，"诱引产品"的设计、生产和终端摆放都要花费一定的成本，因此，企业在应用情境效应策略时应该仔细权衡"诱引产品"的投资回报。这对于非实体产品的展示销售方式来说却不是太大问题，因为这些销售方式只需在邮购目录、产品推介单或网站上提供"诱引产品"的文字或图片信息即可，不一定需要实际生产该产品，也就不会产生太多额外的成本。

（三）情境效应对企业促销信息策略的启示

依据情境效应，企业可以有策略地设计产品促销信息来影响消费者的购买选择。以幻影效应为例，企业在促销沟通时，适时运用幻影产品可有效引导消费者的购买行为，如在网络销售时，店铺所有者可以推出一些优质的产品并贴上"已售完"或"缺货中"标签，进而诱导他们购买店铺中的其他产品；又或者，企业在产品推介单上提前预告"即将推出"产品的详细信息并延迟推出时间；或为设定的幻影产品增加各种"购买条件限制"，等等，这些策略都可引导消费者购买与幻影产品相似的产品。

相关研究表明，当产品信息充足能够被感官感知时，吸引效应会减弱或消失（Mishra et al. 1993），因此，如果要保证情境效应的有效性，保持产品属性信息的可比较性和数字化就显得非常必要，这样消费者便更可能受到情境效应的影响。在运用情境效应策略时，企业应当设计好消费者接触产品信息的格式，产品信息推介时应尽量将产品感知的、体验的或模糊的属性数字化、形象化，为便于消费者的属性比较，也应尽量使用数字描述属性水平而不是感性的文字描述。如将冰箱的噪声状况设置为1～3的静音等级，将其耗电情况设置为1～5的绿色等级；又如将白酒难以辨别和评价的口感和品质依据优次标注为三星级、四星级和五星级。

二、研究结论的营销应用

本书研究内容对企业的现实营销应用提供很多借鉴意见，主要表现在以下几个方面。

（一）产品属性设计

研究结论表明，企业在进行产品属性设计时，要充分考虑消费者对产品属性评价的情境依赖特性。企业应该明白消费者并非是孤立地判断产品属性，对其评价的高低取决于它在所有备择项属性值中的位置。具体而言，对于企业产品的优势属性，根据频数理论，要尽量提高该属性在属性集极差中的位置和排序，特别是当竞争产品间属性水平比较接近时，稍加努力改进提高该属性的排名可能会获得较大市场份额回报。而根据范围效应理论，企业优势属性相对于竞争产品的优势距离感知是可伸缩的，企业可以推出一些在该属性上次优产品进一步拉大这种心理优势距离；此外，在保证属性占优的前提下，适当降低优势属性的水平受到的伤害可能并不大，此时企业可将节省的成本用于其他属性的提升，这可能有助于企业产品整体竞争力的提升。对于产品弱势属性而言，最好不要成为该属性集中最差者，应尽量达到该属性值的平均水准，另由知觉聚焦效应可知，有时候维持与市场上大多数产品属性水平相同的值，是一个较好的策略。

（二）情境效应运用策略的选择

在运用情境效应策略时，应注意一些操作细节问题。从本书研究结论可知，有关吸引效应的多个产品购物决策实验都支持"采用 R 策略引入陷阱产品比采用 F 策略更为有效"这一结论，因此，在产品设计难度相当情况下，企业运用吸引效应时应优先考虑使用 R 策略。研究表明消费者的支付意愿也受情境效应影响，消费者的产品估值不仅取决于其使用价值，还包括由于产品彼此相对关系而造成的情境价值，但情境价值是极其不稳定的。在组织营销推销过程中，为了增加成交成功率，多数学者往往建议销售员应该先介绍企业产品组合，以确定客户购买意向，在成交最后阶段再谈价格议题。但本书研究结论表明，如果企业使用了情境效应策略，这样做的结果可能会导致客户支付意愿降低，因此，在产品介绍阶段就将价格信息呈现给消费者更有可能提高其支付意愿。从消费者角度来看，不对称占优备择项不仅可以加快其决策速度，还可以有效缓解其决策心理压力和感知损失，从而增加消费者决策愉悦度，从这一视角看，情境效应不仅是一种"愚弄"和"诱导"消费者的工具，还有其存在的社会价值。

（三）产品信息的设计与呈现方式

企业在使用情境效应策略时，要特别注意信息的呈现方式，它主要会影响消费者的信息编辑方式，进而影响决策结果。

首先，从产品的位置安排上看，实验 4-2 的研究表明，要有效地引发吸引效应以增加目标产品的相对优势，产品摆放位置是一个重要的影响因素，在网站上或邮购目录里呈现产品信息时，应将诱引产品放置于目标产品和竞争产品的中间；同理，在运用折中效应时，将目标产品放置于中间的位置则效果也应更佳。

其次，从决策情境信息的设计上看，企业可以通过文字描述操纵其心理距离感和决策模式影响其决策行为。实验 5-1 的研究结论表明，可以通过信息描述操纵消费者不同的心理距离，进而获得有益的折中效应。以一个餐厅为例，当其服务水平处于折中的市场定位位置时，适合采用低解释水平的推介信息以增强折中效应，此时适合描述餐厅一些具体、外围的特征，如"乘地铁 2 号线即可达到""面积 $1300m^2$""披萨、中式小炒、东南亚料理、日本寿司、凯撒沙拉、浪漫鸡尾酒等几十种小吃餐点"，以及"长达 20 余米的主菜自选区和自助饮料区"等这些具体而详细的实用信息；而当该餐厅的服务水平处于极端位置时，适合采用高解释水平的推介信息以降低折中效应，此时适合描述与餐厅抽象、核心的特征，如"绿色、无公害的选材原则""简洁时尚的装修风格""倍感尊贵"和"高品质的服务理念，无限体验近十大类上百款特色佳肴"等信息。实验 5-3 表明，使用不同的决策任务语言描述可以诱发消费者启用不同的决策规则，进而影响情境效应，这一结论在企业招投标、员工招募等群体决策领域中具有重要意义。管理者可以通过设置不同决策规则影响最后决策结果，可以在目标对象处于折中位置时制定"选择"决策规则，而在处于极端位置时使用"排除"决策规则，以消除折中效应的不利影响。

最后，从属性信息框架的设定上来看，企业应该根据不同的产品特点设计产品信息。本书第六章以脱销情境的视角研究了产品信息框架对幻影效应的影响，研究结论表明，当企业产品遭受到不利的幻影效应影响时，可以通过调整产品属性的正面负面框架信息降低这些不利影响，当企业产品与脱销的优势产品相似时使用正面框架信息描述产品，不相似时使用负面框架信息描述产品。研究结论同样表明，消费者在正面框架下遭遇产品脱销更容易产生感知稀缺，而在负面框架下遭遇产品脱销更容易产生心理抗拒，该结论意味着属性信息框架策略的应用是一把双刃剑，为了影响幻影效应而使用负面信息框架可能导致不利的后果，如延迟购买、品牌转换及品牌忠诚度下降等，企业应当估量这些后果的严重性。

参 考 文 献

陈海贤，何贵兵. 2014.心理距离对跨期选择和风险选择的影响. 心理学报，46（5）：677-690.

杜青龙. 2011. 参考群体影响下的吸引效应与折衷效应研究. 成都：西南财经大学博士学位论文：96-152.

段锦云，王雪鹏，古晓花. 2014. 心理距离对后悔的影响. 心理与行为研究，12（5）：671-674.

段锦云，朱月龙，陈婧. 2013.心理距离对风险决策框架效应的影响. 心理科学，36（6）：1404-1407.

段婧，刘永芳，何琪. 2012.决策者角色及相关变量对风险偏好的影响. 心理学报，44（3）：369-376.

郭俊辉，阮尹，南仲信. 2009. 情境效应模型在医药品选择分析中的应用研究. 消费经济，25（6）：71-75.

简明，黄登源. 2009. 市场研究定量分析方法与应用. 北京：中国人民大学出版社：96-139.

李艾丽，张庆林. 2008. 多备择决策的联结网络模型. 心理科学，31（6）：1438-1440.

李东进，张成虎，李研. 2015. 脱销的利与弊：以感知稀缺性与心理抗拒感为中介的相似品购买意愿研究. 营销科学学报，11（2）：34-50.

李纾. 2006. 发展中的行为决策研究. 心理科学进展，14（4）：490-497.

李雁晨，周庭锐，周琇. 2009. 解释水平理论：从时间距离到心理距离. 心理科学进展，17（4）：667-677.

梁承磊，李秀荣. 2012. 框架效应对冲动性购买行为的影响研究. 山东财政学院学报，24（1）：72-81.

林建煌. 2011. 消费者行为. 第三版. 北京：北京大学出版社.

刘涵慧，周洪雨，车宏生. 2008. 时间压力、个人相关性对不同类型框架下决策的影响. 心理学探新，28（4）：27-30.

刘永芳，毕玉芳，王怀勇. 2010. 情绪和任务框架对自我和预期他人决策时风险偏好的影响. 心理学报，42（3）：317-324.

刘永芳，陈雪娜，卢光莉，等. 2010. 决策者角色及相关因素对风险偏好的影响. 心理科学，33（3）：548-551.

刘永芳，王鹏，庄锦英，等. 2014. 自我-他人决策差异：问题、研究与思考. 心理科学进展，22（4）：580-587.

刘玉珍，张峥，徐信忠，等.2010. 基金投资者的框架效应. 管理世界，（2）：25-37.

纳雷希 K 马尔霍特拉. 2009. 市场营销研究：应用导向. 第五版. 涂平译. 北京：电子工业出版社：163-182.

斯科特·普劳斯. 2004. 决策与判断. 施俊琦等译. 北京：人民邮电出版社.

王财玉，何安明，惠秋平. 2013. 时间距离与大学生自我-品牌联结的价值偏好.心理科学，36（4）：956-959.

王大伟，胡瑜. 2008. 决策制定过程中时间压力效应的实验研究.中国经济与管理科学，（3）：26-29.

王晓玉，晁钢令. 2005. 西方消费者考虑集研究综述. 外国经济与管理，27（10）：26-34.

项保华，李绪红. 2005. 管理决策行为：偏好构建与判断选择过程. 上海：复旦大学出版社.

小吉尔伯特 A 丘吉尔，唐·拉柯布奇. 2010. 营销调研方法论基础. 王桂林等译. 北京：北京大学出版社：231-393.

徐惊蛰，谢晓非. 2011. 解释水平视角下的自己-他人决策差异. 心理学报，43（1）：11-20.

于窈，李纾. 2006. "过分自信"的研究及其跨文化差异. 心理科学进展，14（3）：468-474.

张全成，刘阳，孙洪杰. 2015. 基于不可比较选择集的吸引效应及其作用机制研究.商业研究，61（11）：74-80.

张全成，卢东，周庭锐. 2011. 消费者决策行为中的情境效应研究评述及展望. 软科学，25（10）：130-134.

张全成，杨皖苏，周庭锐. 2012. 吸引效应下的消费者支付意愿及决策满意度探析. 管理世界，（10）：182-183.

赵立军，孟春青，卢光莉. 2009. 框架效应对公平判断影响的实验研究. 心理科学，32（3）：764-767.

庄锦英. 2006. 决策心理学. 上海：上海教育出版社.

Adaval R，Wyer R S. 2011. Conscious and nonconscious comparisons with price anchors：Effects on willingness to pay for related and unrelated products. Journal of Marketing Research，48（2）：355-365.

Alba J W，Chattopadhyay A. 1985. Effects of context and part-category cues on recall of competing brands. Journal of Marketing Research，22（3）：340-349.

Amir O，Levav J. 2008. Choice construction versus preference construction：The instability of preferences learned in context. Journal of Marketing Research，45（2）：145-158.

Anastasi A. 1936. The estimation of area. The Journal of General Psychology，14（1）：201-225.

Anderson C J. 2003. The psychology of doing nothing：Forms of decision avoidance result from reason and emotion. Psychological Bulletin，129（1）：139-167.

Ariely D，Wallsten T S. 1995. Added seeking subjective dominance in multidimensional space：An explanation of the asymmetric dominance effect.Organizational Behavior and Human Decision Processes，63（3）：223-232.

Armor D A，Sackett A M. 2006.Accuracy，error，and bias in predictions for real versus hypothetical events. Journal of Personality and Social Psychology，91（4）：583-600.

Bar-Anan Y，Liberman N，Trope Y. 2006. The association between psychological distance and construal level：Evidence from an implicit association test. Journal of Experimental Psychology：General，135（4）：609-622.

Baranski J V，Petrusic W M. 2001. Testing architectures of the decision-confidence relation. Canadian Journal of Experimental Psychology，55（3）：195-206.

Basu A K，Hicks R L. 2008. Label performance and the willingness to pay for fair trade coffee：A cross-national perspective. International Journal of Consumer Studies，32（5）：470-478.

Bateman I J，Cooper P，Georgiou S，et al. 2001. Visible Choice Sets and Scope Sensitivity：An Experimental and Field Test of Study Design Effects upon Contingent Values. CSERGE Working Paper，University of East Anglia.

Bateman I J，Munro A，Poe G L. 2008. Decoy effects in choice experiments and contingent valuation：

Asymmetric dominance. Land Economics，84（1）：115-127.

Batsell R R. 1982.On utility，substitutability and the prediction of choice：A simple extension of the luce model which simultaneously scales utility and substitutability. Research in Marketing，1：243-258.

Becker G M，Degroot M H，Marschak J. 1964. Measuring utility by a single-response sequential method. Systems Research and Behavioral Science，9（3）：226-232.

Beisswanger A H，Stone E R，Hupp J M，et al. 2003. Risk taking in relationships：Differences in deciding for oneself versus for a friend. Basic and Applied Social Psychology，25（2）：121-135.

Bell D E. 1984. Disappointment in decision making under uncertainty. Operations Research，33（1）：1-27.

Bell D R，Corsten D，Knox G. 2008. The power of planned uncertainty. International Commerce Review，8（1）：56-64.

Bem S L. 1967. Verbal self-control：The establishments of effective self-instruction. Journal of Experimental Psychology，74（4）：485-491.

Bettman J R，Luce M F，Payne J W. 1998. Constructive consumer choice processes. Journal of Consumer Research，25（3）：187-217.

Bhargava M，Kim J，Srivastava R K. 2000. Explaining context effects on choice using a model of comparative judgment. Journal of Consumer Psychology，9（3）：167-177.

Blankenship K L，Wegener D T，Petty R E，et al. 2010. Elaboration and consequences of anchored estimates：An attitudinal perspective on numerical anchoring. Journal of Experimental Social Psychology，44（6）：1465-1476.

Bohm P. 1979. Estimating willingness to pay：Why and how？The Scandinavian Journal of Economics，81（2）：142-153.

Boland W A，Brucks M，Nielsen J H. 2007. Constructive preferences for rejected options：When you can't get what you want. Advances in Consumer Research，34：223-224.

Bolger F，Önkal-Atay D. 2004. The effects of feedback on judgmental interval predictions. International Journal of Forecasting，20（1）：29-39.

Booz A，Hamilton. 1982. New Product Management for the 1980s. New York：Booz，Allen & Hamilton.

Brehm J W. 1968. Freedom：A theory of psychological reactance. American Journal of Psychology，81（1）.

Brehm S S，Brehm J W. 1981. Psychological Reactance：A Theory of Freedom and Control. New York：Academic Press：27.

Brehm J W，Cole A. 1966. Effect of a favor which reduces freedom. Journal of Personality and Social Psychology，3（4）：420-426.

Brenner L，Rottenstreich Y，Sood S. 1999. Comparison，grouping，and preference. Psychological Science，10（3）：225-229.

Brisoux J E，Laroche M. 1980. A Proposed Consumer Strategy of Simplification for Categorizing Brands. In Evolving Marketing Thought for the 1980s，Proceedings of the Southern Marketing Association Annual Meeting，112-114，New Orleans，Louisiana.

Busemeyer J R，Barkan R，Mehta S，et al. 2007. Context effects and models of preference choice：

Implications for consumer behavior. Marketing Theory，7（1）：39-58.

Cameron T A，James M D. 1987. Estimating willingness to pay from survey data：An alternative pre-test-market evaluation procedure. Journal of Marketing Research，24（4）：389-395.

Campo K，Gijsbrechts E，Nisol P. 2000. Towards understanding consumer response to stock-outs. Journal of Retailing，76（2）：219-242.

Carlson K A，Bond S D. 2006. Improving preference assessment：Limiting the effect of context through pre-exposure to attribute levels. Management Science，52（3）：410-421.

Carson R T，Mitchell R C. 2000. Public preferences towards environmental risks：The case of trihalomethanes. Department of Economics，UCSD：27-29.

Chang C C，Chuang S C，Cheng Y H，et al. 2012.The compromise effect in choosing for others. Journal of Behavioral Decision Making，25（2）：109-122.

Chan T Y，Kadiyali V，Park Y H. 2007. Willingness to pay and competition in online auctions. Journal of Marketing Research，44（2）：324-333.

Chernev A. 2003. When more is less and less is more：The role of ideal point availability and assortment in consumer choice. Journal of Consumer Research，30（2）：170-183.

Chernev A. 2005. Feature complementarity and assortment in choice. Journal of Consumer Research，31（4）：748-759.

Chong D，Druckman J N. 2013. Counter framing effects. Journal of Politics，75（1）：1-16.

Chuang S C，Cheng Y H，Chang C J，et al. 2013. The impact of self-confidence on the compromise effect. International Journal of Psychology，48（4）：660-675.

Cialdini R B. 1993.Influence：The Psychology of Persuasion. New York：Morrow.

Clee M A，Wicklund R A. 1980. Consumer behavior and psychological reactance. Journal of Consumer Research，6（4）：389-405.

Crompton J. 1992. Structure of vacation destination choice sets. Annals of Tourism Research，19（3）：420-434.

Crompton J L，Ankomah P K. 1993. Choice set propositions in destination decisions. Annals of Tourism Research，20（3）：461-476.

Dawes R M. 1964. Social selection based on multidimensional criteria. The Journal of Abnormal and Social Psychology，68（1）：104-109.

Debreu G. 1960. Review of R D Luce，Individual choice behavior：A theoretical analysis. American Economic Review，50（1）：186-188.

Dhar R，Glazer R. 1996. Similarity in context：Cognitive representation and violation of preference and perceptual invariance in consumer choice. Organizational Behavior and Human Decision Processes，67（3）：280-293.

Dhar R，Nowlis S M，Sherman S J. 2000. Trying hard or hardly trying：An analysis of context effects in choice. Journal of Consumer Psychology，9（4）：189-200.

Dhar R，Simonson I. 2003. The effect of forced choice on choice. Journal of Marketing Research，40（2）：146-160.

Dhar R，Wertenbroch K. 2000.Consumer choice between hedonic and utilitarian goods. Journal of Marketing Research，37（1）：60-71.

Diels J L，Wiebach N，Hildebrandt L. 2013. The impact of promotions on consumer choices and preferences in out-of-stock situations. Journal of Retailing and Consumer Services, 20 (6): 587-598.

Doyle J R, O'connor D J, Reynolds G M, et al. 1999. The robustness of the asymmetrically dominated effect: Buying frames, phantom alternatives, and in-store purchases. Psychology and Marketing, 16 (3): 225-243.

Duncan J, Humphreys G W. 1989. Visual search and stimulus similarity. Psychological Review, 96 (3): 433-458.

Duncan O D. 1984. Notes on Social Measurement: Historical and Critical. New York: Russell Sage: 126.

Dunegan K J. 1993. Framing, cognitive modes, and image theory: Towards an understanding of a glass half full. Journal of Applied Psychology, 78 (3): 491-503.

Efklides A. 2008. Metacognition: Defining its facets and levels of functioning in relation to self-regulation and co-regulation. European Psychologist, 13 (4): 277-287.

Efklides A, Petkaki C. 2005. Effects of mood on students' metacognitive experiences. Learning and Instruction, 15 (5): 415-431.

Einborn H J, Hogarth R M. 1981. Behavioral decision theory: Processes of judgment and choice. Journal of Accounting Research, 19 (1): 1-31.

Emmelhainz M A, Stock J R, Emmelhainz L W. 1991. Consumer responses to retail stock-outs. Journal of Retailing, 67 (2): 138-147.

Epley N, Gilovich T. 2001. Putting adjustment back in the anchoring and adjustment heuristic. Psychological Science, 12 (5): 391-396.

Epstein S, Lipson A, Holstein C, et al. 1992. Irrational reactions to negative outcomes: Evidence for two conceptual systems. Journal of Personality and Social Psychology, 62 (2): 328-339.

Fagley N S, Coleman J G, Simon A F. 2010. Effects of framing, perspective taking, and perspective (affective focus) on choice. Personality and Individual Differences, 48 (3): 264-269.

Fagley N S, Miller P M. 1990. The effect of framing on choice interactions with risk-taking propensity, cognitive style, and sex. Personality and Social Psychology Bulletin, 16 (3): 496-510.

Farquhar P H, Pratkanis A R. 1993. Decision structuring with phantom alternatives. Management Science, 39 (10): 1214-1226.

Fisher G H, Foster J J. 1968. Apparent sizes of different shapes and the facility with which they can be identified. Nature, 219 (5154): 653-654.

Fleck M S, Daselaar S M, Dobbins I G, et al. 2006. Role of prefrontal and anterior cingulate regions in decision-making processes shared by memory and nonmemory tasks. Cerebral Cortex, 16 (11): 1623-1630.

Frederick S, Lee L. 2008. Attraction, repulsion, and attribute representation. NA-Advances in Consumer Research. 35: 122-124.

Frederick S, Lee L, Baskin E. 2014. The limits of attraction. Journal of Marketing Research, 51 (4): 487-507.

Fujita K, Eyal T, Chaiken S, et al. 2008. Influencing attitudes toward near and distant objects. Journal of Experimental Social Psychology, 44 (3): 562-572.

Gierl H, Huettl V. 2010. Are scarce products always more attractive? The interaction of different types of scarcity signals with products' suitability for conspicuous consumption. International Journal of Research in Marketing，27（3）：225-235.

Gigerenzer G，Richter H R. 1990. Context effects and their interaction with development：Area judgments. Cognitive Development，5（3）：235-264.

Goldsmith K，Dijksterhuis A，Dhar R. 2010. Non-conscious processing and choice in context. Advances in Consumer Research，37：153-156.

Goodman J K，Malkoc S A. 2012. Choosing here and now versus there and later：The moderating role of psychological distance on assortment size preferences. Journal of Consumer Research，39（4）：751-768.

Gregory G. 1988. Decision Analysis. London：Pitman Publishing.

Guadagni P M，Little J D C. 1983. A logit model of brand choice calibrated on scanner data. Marketing Science，27（1）：29-48.

Gunasti K，Ross W T. 2008. Achieving the compromise effect with missing attribute information：Introducing ahadow options. NA-Advances in Consumer Research，35：748-749.

Ha Y W，Park S，Ahn H K. 2009. The influence of categorical attributes on choice context effects. Journal of Consumer Research，36（3）：463-477.

Haber R N，Levin C A. 2001. The independence of size perception and distance perception. Perception & Psychophysics，63（7）：1140-1152.

Hahn M，Won E，Kang H，et al. 2006. Context effect and context maps for positioning. International Journal of Market Research，48（2）：155-177.

Hamilton R，Hong J，Chernev A. 2007. Perceptual focus effects in choice. Journal of Consumer Research，34（2）：187-199.

Hamilton R. 2014. Decisions at a distance：Effects of psychological distance on consumer decision making. Journal of Consumer Research，41（2）：3-6.

Hamilton R W. 2003. Why do people suggest what they do not want？ Using context effects to influence others' choices. Journal of Consumer Research，29（4）：492-506.

Hammock T，Brehm J W. 1966. The attractiveness of choice alternatives when freedom to choose is eliminated by a social agent. Journal of Personality，34（4）：546-554.

Hastie R. 2001. Problems for judgment and decision making. Annual Review of Psychology，52（1）：653-683.

Hauser J R，Wernerfelt B. 1990. An evaluation cost model of consideration sets. Journal of Consumer Research，16（4）：393-408.

Heath T B，Chatterjee S. 1995.Asymmetric decoy effects on low-quality versus higher quality brands：Meta-analysis and experimental evidence. Journal of Consumer Research，22（3）：268-284.

Hedgcock W M，Rao R S，Chen H. 2016.Choosing to choose：The effects of decoys and prior choice on deferral. Management Science，http：//pubsonline informs.org/doi/abs/10.1287/mnsc.2015.2289 [2016-09-12].

Hedgcock W，Rao A R，Chen H. 2009. Could ralph nader's entrance and exit have helped Al gore？ The impact of decoy dynamics on consumer choice. Journal of Marketing Research，46（3）：330-343.

Herne K. 1997. Decoy alternatives in policy choices：Asymmetric domination and compromise effects.

European Journal of Political Economy, 13（3）: 575-589.

Herne K. 1999. The effects of decoy gambles on individual choice. Experimental Economics, 2（1）: 31-40.

Hertwig R, Erev I. 2009. The description-experience gap in risky choice. Trends in Cognitive Sciences, 13（12）: 517-523.

Hibbing J R, Alford J R. 2005.Decision Making on Behalf of Others. Annual Meeting of the American Political Science Association, 16: 1-54.

Highhouse S. 1996. Context-dependent selection: the effects of decoy and phantom job candidates. Organizational Behavior and Human Decision Processes, 65（1）: 68-76.

Hogarth R M. 1987. Judgement and Choice. 2ed. New York: John Wiley & Sons.

Homburg C, Koschate N, Hoyer W D. 2005. Do satisfied customers really pay more? A study of the relationship between customer satisfaction and willingness to pay. Journal of Marketing, 69（2）: 84-96.

Hong S M, Faedda S. 1996. Family life satisfaction, age, length of residency: Predicting alcohol and cigarette use among Korean adolescents in Australia. Psychological Reports, 78（1）: 187-193.

Howard J A, Sheth J N. 1963. Marketing Management: Analysis and Planning. Homewood IL: Irwin.

Howard J A, Sheth J N. 1969. The Theory of Buyer Behavior. New York: John Wiley & Sons.

Howard K, Salkeld G. 2009.Does attribute framing in discrete choice experiments influence willingness to pay? Results from a discrete choice experiment in screening for colorectal cancer. Value in Health, 12（2）: 354-363.

Hsee C K, Weber E U. 1997.A fundamental prediction error: Self-other discrepancies in risk preference. Journal of Experimental Psychology: General, 126（1）: 45-53.

Huber J, Payne J W, Puto C. 1982. Adding asymmetrically dominated alternatives: Violations of regularity and the similarity hypothesis. Journal of Consumer Research, 9（1）: 90-98.

Huber J, Payne J W, Puto C P. 2014. Let's be honest about the attraction effect. Journal of Marketing Research, 51（4）: 520-525.

Huber J, Puto C. 1983. Market boundaries and product choice: Illustrating attraction and substitution effects. Journal of Consumer Research, 10（1）: 31-44.

Huber V L, Neale M A, Northcraft G B. 1987. Decision bias and personnel selection strategies. Organizational Behavior and Human Decision Processes, 40（1）: 136-147.

Iyengar S S, Lepper M R. 2000. When choice is demotivating: Can one desire too much of a good thing? Journal of Personality and Social Psychology, 79（6）: 995-1006.

Janis I L, Mann L. 1977. Decision making: A psychological analysis of conflict, choice, and commitment. American Political Science Association, 73: 445-473.

Jin L Y, He Y Q, Song H Y. 2012. Service customization: To upgrade or to downgrade? An investigation of how option framing affects tourists' choice of package-tour service. Tourism Management, 33（2）: 266-275.

Johnson E J, Payne J W, Bettman J R. 1988. Information displays and preference reversals. Organizational Behavior and Human Decision Processes, 42（1）: 1-21.

Johnson R, Heineke J. 1998. Exploring the relationship between perception and performance: Priorities for action. The Service Industries Journal, 18（1）: 101-112.

Jung J M, Kellaris J J. 2004. Cross-national differences in proneness to scarcity effects: The moderating roles of familiarity, uncertainty avoidance, and meed for cognitive closure. Psychology & Marketing, 21 (9): 739-753.

Kahneman D, Frederick S. 2002.Representativeness revisited: Attribute substitution in intuitive judgment//Gilovich, T, Griffin D, kahneman D. Heuristics and Biases: The Psychology of Intuitive Judgment. New York: Cambridge University Press: 49-81.

Kahneman D, Knestch J L. 1992. Valuing public goods: The purchase of moral satisfaction. Journal of Environmental Economics and Management, 22 (1): 57-70.

Kahneman D, Tversky A. 1974. Judgment under uncertainty: Heuristics and biases. Science, 185 (1): 1124-1131.

Kahneman D, Tversky A. 1979. Prospect theory: An analysis of decisions under risk. Econometrica: Journal of the Econometric Society, 47 (2): 263-291.

Kahneman D, Tversky A. 1981. The Simulation Heuristic//Kahneman D, Slovic P, Tversky A. Judgment Under Uncertainty: Heuristics & Biases. New York: Cambridge University Press.

Kahneman D, Tversky A. 1984. Choices, values and frames. American Psychologist, 39(4): 341-350.

Kahneman D, Tversky A. 1990. Prospect theory: An analysis of decision under risk. Econometrica, 47 (2): 140-170.

Kepecs A, Uchida N, Zariwala H A, et al. 2008. Neural correlates, computation and behavioural impact of decision confidence. Nature, 455 (7210): 227-231.

Kerlinger F N, Lee H B. 1999. Foundations of Behavior Research. 4th. Hamilton: Harcourt Collage Publishers: 623-639.

Khan U, Dhar R. 2007. Where there is away, is there a will? The effect of future choices on self-control. Journal of Experimental Psychology, 136 (2): 277-288.

Khan U, Zhu M, Kalra A. 2011. When trade-offs matter: The effect of choice construal on context effects. Journal of Marketing Research, 48 (1): 62-71.

Kim M, Lennon S J. 2011. Consumer response to online apparel stockouts. Psychology & Marketing, 28 (2): 115-144.

Kivetz R, Netzer O, Srinivasan V. 2004. Alternative model for capturing the compromise effect. Journal of Marketing Research, 41 (3): 237-257.

Klein N M, Yadav M S. 1989. Context effects on effort and accuracy in choice: An enquiry into adaptive decision making. Journal of Consumer Research, 15 (4): 411-421.

Kray L, Gonzalez R.1999.Differentialweightinginchoice versus advice: I'll do this, you do that. Journal of Behavioral Decision Making, 12 (3): 207-217.

Krider R E, Raghubir P, Krishna A. 2001. Pizzas: π or square? Psychophysical biases in area comparisons. Marketing Science, 20 (4): 405-425.

Krishna A. 1991. Effect of dealing patterns on consumer perceptions of deal frequency and willingness to pay. Journal of Marketing Research, 28 (4): 441-451.

Krishna A. 2007. Spatial perception research: An integrative review of length, area, volume, and number perception//Wedel M, Pieters R. Visual Marketing: From Attention to Action. New York: Psychology Press: 167-192.

Laran J, Wilcox K. 2011. Choice, rejection, and elaboration on preference-inconsistent alternatives.

Journal of Consumer Research, 38 (2): 229-229.

Larson J S, Biletera D M. 2013. Consumer behavior in "equilibrium": How experiencing physical balance increases compromise choice. Journal of Marketing Research, 50 (4): 535-547.

Lehmann D R, Pan Y. 1994. Context effects, new brand entry, and consideration sets. Journal of Marketing Research, 31 (3): 364-374.

Levav J, Kivetz R, Cho C K. 2010. Motivational compatibility and choice conflict. Journal of Consumer Research, 37 (3), 429-442.

Levin I P, Gaeth G J. 1988. How consumers are affected by the framing of attribute information before and after consuming the product. Journal of Consumer Research, 15 (3): 374-378.

Levin I P, Schreiber J, Lauriola M, et al. 2002. A tale of two pizzas: Building up from a basic product versus scaling down from a fully-loaded product. Marketing Letters, 13 (4): 335-344.

Li S. 1994.Equate-to-differentiate theory: A coherent bi-choice model across certainty, uncertainty and risk. University of New South Wales.

Li S. 1996. An additional violation of transitivity and independence between alternatives. Journal of Economic Psychology, 17 (5): 645-650.

Li S. 2001. Extended research on dominance violations in similarity judgments: The equate-to-differentiate interpretation. The International Journal of Creativity and Problem Solving, 11 (1): 13-38.

Liberman N, Trope Y. 1998.The role of feasibility and desirability considerations in near and distant future decisions: A test of temporal construal theory. Journal of Personality and Social Psychology, 75 (1): 5-18.

Liberman N, Trope Y. 2003. Construal level theory of intertemporal judgment and decision// Loewenstein G, Read D, Baumeister R. Time and Decision. New York: Russell Sage Foundation.

Liberman N, Trope Y. 2008. The psychology of transcending the here and now. Science, 322(5905): 1201-1205.

Liberman N, Trope Y, Wakslak C. 2007. Construal level theory and consumer behavior. Journal of Consumer Psychology, 17 (2): 113-117.

Lichtenstein D R, Bearden W O. 1989. Contextual influences on perceptions of merchant-supplied reference prices. Journal of Consumer Research, 16 (1): 55-66.

Lichters M, Bengart P, Sarstedt M, et al. 2015b. What really matters in attraction effect research: When choices have economic consequences. Marketing Letters: 1-12.

Lichters M, Sarstedt M, Vogt B. 2015a. On the practical relevance of the attraction effect: A cautionary note and guidelines for context effect experiments. AMS Review, 5 (1-2): 1-19.

Lin C H, Sun Y C, Chuang S C, et al. 2008. Time pressure and the compromise and attraction effects in choice. NA-Advances in Consumer Research, 35: 348-352.

Loomes G, Sugden R. 1982. Regret theory: An alternative theory of rational choice under uncertainty. The Economic Journal, 92 (368): 805-824.

Luce M F, Bettman J R, Payne J W. 2000. Attribute identities matter: Subjective perceptions of attribute characteristics. Marketing Letters, 11 (2): 103-116.

Luce R D. 1959. Individual Choice Behavior: A theoretical Analysis. New York: John Wiley&Sons.

Luce R D. 1977. The choice axiom after twenty years. Journal of Mathematical Psychology, 15 (3):

215-233.

Lundeberg M A, Fox P W, Punćcohár J. 1994. Highly confident but wrong: Gender differences and similarities in confidence judgments. Journal of Educational Psychology, 86 (1): 114-121.

Lynn M. 1991. Scarcity effects on value: A quantitative review of the commodity theory literature. Psychology and Marketing, 8 (1): 43-57.

Lynn M, Bogert P. 1996.The effect of scarcity on anticipated price appreciation. Journal of Applied Social Psychology, 26 (22): 1978-1984.

MacCrimmon K R. 1968. Decision Making among Multiple-attribute Alternative: A Survey and Consolidated Approach. New York: Rand Corporation.

Malaviya P, Sivakumar K. 2002. The influence of choice justification and stimulus meaningfulness on the attraction effect. Journal of Marketing Theory and Practice, 10 (4): 20-29.

Malkoc S A, Hedgcock W, Hoeffler S. 2013. Between a rock and a hard place: The failure of the attraction effect among unattractive alternatives. Journal of Consumer Psychology, 23 (3): 317-329.

Malkoc S A, Hoeffler S, Hedgcock W. 2008. Valence asymmetries in preference: The case of attraction effect. NA-Advances in Consumer Research, 35: 123.

Mao W, Oppewal H. 2012. The attraction effect is more pronounced for consumers who rely on intuitive reasoning. Marketing Letters, 23 (1): 339-351.

Masicampo E J, Baumeister R F. 2008. Toward a physiology of dual-process reasoning and judgment: Lemonade, willpower, and expensive rule-based analysis. Psychological Science, 19 (3): 255-260.

McElroy T, Mascari D. 2007. When is it going to happen? How temporal distance influences processing for risky? Choice framing tasks. Social Cognition, 25 (4): 495-517.

McFadden D. 1974. Conditional logit analysis of qualitative choice behavior. Frontiers in Econometrics: 105-142.

McFadden D. 1980. Econometric models for probabilistic choice among products. Journal of Business, 53 (3): 13-29.

Mellers B A, Biagini K. 1994. Similarity and choice. Psychological Review, 101 (3): 505-518.

Meyerowitz B E, Chaiken S. 1987. The effect of message framing on breast self-examination attitudes, intentions, and behavior. Journal of Personality and Social Psychology, 52(3): 500-510.

Min S K, West P M. 2003. Consumer response to product unavailability (Summary). Advances in Consumer Research, 30: 197-198.

Mishra S, Umesh U N, Stem Jr D E. 1993. Antecedents of the attraction effect: An information-processing approach. Journal of Marketing Research, 30 (3): 331-349.

Mitchell R C, Carson R T. 1989.Using Surveys to Value Public Goods. Abingdon: Taylor & Francis Inc.

Moore C, Harris L, Patriquin M. 1993. Lexical and prosodic cues in the comprehension of relative certainty. Journal of Child Language, 20 (20): 153-167.

Moran S, Meyer J. 2006. Using context effect to increase a leader's advantage: What set of alternatives should be included in the comparion set? International Journal of Research in Marketing, 23 (2): 141-154.

Mourali M, Böckenholt U, Laroche M. 2007.Compromise and attraction effects under prevention and promotion motivations. Journal of Consumer Research, 34 (2): 234-247.

Mowen J C, Minor M.2001. Consumer Behavior: A Framework. New Jersey: Prentic-Hall.

Narayana C L, Markin R J. 1975. Consumer behavior and product performance: an alternative conceptualization. Journal of Marketing, 39 (4): 1-6.

Neale M A, Bazerman M H. 1985. The effects of framing and negotiator overconfidence on bargaining behaviors and outcomes. Academy of Management Journal, 28 (1): 34-49.

Nedungadi, P. 1990. Recall and consumer consideration sets: Influencing choice without altering brand evaluations. Journal of Consumer Research, 17 (3): 263-276.

Novemsky N, Dhar R, Schwarz N, et al. 2007. Preference fluency in choice. Journal of Marketing Research, 44 (3): 347-356.

Nunes J C, Boatwright P. 2004. Incidental prices and their effect on willingness to pay. Journal of Marketing Research, 41 (4): 457-466.

O'Curry P Y S, Pitts R. 1995. The attraction effect and political choice in two elections. Journal of Consumer Psychology, 4 (1): 85-101.

Parducci A. 1965. Category judgment: A range-frequency model. Psychological Review, 72 (6): 407-418.

Park C W, Jum S Y, Macinnis D J. 2000. Choosing what I want versus rejecting what I do not want: An application of decision framing to product option choice decisions. Journal of Marketing Research, 37 (2): 187-202.

Park J, Kim J K. 2005. The effects of decoys on preference shifts: The role of attractiveness and providing justification. Journal of Consumer Psychology, 15 (2): 94-107.

Payne J W. 1982. Contingent decision behavior. Psychological Bulletin, 92 (2): 382-402.

Pechtl H. 2011.Die Präferenzwirkung nicht-verfügbarer Alternativen: Der Phantomeffekt. Ernst Moritz Arndt University of Greifswald, Faculty of Law and Economics.

Peckham J O. 1963. The consumer speaks. The Journal of Marketing, 27 (4): 21-26.

Pedersen L B, Kjær T, Kragstrup J, et al. 2011. Does the inclusion of a cost attribute in forced and unforced choices matter? Results from a web survey applying the discrete choice experiment. Journal of Choice Modelling, 4 (3): 88-109.

Peterson D K, Pitz G F. 1987. Confidence, uncertainty, and use of information. Journal of Experimental Psychology Learning Memory and Cognition, 14 (1): 85-92.

Petrusic W M, Baranski J V. 2003. Judging confidence influences decision processing in comparative Judgments. Psychonomic Bulletin & Review, 10 (1): 177-183.

Pettibone J. 2012. Testing the effect of time pressure on asymmetric dominance and compromise decoys in choice. Judgment and Decision Making, 7 (4): 513-523.

Pettibone J C, Wedell D H. 2000. Examining models of non-dominated decoy effects across judgment and choice. Organizational Behavior and Human Decision Processes, 81 (2): 300-328.

Pettibone J C, Wedell D H. 2007. Testing alternative explanations of phantom decoy effects. Journal of Behavioral Decision Making, 20 (3): 323-341.

Pham M T, Parker J. 2010. The uncompromising heart: How the reliance on feelings in decision reduces the preference for compromise options. NA-Advances in Consumer Research, 37: 154-155.

Phillips W A. 2001. Contextual modulation and dynamic grouping in perception. Trends in Cognitive Sciences, 5（3）: 95-97.

Pleskac T J, Busemeyer J R. 2010. Two-stage dynamic signal detection: A theory of choice, decision time, and confidence. Psychological Review, 117（3）: 864-901.

Pocheptsova A, Amir O, Dhar R, et al. 2009. Deciding without resources: Resource depletion and choice in context. Journal of Marketing Research, 46（3）: 344-355.

Polman E. 2012.Effects of delf-other decision making on regulatory focus and choice overload. Journal of Personality and Social Psychology, 102（5）: 980-993.

Polman E, Emich K J. 2011.Decisions for others are more creative than decisions for the self. Personality and Social Psychology Bulletin, 37（4）: 492-501.

Pratkanis A R, Farquhar P H. 1992. A Brief History of Research on Phantom Alternatives: Evidence for Seven Empirical Generalizations About Phantoms. Basic and Applied Social Psychology, 13（1）: 103-122.

Prelec D, Wernerfelt B, Zettelmeyer F. 1997. The role of inference in context effects: Inferring what you want from what is available. Journal of Consumer Research, 24（1）: 118-125.

Pronin E, Olivola C Y, Kennedy K A. 2008.Doing unto future selves as you would do unto others: Psychological distance and decision making. Personality and Social Psychology Bulletin, 34（2）: 224-236.

Rains S A, Turner M M. 2007. Psychological reactance and persuasive health communication: A test and Extension of the intertwined model. Human Communication Research, 33（2）: 241-269.

Ratcliff R, Smith P L. 2004. A comparison of sequential sampling models for two-choice reaction time. Psychological Review, 111（2）: 333-367.

Ratneshwar S, Shocker A D, Stewart D W. 1987.Toward understanding the attraction effects: The implications of product stimulus meaningfulness and familiarity. Journal of Consumer Research, 13（4）: 520-533.

Raymark P H. 2000.Accepting or rejecting medical treatment: A comparison of decisions made for self versus those made for a significant other. Journal of Applied Social Psychology, 30（11）: 2409-2436.

Reyna V F, Ellis S C. 1994. Fuzzy-trace theory and framing effects in children's risky decision making. Psychological Science, 5（5）: 275-279.

Roe R M, Busemeyer J R, Townsend J T. 2001. Multi-alternative decision field theory: A dynamic connectionist model of decision making. Psychological Review, 108（2）: 370-392.

Rooderkerk R P, Van Heerde H J, Bijmolt T H A. 2011. Incorporating context effects into a choice model. Journal of Marketing Research, 48（4）: 767-780.

Roszkowski M J, Snelbecker G E. 1990. Effects of "Framing" on measures of risk tolerance: Financial planners are not immune. Journal of Behavioral Economics, 19（3）: 237-246.

Rumelhart D L, Greeno J G. 1971. Similarity between stimuli: An experimental test of the luce and restle choice models. Journal of Mathematical Psychology, 8（3）: 370-381.

Savage L J. 1954. The Foundations of Statistics. New York: John Wiley & Sons: 23.

Scarpi D. 2008. The impact of decoys and background information on consumers'preferences and decision making. The International Review of Retail, Distribution and Consumer Research, 18（1）:

1-15.

Schary P B，Christopher M. 1979.The anatomy of a stock-Out. Journal of Retailing，55（2）：59-70.

Schley D. 2005. Minimized regret is sufficient to model the asymmetrically dominated decoy effect. Marketing Bulletin，16（1）：1-20.

Schwarz N. 2004. Meta-cognitive experiences in consumer judgment and decision making. Journal of Consumer Psychology，14（4）：332-348.

Sen S. 1998. Knowledge，information mode，and the attraction effect. Journal of Consumer Research，21（5）：64-77.

Shafir E. 1993. Choosing versus rejecting：Why some option are both better and worse than others. Memory & Cognition，21（4）：546-556.

Shafir E，Simonson I，Tversky A. 1993. Reason-based choice. Cognition，49（1-2）：11-36.

Sheng S，Parker A M，Nakamoto K. 2005. Understanding the mechanism and determinants of compromise effects. Psychology & Marketing，22（7）：591-609.

Shocker A D，Ben-Akiva M，Boccara B，et al. 1991. Consideration set influences on consumer decision-making and choice：Issues，models，and suggestions. Marketing Letters，2（3）：181-197.

Shugan S M. 1980. The cost of thinking. Journal of Consumer Research，7（2）：99-111.

Silk A J，Urban G L. 1978. Pre-test market evaluation of new packaged goods：A model and measurement methodology. Journal of Marketing Research，15（2）：171-191.

Simonson I. 1989. Choice based on reasons：The case of attraction and compromise effects. Journal of Consumer Research，16（2）：158-174.

Simonson I，Drolet A. 2003. Anchoring effects on consumers' willingness-to-pay and willingness-to-accept. Ssrn Electronic Journal，31（3）：681-690.

Simonson I，Glazer R. 1995. Context effects in managerial decision making by groups and individuals. Working Paper-Stanford Graduate School of Business：1-34.

Simonson I，Nowlis S M. 2000. The role of explanations and need for uniqueness in consumer decision making：Unconventional choices based on reasons. Journal of Consumer Research，27（1）：49-68.

Simonson I，Huber J，Payne J. 1988. The relationship between prior brand knowledge and information acquisition order. Journal of Consumer Research，14（4）：566-578.

Simonson I，Tversky A. 1992. Choice in context：Tradeoff contrast and extremeness aversion. Journal of Marketing Research，29（3）：281-295.

Slaughter J E，Bagger J，Li A. 2006. Context effects on group-based employee selection decisions. Organizational Behavior and Human Decision Processes，100（1）：47-59.

Slaughter J E，Sinar E F，Highhouse S. 1999. Decoy effects and attribute-level inferences. Journal of Applied Psychology，84（5）：823-828.

Sloot L M，Verhoef P C，Franses P H. 2005. The impact of brand equity and the hedonic level of products on consumer stock-out reactions. Journal of Retailing，81（1）：15-34.

Slovic P，Finucane M L，Peters E，et al. 2002. The Affect Heuristic. Cambridge：Cambridge University Press.

Spiggle S，Sewall M A. 1987. A Choice sets model of retail selection. Journal of Marketing，51（2）：97-111.

Stevens S S. 1968. Measurement, statistics, and the schemapiric view. Science, 161（3844）: 849-856.

Stewart D W. 1988. On the meaningfulness of sensory attribute: Further evidence on the attraction effect. Advances in Consumer Research, 16（1）: 197-202.

Svenson O, Iii L B. 1993. On experimental instructions and the inducement of time pressure Behavior//Time Pressure and Stress in Human Judgment and Decision Making. Springer US: 157-165.

Swami S, Khairnar P J. 2003. Diffusion of products with limited supply and known expiration date. Marketing Letters, 14（1）: 33-46.

Thaler R H. 2008. Mental accounting and consumer choice. Marketing Science, 27（1）: 15-25.

Thomas M, Tsai C I. 2012.Psychological distance and subjective experience: How distancing reduces the feeling of difficulty. Journal of Consumer Research, 39（2）: 324-340.

Trope Y, Liberman N. 2003.Temporal construal. Psychological Review, 110（3）: 403-421.

Tversky A. 1969. Intransitivity of preference. Psychological Review, 76（1）: 31-48.

Tversky A. 1972. Elimination by aspects: A theory of choice. Psychological Review, 79（4）: 281-299.

Tversky A, Kahneman D. 1981. The framing of decisions and the psychology of choice. Science, 211（4481）: 453-458.

Tversky A, Kahneman D. 1991. Loss aversion in riskless choice: A reference dependent model. The Quarterly Journal of Economics, 106（4）: 1039-1061.

Tversky A, Kahneman D. 1992. Advances in prospect theory: Cumulative representation of uncertainty. Journal of Risk & Uncertainty, 5（4）: 297-323.

Tversky A, Simonson I. 1993. Context-dependent preference. Management Science, 39（10）: 1179-1189.

Urban G L. 1975. Perceptor: A model for product positioning. Management Science, 21（8）: 858-871.

Van Boven L, Kane J, McGraw A P, et al. 2010.Feeling close: Emotional intensity reduces perceived psychological distance. Journal of Personality and Social Psychology, 98（6）: 872-885.

Venkatachalam L. 2004. The contingent valuation method: A review. Environmental Impact Assessment Review, 24（1）: 89-124.

Verbeke W, Farris P, Thurik R. 1998. Consumer response to the preferred brand out-of-stock situation. European Journal of Marketing, 32（11, 12）: 1008-1028.

Verhallen T M M, Robben H S J. 1994. Scarcity and preference: An experiment on unavailability and product evaluation. Journal of Economic Psychology, 15（2）: 315-331.

Volkmann J. 1951. Scales of Judgment and Their Implications for Social Psychology. New York: Harper & Row: 273-294.

Wakslak C J, Trope Y, Liberman N, et al. 2006. Seeing the forest when entry is unlikely: Probability and the mental representation of events. Journal of Experimental Psychology: General, 135（4）: 641-653.

Wang X T. 1996. Framing effects: Dynamics and task domains. Organizational Behavior & Human Decision Processes, 68（2）: 145-157.

Wang X T. 2004. Self-framing of risky choice. Journal of Behavioral Decision Making, 17（1）: 1-16.

Warren J M, Pinneau S R. 1955. Influence of form on judgment of apparent area. Perceptual and Motor Skills, 5（1）: 7-10.

Wedell D H. 1991. Distinguishing among models of contextually induced preference reverals. Journal of Experimental Psychology: Learning, Memory, and Cognition, 17 (4): 767-778.

Wedell D H, Pettibone J C. 1996. Using judgment to understand decoy effect in choice. Organizational Behavior and Human Decision Processes, 67 (3): 326-344.

Wernerfelt B. 1995. A rational reconstruction of the compromise effect: Using market data to infer utilities. Journal of Consumer Research, 21 (4): 627-633.

Wertenbroch K, Skiera B. 2002. Measuring consumer willingness to pay at the point of purchase. Journal of Marketing Research, 39 (2): 228-241.

Wiebach N, Diels J L. 2011.The Impact of Context and Promotion on Consumer Responses and Preferences in Out-of-stock Situations. Sfb Discussion Papers.

Wijnen K, Bettman J R, Huber J. 2007. Gone, but not forgotten: The role of unacceptable options in decision making. Advances in Consumer Research, 34: 222-223.

Wu W Y, Lu H Y, Wu Y Y, et al. 2012. The effects of product scarcity and consumers' need for uniqueness on purchase intention. International Journal of Consumer Studies, 36 (3): 263-274.

Yang S, Lynn M. 2014. More evidence challenging the robustness and usefulness of the attraction effect. Journal of Marketing Research, 51 (4): 508-513.

Yaniv I, Schul Y. 1997.Elimination and inclusion procedures in judgment. Journal of Behavioral Decision Making, 10: 211-220.

Yeung C W M, Soman D. 2005. Attribute evaluability and the range effect. Journal of Consumer Research, 32 (3): 363-369.

Zhang S, Markman A B. 2001. Processing product unique features: Alignability and involvement in preference construction. Journal of Consumer Psychology, 11 (1): 13-27.

Zinn W, Liu P C. 2001. Consumer response to retail stockouts. Journal of Business Logistics, 22 (1): 49-71.

Zur H B, Breznitz S J. 1981. The effects of time pressure on risky choice behavior. Acta Psychologica, 47 (2): 89-104.

附录一：实验 3-1 问卷[①]

您好！我是 XX 大学的一名老师，目前正在做一项关于消费者选择行为的市场研究，希望您能协助我完成这份问卷，下面的题目中各选项没有对错之分，您只需凭直觉选择你最偏好的选项即可。非常感谢您的合作！

1. 以下是两种型号的便携式掌上电脑，它们唯一的区别是 CPU 速度和记忆卡内存，请根据您的偏好，为两个型号便携式掌上电脑的 CPU 速度和记忆卡内存分别打分（分数为 1～100 分）。

选择	选项	CPU 速度（评分）	记忆卡内存（评分）
（　　）	A	2.10GHz（　　）	2.00GB（　　）
（　　）	B	2.60GHz（　　）	1.60GB（　　）

假如你要购买其中一个型号，你会买哪一个？请在该产品前面的括号内打"√"。

2. 以下是两种型号的惠普笔记本电脑，它们唯一的区别是硬盘容量和内存容量，假如你要购买其中一个型号，你会买哪一个？请在该产品前面的括号内打"√"。

选择	型号	硬盘容量	内存容量
（　　）	CQ42	250GB	2.00GB
（　　）	CQ43	200GB	2.40GB

3. 假如你要购买一个 MP4 播放器，在挑选过程中，你发现其中两款比较喜欢，这两款播放器在功能、外观方面没有任何区别，只是充电电池待机时间及内存不同，具体见下面的产品信息。

请根据偏好为两个品牌 MP4 的内存容量和电池待机时间分别打分（分数为 1～100 分）。

[①] 仅提供问卷 1，问卷 2 和问卷 3 分别增加诱引备择项 d_R 和 d_F，属性设置参见表 3-1；实验中，只有 MP4、便携式掌上电脑和数码相机 3 种产品询问了属性评价分值。

选择	内存容量（评分）	电池每次待机时间（评分）
（　）品牌 A：	5.0GB（　）	6 小时（　）
（　）品牌 B：	3.0GB（　）	10 小时（　）

你更喜欢哪一个？请在该产品前面的括号内打"√"。

4. 假如你要购买一个洗衣机，下面两款洗衣机在功能、外观方面没有任何区别，只是洗衣容量和洗衣程序有所不同。

选择	洗衣容量	洗衣程序
（　）洗衣机 A：	8.0kg	洗涤、漂洗、脱水
（　）洗衣机 B：	4.0kg	浸泡、洗涤、漂洗、脱水

你更喜欢哪一个？请在该产品前面的括号内打"√"。

5. 假如你要购买一个数码相机，你发现其中两款比较喜欢，这两款相机在功能、外观方面没有任何区别，只是内存和像素上有所不同，具体见下面的产品信息。

请根据偏好为两个品牌的内存容量和像素打分（1～100 分）。

选择	内存（评分）	像素（评分）
（　）品牌 A：	4.0GB（　）	1210 万（　）
（　）品牌 B：	3.0GB（　）	1410 万（　）

你更喜欢哪一个？请在该产品前面的括号内打"√"。

6. 您的姓名
您的专业
您的年级

问卷填写到此结束，再次感谢您的合作！

附录二：实验 3-2 问卷①

您好！我是 XX 大学的一名老师，目前正在做一项关于消费者支付意愿的市场研究，本研究仅作学术研究之用，没有任何商业调查意图。您的回答对本研究非常重要，请按照您的真实想法回答相关问题，感谢您的热心帮助。

1. 下图是惠普公司的一款 CQ 系列笔记本电脑，配置共有两种，具体信息如下：

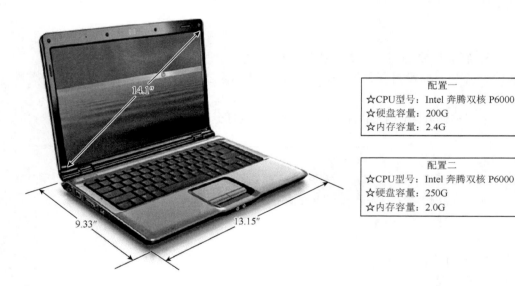

配置一
☆CPU型号：Intel 奔腾双核 P6000
☆硬盘容量：200G
☆内存容量：2.4G

配置二
☆CPU型号：Intel 奔腾双核 P6000
☆硬盘容量：250G
☆内存容量：2.0G

如果您要购买该款笔记本电脑：您愿意为配置一支付多少钱（元）？您愿意为配置二支付多少钱（元）？

---

① 仅提供核心集情况，情境集在不同产品选择集增加了诱引备择项 d_R 或 d_F，属性设置参见表 3-1。

2. 有一款纽曼 HD 型 MP4，有两种型号，这两种型号外形相同，但配置不同，其基本信息如下：

型号一
☆CPU型号：A79HD+
☆存储容量：3G
☆待机时间：10小时

型号二
☆CPU型号：A23HD+
☆存储容量：5G
☆待机时间：6小时

如果您要购买该款 MP4：您愿意为型号一支付多少钱（元）？型号二呢（元）？

3. 有一款广顺达洗衣机，有两种型号，这两种型号外形相同，但配置不同，其基本信息如下：

型号一
☆洗衣容量：4kg
☆洗衣程序：浸泡、洗涤、漂洗、脱水4个程序

型号二
☆洗衣容量：8kg
☆洗衣程序：洗涤、漂洗、脱水3个程序

如果您要购买该款洗衣机：您愿意为型号一支付多少钱（元）？您愿意为型号二支付多少钱（元）？

问卷填写到此结束，再次感谢您的参与！

附录三：实验 3-3 问卷①

您好！我是 XX 大学的一名老师，目前正在做一项关于消费者支付意愿的市场研究，本研究仅作学术研究之用，没有任何商业调查意图。您的回答对本研究非常重要，请按照您的真实想法回答相关问题，感谢您的热心帮助。

1. 以下是三款 MP4，各个 MP4 的具体产品信息如图所示，请仔细查看各个产品的基本信息并回答后面的问题。

MP4 A
☆产品型号：爱国者月光宝盒PM5958
☆存储容量：5GB 闪存
☆屏幕尺寸：4.3英寸
☆续航时间：6小时（待机时间）
☆视频格式：支持RM，RMVB，MKV，AVI，FLV等

MP4 B
☆产品型号：艾诺V2000
☆存储容量：3GB 闪存
☆屏幕尺寸：4.3英寸
☆续航时间：10小时
☆视频格式：支持RM，RMVB，MKV，AVI，FLV等

MP4 C
☆产品型号：爱国者月光宝盒PM5950
☆存储容量：4GB 闪存
☆屏幕尺寸：4.3英寸
☆续航时间：6小时（待机时间）
☆视频格式：支持RM，RMVB，MKV，AVI，FLV等

---

① 仅提供包含了所有选项的情境集的情况，不同 WTP 询问的情况见各购买决策题项后。

·决策后询问 WTP

（1）在上述的三款 MP4 中，您最喜欢哪一款？

（2）如果您要购买这一款，您愿意为它付出的最高价格是？

（3）您对自己做出的选择满意吗？

□非常满意 　　　□基本满意 　　　□满意 　　　　□一般

□不满意 　　　　□基本不满意 　　□非常不满意

·决策前询问 WTP

（1）这三款 MP4 中，您愿意为 A 支付的最高价格为多少钱（元）？您愿意为 B 呢？为 C 呢？

（2）不考虑价格的情况下，如果购买，您会买哪一个？

（3）您对自己做出的购买选择满意吗？

□非常满意 　　　□基本满意 　　　□满意 　　　　□一般

□不满意 　　　　□基本不满意 　　□非常不满意

2. 以下是三款数码照相机，各个数码照相机的具体产品信息如图所示，请仔细查看各个产品的基本信息并回答后面的问题。

数码相机A
☆产品型号：T900
☆有效像素：1210 万
☆显示屏幕：3.5英寸
☆内存容量：4GB
☆光学变焦：4倍

数码相机B
☆产品型号：T770
☆有效像素：1410 万
☆显示屏幕：3.5英寸
☆内存容量：3GB
☆光学变焦：4倍

数码相机C
☆产品型号：T850
☆有效像素：1000 万
☆显示屏幕：3.5英寸
☆内存容量：4GB
☆光学变焦：4倍

·决策后询问 WTP

（1）在上述的三款数码相机中，您喜欢哪一款？

（2）如果您要购买这一款，您愿意为它付出的最高价格是？

（3）您对自己做出的选择满意吗？

□非常满意　　　　□基本满意　　　　□满意　　　　　　□一般

□不满意　　　　　□基本不满意　　　□非常不满意

·决策前询问 WTP

（1）这三款相机中，您愿意为 A 支付的最高价格为多少钱（元）？您愿意为 B 呢？为 C 呢？

（2）不考虑价格的情况下，如果购买，您会买哪一个？

（3）您对自己做出的购买选择满意吗？

□非常满意　　　　□基本满意　　　　□满意　　　　　　□一般

□不满意　　　　　□基本不满意　　　□非常不满意

问卷到此结束，再次感谢您的支持！谢谢！

附录四：实验 4-1 问卷①

大学生基本素质能力测验

亲爱的同学： 您好！我是 XX 大学的老师，正在开展一项有关大学生基本素质能力调查的研究，旨在了解当今大学生的能力结构和水平现状。您的回答对本研究非常重要，请您按照自己的逻辑或者真实想法回答相关问题，感谢您的热心帮助。

性别：□男　□女　　年级：□大一　□大二　□大三　□大四　□研究生

Q1. 下列选项中，哪一个图形不同于其他图形？（　　）
A. 　　B.　　C.　　D.　　E.

Q2. 填上空缺的字母：CFI　　DHL　　EJ（　　）
A. N　　　　　　B. O　　　　　　C. P

Q3. 961（25）432，932（　）731 根据前后逻辑请选出（）处的数字。（　　）
A. 37　　　　　　B. 38　　　　　　C. 25

Q4. 根据（1）和（2）的关系，（3）与哪一个图形相似？（　　）

Q5. 下面哪个图形不同于其他图形？（　　）

Q6. 图（1）中右下角缺少的是哪一个图形？（　　）

---

① 逻辑思维启发时面积判断题项放在第 8 题位置；直觉思维启发时放在第 18 题位置。

Q7. 在下面的空白圆圈内，应该填入哪一个图形较为合适？（　　　）

A. △　　　B. ◇　　　C. □　　　D. ◇　　　E. ✛

Q8. 下面 3 个图形面积不同，根据你的判断，面积最大的是（　　　）

问卷 1 选项：　Ⓐ　　　Ⓑ　　　Ⓒ

问卷 2 选项：　Ⓐ　　　Ⓑ　　　Ⓒ

Q9. 你会把任何事情都告诉你的最好的朋友，即使是个人隐私。

□是　　　　　　　　　　　　　□否

Q10. 尽管你知道自己是正确的，你也会转换容易引起争论的话题，而不愿引来针锋相对。

□是　　　　　　　　　　　　　□否

Q11. 你十分相信坦率地讲话能使一切事情变得更为容易。

□是　　　　　　　　　　　　　□否

Q12. 你讨厌讨价还价，尽管你知道斤斤计较一下能使你少花 20 块钱。

□是　　　　　　　　　　　　　□否

Q13. 当你心情不好的时候你喜欢一个人开着车去哪里兜风散心？

□海边　　　　　　　□山上　　　　　　　□市区

O14. 下面图形中你可以看到哪 5 个字？（　　　）

Q15. 下图中，你可以看到多少个人头？（　　　）

Q16. 图中那位女士是什么样的感情？（　　　）

A. 同情　　　　　　　　　　　　B. 友好

C. 保持距离　　　　　　　　　　D. 愤怒

Q17. 请问下图中的公共汽车是驶向 A 站还是 B 站？（　　　）

Q18. 下面 3 个图形面积不同，根据你的判断，面积最大的是（　　　）

问卷 3 选项：

问卷 4 选项：

问卷填写到此结束，再次感谢您的参与！

附录五：实验 4-2 问卷

大学生观察能力小测验

实验指导语：观察能力作为职业能力的一个组成部分，受到用人单位越来越多的重视，为了解当代大学生的观察能力水平现状，现在将随堂进行一次观察能力测试，测试成绩将会在下次课反馈。下面我将在 PPT 中播放若干图片，每一个图片附一个问题，请大家认真回答问题并将答案记录到发放的小卡片上，在答题时务必自己完成，不要交流。每个图片我将停留 2 分钟，剩下 20 秒时我会提示，请大家注意答题时间。

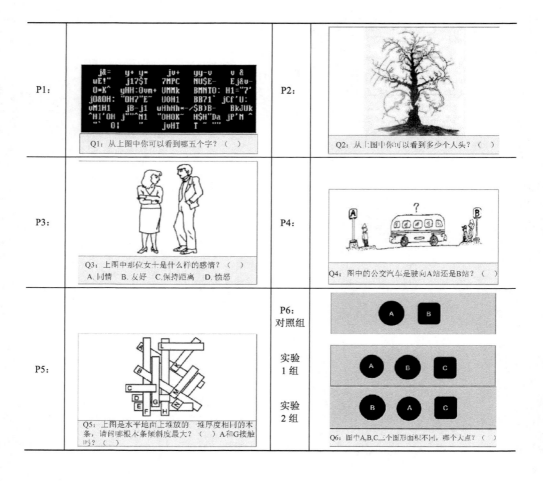

P1:

Q1: 从上图中你可以看到哪五个字？（ ）

P2:

Q2: 从上图中你可以看到多少个人头？（ ）

P3:

Q3: 上图中那位女士是什么样的感情？（ ）
A.同情 B.友好 C.保持距离 D.愤怒

P4:

Q4: 图中的公交汽车是驶向A站还是B站？（ ）

P5:

Q5: 上图是水平地面上堆放的 堆厚度相同的木条，请问哪根木条倾斜度最大？（ ）A和G接触吗？

P6:
对照组

实验
1组

实验
2组

Q6: 图中A,B,C三个图形面积不同，哪个大点？（ ）

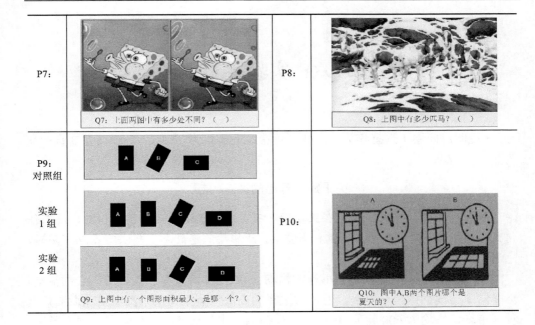

P7:		P8:
Q7：上面两图中有多少处不同？（　）		Q8：上图中有多少匹马？（　）
P9: 对照组 实验 1组 实验 2组	Q9：上图中有一个图形面积最大，是哪一个？（　）	P10: Q10：图中A,B两个图片哪个是 夏天的？（　）

附录六：实验 4-3 问卷

（说明：问卷 1 选择集为 $\{x, y\}$；问卷 2 选择集为 $\{d_x, x, y\}$；问卷 3 选择集为 $\{x, y, d_x\}$；）

关于购买意愿的调查问卷

亲爱的同学：您好！我现在正在做一项关于消费者购买意愿的研究，没有任何商业意图，您的回答对本研究相当重要。请您按照您的真实想法回答以下问题，感谢您的热心帮助。

Q1.假如，某家电卖场正在举行购物满 2000 元即可获得一次抽奖机会的活动。你非常幸运地抽到了一等奖，但可供选择的商品只剩下家用小洗衣机和微波炉两种（市场价格均为 600 元），你能在下列商品之中任选其一作为奖品。据你了解，全自动波轮洗衣机洗衣洁净度高，并且省电，十分适合清洗普通衣物。洗衣容量都是指承受衣物的重量，该数值越大，证明一次能洗衣的容量越大。微波炉微波功率的大小会影响微波所需时间。微波功率稍大些，相对工作时间可以缩短，有利于烹调效率的提高也有利于改善烹调效果。

经过考虑，请做出你的选择（　　）
d_x Haier 家用小洗衣机，全自动，洗衣容量 3kg
x Haier 家用小洗衣机，全自动，洗衣容量 4kg
y Galanz 微波炉，容量 20L，微波功率 700W
d_y Galanz 微波炉，容量 20L，微波功率 500W

Q2.假设你的家庭有某些日常用品，如洗发水、沐浴露、纸类产品消耗量比较大，并且，这类产品的保质期限长，适合提前储存。因此，在超市举行大型促销活动时，选购此类产品会享受很高的优惠折扣。假如，你正在超市选购家庭所需日常用品，恰逢此类产品享有促销优惠，你决定购买一些供日后使用。以下商品组合售价都是 90 元，如果只选一种，哪种更吸引你（　　）
d_x　海飞丝洗发水组合：去屑型 200mL × 2；水润型 200mL × 1
x　海飞丝洗发水组合：去屑型 200mL × 2；水润型 200mL × 2
y　心相印纸组合：卷筒纸 3 提（每提 12 卷），抽纸 6 盒，纸巾 3 条（每条 10 包）
d_y　心相印纸组合：卷筒纸 3 提（每提 12 卷），抽纸 3 盒，纸巾 3 条（每条 10 包）

实验后决策感知难度评价

·用 1～7 表示你对此次选择感受到的困难程度，1 表示一点儿都不困难，7 表示非常困难，请在你觉得适当的数字上打钩。

（一点儿都不困难）1——2——3——4——5——6——7（非常困难）

实验 4-4 决策信心调查题项

·用 1～7 表示你对此次选择偏好所感受到的确定程度，1 表示一定都不确定，7 表示非常确定，请在你觉得适当的数字上打钩。

（1）我有信心，我做出了正确的选择

（一点儿都不确定）1——2——3——4——5——6——7（非常确定）

（2）我确定我选择的选项是最好的

（一点儿都不确定）1——2——3——4——5——6——7（非常确定）

（3）我不会对我的选择感到失望

（一点儿都不确定）1——2——3——4——5——6——7（非常确定）

附录七：实验 4-5 问卷^①

关于购买意愿的调查问卷

亲爱的同学： 您好！我现在正在做一项关于消费者购买意愿的研究，没有任何商业意图，您的回答对本研究相当重要。请您按照您的真实想法回答以下问题，感谢您的热心帮助。

假如你因为出国需要，要提升你的英语水平，所以想购买某种可以辅助学习英语的产品，但是你的预算不多，500～700 元。你花费了一个晚上的时间在网络上收集大量信息后，发现有 3 个选择基本符合你的意愿，它们的基本信息如下：

选择X (x)

Boyue电子阅览器，6英寸EINK护眼墨水屏，阅读英文资料不伤眼睛，4.0G内存容量，可以推送下载海量免费英语学习资料。价格为599元。

选择Y (dₓ)

Boyue电子阅览器，6英寸EINK护眼墨水屏，阅读英文资料不伤眼睛，3.6G内存容量，可以推送下载海量免费英语学习资料。价格为599元。

---

① 问卷 1 和问卷 2 没有设置 d_x，问卷 3 和问卷 4 没有延迟选项。

沃尔得国际英语 _{WORLD}

选择Z (y)

沃尔得国际英语套餐课程，包含8小时4～6人英语面对面口语小班以及3个月网络免费网络视频课程学习。价格为599元。

根据上面提供的产品信息，你会作何选择？

□购买 X   □购买 Y

□购买 Z   □继续搜索符合条件的其他选择

附录八：实验 5-1 心理距离感知调查[①]

心理距离感知调查

亲爱的同学：物理空间存在远近之分：黑板离我们很近，非洲离我们很远。心理空间也存在远近之分。有些事情在心理上让我们觉得近些，而有些事情让我们觉得远些。下面一共有 8 组决策问题的心理距离调查，请想象这些事件，感受它们在你心理上的远近，并按要求回答。

第 1 组：

　　A. 你准备请某位高中挚友吃饭，需要决定去哪家餐馆。

　　B. 某位和你要好的室友准备请她（他）的某位高中挚友吃饭，需要你为她（他）决定去哪家餐馆。

　　·上述哪个表述让你感觉心理距离更远（只能选 1 个）？

　　·请根据你的感受，用 1 到 7 的分数打分，分数越高代表心理距离越远，你觉得 A 表述的心理距离是：（B 表述的心理距离是：）**（调查问题相同，其他组省略）**

第 2 组：

　　A. 你打算为自己购买一台笔记本电脑。

　　B. 你的舅舅让你帮他选购一台笔记本电脑。

第 3 组：

　　A. 最近你因为实习需要，要马上在市中心租个房屋。

　　B. 你因为实习需要，6 个月后要在市中心租个房屋。

第 4 组：

　　A. 由于你帮忙批阅试卷，学院将会在后天给你发放一个电子书阅读器。

　　B. 由于你帮忙批阅试卷，学院将会在下学期期初给你发放一个电子书阅读器。

第 5 组：

　　A. 你参加促销抽奖活动得到一张电影票，该电影院距离你的住处 600m 远。

　　B. 你参加促销抽奖活动得到一张电影票，该电影院距离你的住处 6000m 远。

---

① 原问卷每一组问题排版在单独的一页。

第 6 组：

A. 你的一位高中挚友目前在广州工作，他最近买房了，房子也买在广州，你准备网购一个礼物送给他。

B. 你的一位高中挚友目前在成都工作，他最近买房了，房子也买在成都，你准备网购一个礼物送给他。

第 7 组：

A. 你参加了商场中某旅行社的约"惠"春天抽奖活动，结果非常幸运地中奖了，仅花费 188 元便可参加活动主办方提供的价值 1888 元的某省外特色旅游线路。

B. 你参加了商场中某旅行社的约"惠"春天抽奖活动，中奖概率是 5%，仅花费 188 元便可参加活动主办方提供的价值 1888 元的某省外特色旅游线路。

第 8 组：

A. 你参加所在企业年会中的员工激励抽奖活动，中奖概率为 80%，奖品为家庭影院。

B. 你参加所在企业年会中的员工激励抽奖活动，中奖概率为 5%，奖品为家庭影院。

附　录　九

表 I　各种心理距离差异的操纵方式

心理距离	产品类别	操纵	语言描述
社会距离	餐馆	自己	你准备请某位朋友吃饭，需要决定去哪家餐馆
		室友	某位和你要好的室友准备请一个朋友吃饭，但是她（他）不知道去哪家餐馆，希望你来为她（他）做决定
	计算机	自己	最近你打算为自己购买一台笔记本电脑
		舅舅	最近你的舅舅打算购买一台笔记本电脑，由于工作繁忙抽不开身，让你帮他作决定选购一台
时间距离	租房	现在	你现在找到了一个实习单位去实习，单位要求你马上就去报到，但此单位在成都市中心，因此你现在需要马上租房并搬迁过去以方便实习
		半年后	你找到了一个实习单位准备下学期去实习，单位要求你 6 个月后报到入职，由于此单位在成都市中心，因此你需要租房以方便实习。虽然你还有半年才入住，但是该单位现在就要统计需求以方便预订
	电子书	后天	该电子书阅读器将会在后天发放
		5 个月后	由于学院向上申报经费需要一定批准流程，所以电子书阅读器将会在 5 个月后发放
空间距离	电影票	近距离	这家电影院离您的住所有 600m（0.6km）的距离
		远距离	这家电影院离您的住所有 6000m（6km）的距离
	净水器	广州	你的这位挚友目前在广州工作（非本城）
		成都	你的这位挚友目前在成都工作（本城）
概率距离	旅游线路	中奖	你在抽奖箱抽取了选票一张，结果发现非常幸运地中奖了
		5%中奖	活动主办方规定，在抽奖之前你需要在抽奖选票上勾出自己心仪的出行团队，然后将选票放入抽奖箱中进行抽奖，你有 5% 的概率能够从抽奖箱中抽出你所勾选的选票
	家庭影院	80%中奖	抽奖活动规定参与抽奖的员工均需要提前选择奖励方案，之后有 80% 的概率抽中该奖励方案
		5%中奖	抽奖活动规定参与抽奖的员工均需要提前选择奖励方案，之后有 5% 的概率抽中该奖励方案

附　录　十

表Ⅱ　16个决策组的折中效应卡方检验

心理距离	产品决策	操纵	χ^2	P	φ
社会距离	餐馆	为自己	5.996	0.012	0.229
		为他人	20.228	0.000	0.418
	电脑	为自己	5.881	0.013	0.234
		为他人	12.086	0.000	0.338
时间距离	租房	为现在	12.633	0.000	0.330
		为未来	0.103	0.453	0.032
	电子书	为现在	21.624	0.000	0.441
		为未来	5.218	0.018	0.225
空间距离	电影票	近距离	17.337	0.000	0.403
		远距离	1.854	0.126	0.146
	净水器	近距离	15.094	0.000	0.383
		远距离	6.497	0.009	0.251
概率距离	旅游团队	确定	4.190	0.034	0.207
		低概率	0.666	0.274	−0.084
	家庭影院	高概率	8.507	0.003	0.285
		低概率	1.004	0.217	0.104

附 录 十 一

决策方案偏好调查[①]

您好！本调查旨在了解大学生对决策方案的选择标准和偏好，其研究结果主要用于学术研究。您的认真回答对本调查非常重要，请您独立地按照自己仔细思考的真实想法回答相关问题，所有答案无所谓对错，感谢您的热心帮助。

决策 1

想象这样一种情况：某位和你要好的室友准备请一个朋友吃饭，她（他）有两家中意的餐馆，它们除就餐环境和服务水平存在差别外，其他方面均差不多（如菜品质、距离等）。你室友不知道去哪家餐馆，希望**你来为她（他）做决定**。在为室友选择时，你更看重就餐环境还是服务水平？

更看重环境----------------------同等看重--------------------更看重服务

☐　　☐　　☐　　☐　　☐　　☐　　☐

决策 2

想象这样一种情况：你找到了一个实习单位准备下学期去实习，单位要求你**6 个月后报到入职**，由于此单位在成都市中心，你需要租房以方便实习。虽然你**半年后才入住**，但是该单位现在就要统计需求以方便预订。单位给出的可供选择的住房，它们在其他方面（如面积、家具配置、环境等）都基本相同，只是有的距离实习单位很近但租金高，有的距离远但租金便宜，选择时你更看重租金还是距离？

更看重租金--------------------同等看重--------------------更看重距离

☐　　☐　　☐　　☐　　☐　　☐　　☐

决策 3

想象这样一种情况：您参加某电影院的促销抽奖活动中奖了，奖品是该电影院提供的电影票，这家电影院离您的住所有 6000m（6km）的距离，在电影院提

---

① 原问卷排版时，每个决策打印在单独一页上；本附录只给出了远心理距离实例，近心理距离的操纵与前一致。

供的电影票中，有的位置居中，但不提供其他方案内容如下：

环境更重要--------------------同等重要--------------------服务更重要
□　　　　□　　　　□　　　　□　　　　□　　　　□　　　　□

决策 4

　　想象这样一种情况：你现在正逛商场，恰巧遇到某旅行社约"惠"春天抽奖促销活动，若中奖则可仅花费 188 元参加活动主办方提供的价值 1888 元的某省外特色旅游线路。你对此活动非常感兴趣，便决定去试一试运气，看能不能中奖。主办方规定在抽奖之前你需要在抽奖选票上勾出自己心仪的出行团，然后将选票放入抽奖箱中进行抽奖，你有 **5%的概率**能够中奖。旅行社根据游客偏好差异提供了多个团队可供选择，它们线路相同，但是食宿方面不同，有的团饮食条件更好，有的团住宿条件更好，你认为饮食条件和住宿条件哪个更重要？

饮食条件更重要--------------------同等重要--------------------住宿条件更重要
□　　　　□　　　　□　　　　□　　　　□　　　　□　　　　□

后　记

在本书完成之际，我要向所有在撰写和修改过程中给予指导、纠正和鼓励的人表示最诚挚的感谢。本书首先要感谢国家自然科学基金委，使我有充足的资金完成本书中的各项研究，也促成了本书的出版。感谢我的博士生导师周庭锐老师将我领入科学研究的殿堂，他严谨的治学态度和对世界先进研究进展的持续关注大大地拓展了我的学术视野。我要感谢我的同事和朋友们，他们在我的人生低谷给予了极大的鼓励和支持，使我重燃了生活的信心。还要感谢我的爱人胡燕，谢谢她陪我度过了人生最黑暗的时刻，也谢谢她带给我一个可爱、聪明的儿子。

本书内容涵盖了本人近 5 年来的主要研究成果，各项成果的研究过程中受到了导师、同事和研究生的帮助，在此一并感谢。周庭锐老师对本书研究 1、研究 2 和研究 6 的选题、研究思路确定及实验设计给出了较有价值的建议；硕士研究生刘阳在研究 3 中做了大量的数据收集工作，并在研究 4 的实验设计、数据收集过程中给予了较多帮助；杨宇科老师帮忙组织了研究 5 的实验开展等工作；硕士研究生邢冠男在研究 7 中做了大量的文献整理、初稿成文工作。此外，硕士研究生赖天豪整理、校对了本书的初稿，科学出版社编辑周爽和欧晓娟在成书过程中做了大量的组织和协调工作。

由于作者水平有限，成稿时间仓促，书中定会有一些错误和不当之处，敬请各位读者不吝赐教。

张全成

2016 年 10 月于四川成都家中